国际传播

探索与构建

王庚年 著

中国国际广播出版社

出版说明

最近，中央提出“构建覆盖广泛、技术先进的现代传播体系，形成与我国经济社会发展水平和国际地位相称的国际传播能力”；“着力建设语种多、受众广、信息量大、影响力强、覆盖全球的国际一流媒体”。

中国国际广播电台是一家被称为外宣单位的传统媒体。六十年中只有无线短波一种传播手段。2004 年初，中央领导同志明确要求中国国际广播电台，一手抓好无线广播，一手抓好在线广播，要构建现代国际广播体系。

四年多来，中国国际广播电台围绕构建现代国际广播体系这一战略目标，进行了深入的理论思考和积极的实践探索。他们认为，所谓“广播”不应再是单一的无线电音频，而应是“广为传播”之义。“国际广播”即是“国际传播”。因而，要提升国际传播能力，现在的外宣媒体应该实现“三个转变”，即：“从单一媒体向综合媒体转变；从传统媒体向现代媒体转变；从对外广播向国际传播转变。”

本书就是这一理论思考和实践探索的经验总结。通过对现代国际广播（传播）体系提出的历史背景、基本内容、总体框架、发展思路、传播理念等方面的深入探讨，作者提出了构建现代国际广播（传播）体系的完整思路。相信该书对我国媒体现代国际传播的探索和实践具有借鉴意义。

中国国际广播出版社

二〇〇九年一月

目　录

绪　　论

胡锦涛总书记在党的十七大报告中，突出强调了加强文化建设、提高国家文化软实力的极端重要性。这充分反映了我们党对当今时代发展趋势和我国文化发展方向的科学把握。中国国际传播事业作为国家文化建设的重要组成部分，应当把提高国际影响力作为战略重点，遵循传播规律，不断改进创新，努力形成强大的国际舆论力量，为推动社会主义文化大繁荣大发展，提高我国文化整体实力和国际竞争力，发挥积极作用。

关于国际传播，学术界有多种表述。第一种观点认为，国际传播有广义和狭义之分：广义的国际传播，包括跨越国界的大众传播和人际传播；狭义的国际传播，仅指跨越国界的大众传播。[①] 第二种观点认为，国际传播就是跨国间的政治、经济、军事、文化、意识形态等诸多方面的交流与扩展。[②] 第三种观点认为，国际传播是指通过各种传播工具、传播手段和传播方式，在国际范围内进行的信息或其他传播活动。[③] 第四种观点认为，国际传播是以国家社会为基本单位，以大众传播为支柱的国与国之间的传播。[④] 第五种观点以美国

---

① 关世杰著：《国际传播学》，北京大学出版社，2004 年版，第 1 页。

② 刘继南、何辉等著：《中国形象：中国国家形象的国际传播现状与对策》，中国传媒大学出版社，2006 年版，第 19 页。

③ 蔡帼芬主编：《国际传播与对外宣传》，北京广播学院出版社，2000 年版，第 1 页。

④ 转引自郭庆光著：《传播学教程》，中国人民大学出版社，1999 年版，第 237 页。

学者罗伯特·福特纳为代表，他认为，国际传播的简单定义是，超越各国国界的传播，即在各民族、各国家之间进行的传播。[①] 上述各种观点虽然在表述上各有区别，但对“国际传播”基本内涵的理解上大同小异，即“跨越国界的传播”，跨国家、跨民族、跨语言、跨文化，是国际传播的基本特征。

关于国际传播的起源，学术界至今尚未形成统一认识。美国学者认为，国际传播起源于11世纪，当时现代民族国家开始形成，“国与国之间开始交流之际，国际传播就已经存在了。”[②] 有的国外学者认为，国际传播的起源，可以追溯到古罗马、希腊、埃及、巴比伦等古代帝国时期，这些帝国幅员广大，具有不同的政治、语言及文化实体。它们通过传播建立起来的统治与联系体制，无疑构成一种国际行为。中国学者对国际传播的起源，有着不同理解。有的学者认为，国际传播是一种古已有之的传播活动，自人类历史上出现国家以后就存在。[③] 人类历史上出现国家之际，就是国际传播的开始，因为国际传播伴随国家的出现而出现。[④] 有的学者认为，现代意义上国际传播的产生，是以近代世界性国际关系体系的最终确立为基本标志。[⑤]

我们认为，国际传播经历了一个由传统向现代、由平面向立体、由单一向综合的发展过程。从总体上看，国际传播大体上经过了四个发展时期。第一个时期，从国际传播出现到19世纪中叶，是国际传播起步阶段。这时的国际传播，基本停留在人际传播和

① ［美］罗伯特·福特纳著：《国际传播：全球都市的历史、冲突及控制》，华夏出版社，2000年版，第5页。

② ［美］罗伯特·福特纳著：《国际传播：全球都市的历史、冲突及控制》，华夏出版社，2000年版，第5页。

③ 郭庆光著：《传播学教程》，中国人民大学出版社，1999年版，第237页。

④ 郭可著：《国际传播学导论》，复旦大学出版社，2004年版，第8－9页。

⑤ 刘继南、何辉等著：《中国形象：中国国家形象的国际传播现状与对策》，中国传媒大学出版社，2006年版，第20页。

平面传播范畴，人际交往和报纸是主要传播媒介。第二个时期，从19世纪中叶到20世纪中叶，是国际传播发展阶段。这时的国际传播，出现了电话、电报、无线电广播等影响深远的手段。国际广播在两次世界大战期间被推向高潮，到1945年二战结束时，已有55个国家开办了国际广播①。第三个时期，从二战以后到冷战结束，是国际传播的泛政治化时代。资本主义阵营和社会主义阵营，分别以国际传播进行政治宣传和意识形态渗透。西方国家国际广播的强劲宣传，成为颠覆前苏联和东欧社会主义国家政权的重要因素。第四个时期，从冷战结束至今，是国际传播的黄金时代。国际传播趋于现代化、立体化、综合化。传统的报纸、广播、电视和互联网等新型媒体，都在国际传播中发挥了重要作用，各种传播手段交织在一起，传播速度更为快捷，传播范围更为广泛，传播内容更为多元。②

国际传播是与国际关系、国际经济、科技文化等有着密切关系的学科，这使得国际传播研究和关注的范围极为广泛，囊括了政治、经济、社会、文化以及军事等各个方面。③ 在全球化趋势越来越明显的今天，任何国家都不能孤立于世界体系之外偏安一隅，人们的日常生活，都受到不同形式、不同内容的国际传播的影响。加强对国际传播的研究，具有更多的现实意义。在我国，国际传播正成为一个充满活力、具有迫切现实性的新兴学科，对它的研究方兴未艾。1999年，北京广播学院（即中国传媒大学）成立国际传播学院，清华大学成立国际传播研究中心，标志着我国国际传播研究进入新阶

① 胡耀亭主编：《世界广播电视》，复旦大学出版社，1999年版，第11页。

② 对国际传播发展阶段的划分方式大致参考了刘继南、何辉等学者的观点，参见刘继南、何辉等著：《中国形象：中国国家形象的国际传播现状与对策》，中国传媒大学出版社，2006年版，第20页。

③ ［英］达雅·屠苏著：《国际传播：延续与变革》，新华出版社，2004年10月版，第5页。

段。新世纪以来，有关国际传播的研究著作相继涌现[①]，国际传播学研究初成体系。毋庸讳言，目前关于国际传播的研究，大多侧重于理论层面，而从实践层面关注国际传播发展的战略研究，仍显相对薄弱。中国国际广播电台作为专门承担国家对外宣传的主流媒体，近年来根据中央指示，积极推进现代国际广播体系建设，在理论思考和实践探索方面，取得了预期成果，为推进中国国际传播事业大发展大繁荣，做出了应有贡献。

本书以科学发展观为指导，结合当今国际传播四大发展态势的概括评析，对中国国际广播电台现代国际广播体系发展战略的提出、背景、内涵、框架、思路、初步实践、远景规划、协调发展举措等方面，作出分析思考和论述，以期为中国国际传播发展战略研究，提供出理性思考和经验总结。

---

① 代表性的论著有：刘继南主编：《大众传播与国际关系》，北京广播学院出版社，1999 年版；蔡帼芬主编：《国际传播与对外宣传》，北京广播学院出版社，2000 年版；刘继南主编：《国际传播论文集》，北京广播学院出版社，2000 年版；蔡帼芬主编：《国际传播与媒体研究》，北京广播学院出版社，2002 年版；蔡帼芬、徐琴媛主编：《国际新闻与跨文化传播》，北京广播学院出版社，2003 年版；关世杰著：《国际传播学》，北京大学出版社，2004 年版；郭可著：《国际传播学导论》，复旦大学出版社，2004 年版；程曼丽著：《国际传播学教程》，北京大学出版社，2006 年版，等。

第一章　现代传播新技术与国际广播发展

第一节　现代传播新技术发展概况

媒体的每一次变革，都与传播技术的发展密不可分。20 世纪中期以来，高新技术的开发与应用，加速了社会的发展进程，促进了社会生产力的发展，还带来了人类生活方式的现代化。其中的一些技术，如电子计算机技术、互联网技术和现代通信技术，对媒体的发展产生了重要影响，使得新的传播形式不断涌现，大大提升了媒体的传播力。与此同时，以新技术开发与应用为主要内容的硬件系统的更新换代，带动了软件系统即服务方式、节目内容和资源系统即人力、资金等的升级，为媒体的整个运作流程起到了极大的促进作用，并提供了更为广阔的进步空间。

一、数字化技术

数字化技术指的是运用 0 和 1 两位数字编码，通过电子计算机、光缆、通信卫星等设备，来表达、传输和处理所有信息的技术。数字化技术综合了数字压缩、多路复用、纠错掩错、调制解调等多种先进技术，可以使广播、电视、通信等信号通过统一编码，以码流形式进行传播。因为全过程均采用数字技术处理，因此信号损失小，接收效果好。

对于受众来说，数字化技术的出现，主要从两方面带来了信息接收的变革：一是掌握了对节目的控制权。受众可以根据自身的需求，决定在什么时间以什么方式获取信息，而不必受到传统媒体对时间地点的硬性要求。二是可以满足对丰富信息的需求。数字化技术可以扩大模拟式广播电视占用频率的容量，使更多频率或频道的出现成为可能。数字化技术的 On - demand 功能，还可以为人们度身定做广播电视节目，极大地满足了受众对于信息的不同需求。

二、网络技术

网络技术是20世纪90年代发展起来的新技术，是通信技术和计算机技术相结合的产物。具体来说，所谓网络技术，就是指计算机网络将地理位置不同且具有独立功能的多个计算机系统，通过通信设备和线路连接成有机整体，实现资源的全面共享和有机协作。网络技术因其具有对共享数据资源集中进行处理、管理和维护的能力，而体现出巨大的应用潜力。它可以调动数百万台计算机共同完成某个计算任务，可以使人们在任何地方查询网上的资源，从而极大地提高工作效率。

计算机网络可以按照网络数据传输、网络系统的拥有者、网络涉辖范围等不同标准进行种类划分。其中，以地理范围为标准的划分最为常见，即将其划分为局域网、城域网和广域网三种。局域网是覆盖的地区范围较小的网络，例如一个公司、一个学校等，其特点是用户少、速度快；城域网是范围覆盖一个城市或地区的网络，连接距离在10 - 100公里；广域网又称远程网，因连接用户较多导致速率较低，连接距离从几十公里到几万公里。

网络具有对信息内容和形式包容的特征，将其应用于传播领域，一方面，可以为受众提供一个具有海量信息资源和交互性、个性化等特点的媒体平台；另一方面，网络技术与多媒体技术的融合，将信息提供形式从简单的声音、图像，变成了集视频、音频、文本和图表于一体的多媒体信息服务，使媒体形态在技术的带领下有了质的飞跃。

三、信息传输技术

通信的最基本形式，是在点与点之间建立通信系统，将众多的通信系统通过交换系统按一定拓扑结构组合在一起成为通信网，从而使某一地区或不同地区的任意两个终端用户互相连接起来。[①] 通信的种类分为卫星通信、光纤通信、移动通信和个人通信等。

现代传输技术的发展，主要以卫星通信技术和光纤通信技术为主要内容。卫星通信是一种利用人造地球卫星作为中继站来转发无线电波而进行的两个或多个地球站之间的通信。1965 年第一颗国际通信卫星上天，20 世纪 80 – 90 年代是卫星通信飞速发展的时期。卫星通信的优点在于：改善了地面通信技术，实现远距离通信和多址通信；传输频带宽，信息容量大；稳定性好，传输质量高。光纤通信是以光波作为信息载体，以光纤作为传输媒介的一种通信方式，具有通信容量大、传输距离远、传输成本低等特点，是现代通信网的主要传输手段。

当前，世界上各项新传播技术的发展和运用，都是以数字化为基础，具有辐射性强、渗透性广的特点。数字技术、网络技术和信息传输技术相互交叉、相互融合，形成了新媒体发展的三条路径：其一，是基于传统和新的广播电视网络、卫星直播网络的新媒体形态，包括数字广播、数字电视、多媒体数字广播、卫星广播、直播卫星电视等；其二，是基于互联网和第三代移动通信技术的新媒体

① 潘力、董晓平编著：《现代传播新技术与广播发展》，中国传媒大学出版社，2006 年 8 月第一版，第 22 页。

形态，包括网络音频与视频广播、移动电视、手机电视等。此外，传统的广播电视网络与第三代移动通信技术的结合共同形成的网络互动电视等形态也已经出现，在有的国家已经投入运营。①

（一）数字音频广播（Digital Audio Broadcasting 简称 DAB）

DAB 是继传统的调幅、调频广播之后的第三代广播，是指对广播音频数据图像信号进行数字化处理，其优越性体现在对传统广播声音质量和高速移动接收性能的突破上。目前，已经有 36 个国家和地区开始采用 DAB 或进行技术测试。

（二）数字多媒体广播（Digital Multimedia Broadcasting 简称 DMB）

DMB 是在 DAB 基础上发展起来的技术，以无线广播的形式将音频、视频、数据、文字、图形等数字多媒体信号传送给接收终端，用户通过移动接收设备可以实现高速移动接收和多媒体接收。DMB 的优势在于覆盖面积大、发射功率小、频谱效率高、传输成本低和抗干扰性强，但技术标准不统一导致其在推广和使用方面进展缓慢。DMB 可以分为 T－DMB（地面数字多媒体广播）和 S－DMB（卫星数字多媒体广播）两种，前者以欧洲厂商开发的尤里卡 147 数字音频广播系统为基础，投资额度小，适合区域性应用；后者利用卫星传送数字视频或音频信息，通过数字接收机或手机等移动终端进行接收，实现了电信和广播的融合，其范围可以覆盖整个国家，目前在日本和韩国发展迅速。

（三）数字电视（Digital Television）

数字电视就是采用数字编码与数字传输技术对电视信号进行处理、传输、发射和接收的电视系统和电视设备。由于其全程均采用数字技术处理，因此具有清晰度高、抗干扰能力强、音频效果好等

① 王庚年主编：《国际传播发展战略研究》，中国国际广播出版社，2006 年 10 月第一版，第 224 页。

特点。数字电视能够充分利用电视频道资源，大幅增加频道数量，并可开展多功能业务。按照信号传输方式，数字电视可以分为地面无线传输（地面数字电视）、卫星传输（卫星数字电视）和有线传输（有线数字电视），按照接收终端，可以分为高清晰度电视（High Definition Television）、标准高清晰度电视（Standard Definition Television）和普通高清晰度电视（Low Definition Television）。在世界各国政府的主导下，数字电视的普及率快速提高，全球用户比例不断攀升，2006 年全球数字电视用户达到 1.735 亿户，比 2005 年增长了 28.9%，其中，英国的渗透率最高，已达 75%。

（四）卫星数字直播电视

卫星数字直播电视采用 Ku 频段转发器提供的卫星直接到户和数字视频压缩技术，实现节目传递的集束化，是目前卫星直播电视采用的主要方式。20 世纪 90 年代中期，随着大功率长寿命卫星的研制成功和数字压缩技术、高清晰度电视研究成果的广泛应用，卫星数字直播电视进入迅速发展阶段。卫星数字直播电视具有覆盖范围广、投资成本低、建设速度快、抗灾害能力强、信号质量高和维护工作量小等特点，目前在美国、欧洲和日本发展较为迅速。

（五）交互式网络电视（Interactive Personality Television 简称 IPTV）

IPTV 指通过 IP 协议，利用宽带有线电视网来提供包括电视节目在内的多种数字媒体服务，用户可以通过计算机、网络机顶盒 + 普通电视机或移动电话来接收服务。IPTV 采用高效的视频压缩技术，融合了传统电视和互联网的相关特性，是新一代家庭数字媒体终端的典型代表，近年来成为国外运营商发展的重要业务。该项业务在 2007 年底拥有全球用户超过 1400 万，其中欧洲用户占 60%。

（六）手机电视（Mobile TV）

所谓手机电视，就是利用具有操作系统和视频功能的智能手机为受众提供视频资讯服务的业务。由于手机的普及率较高且便于携带，这项业务于2003年研发成功后便呈现出广阔的发展前景。手机电视在技术上有三种实现方式：第一种，是利用蜂窝移动网络，实际上是利用流媒体技术，把手机电视作为一种数据业务进行点对点的视频传送，如中国移动、中国联通采用的就是这种方式；第二种，是利用卫星广播，用户能够同时接收地面无线电视广播和卫星电视广播的信号，目前只有韩国在力推这种方式；第三种，是在手机中安装数字电视的接收模块，通过整合数字电视和移动电话的方式直接接收数字电视信号，这是目前最被看好的手机电视技术方式。

（七）音视频网络广播

音视频网络广播的诞生，基于互联网技术、多媒体技术和数字化技术的产生，并伴随着互联网由窄带向宽带转移而进入飞速发展期。2001年，全世界已有94个国家的3000余家电台、电视台采用54种语言开展网上广播业务，每周播出的视频和音频新节目超过6000小时，每周有63万小时的视频和音频节目通过互联网收听收看。[①] 但是，由于缺乏有效的内容管理和计费手段，目前网上广播业务没有形成新的商业模式。

（八）播客

播客又称“有声博客”，维基百科全书中对播客的定义为：一种将文件上传至因特网，允许使用者订阅和自动接收新文件的方式。播客在2004年因为音频文件的大量使用而流行起来，是美国电脑的IPOD音频播放器和广播的名词的混合词。播客被认为是下一代广播，是个人能自由选择收听内容、收听时间和收听方式的数字广播。诞生4年来，这种传播形式的发展速度超过以往任何一种媒体，已渐渐深入到广大网民的生活中，用户群体以年轻网民为主。

---

① 宋宜纯：《网络广播与宽带业务的技术现状与发展》，载《流媒体世界》，2001年第3期。

第二节　传播新技术对国际传播的挑战

任何一个国家要在国际社会塑造良好的声誉和国家形象，都有赖于与其他国家或民族交流与协作的能力。在传播领域，国家国际传播实力是这种能力的最直接体现。

在这个数字技术、网络技术和通信技术迅猛发展导致的联系日益紧密的全球社会中，高质量的对外传播比以往任何一个时期都对国家的利益和安全显得更加举足轻重，因为国际传播已经不仅仅作为国家政治工具而存在，甚至已经演化成国际政治斗争的一部分，而科技水平的高低，决定了传播的意愿和实际内容能否有效地传播出去。因此，对于发展中国家来说，传播技术的相对不发达，是造成其在国际舆论中处于弱势地位的原因之一。

科学技术的飞速发展虽然是一个全球化现象，但是，这一变革的主要发生地和受益者却集中在发达国家。联合国对全球发展所做的评估指出，当前，世界各国之间的贫富差距正在拉大，全球化发展带来的利益大部分流入了工业化程度较高的国家。雄厚的经济后盾，使得发达国家比发展中国家更有实力开发和运用新的技术和设备，更多的拥有高科技人才，从而更多地在经济全球化中实现国家利益的增长。恶性循环困扰着发展中国家：经济上的贫富差距造成了科技发展的不平等，而科技的强弱又进一步拉大了南北之间的贫富差距。

事实上，发达国家和发展中国家之间在信息和技术方面的差距一直存在。根据国际电信联盟的一份报告，无线电话的用户有 80% 在发达国家，12% 在中国、巴西、韩国和土耳其，其余的 8% 分布在 100 多个发展中国家。20 世纪 90 年代中期，世界上依然有 1/2 的人没有使用过电话。21 世纪初，世界 2/3 的新闻信息来自仅占世界人口 1/7 的发达国家，在发展中国家，60% 的媒体报道的内容也来自发达国家。[①] 新传播技术的发展使得这种差距越发明显。以世界各国的数字化进程为例，英国目前处在数字传输的发展前列，英国的数字化比例达75%。2007年，英国2200万户家庭中，有超过2/3的家庭拥有数字电视。该国政府将在5年之内投入5亿英镑用于改造超过1000家传输机构，预计在2012年伦敦奥运会之前完成改造工作，完成数字化转变。在亚太地区，澳大利亚、韩国和日本的数字传输模式比较普及，预计在2010年到2012年间完成数字传输化。与之相比，大部分亚洲国家的数字传输化进程才刚刚起步，传统设备存在的缺陷和改造成本的居高不下，成为这些国家通往数字领域的障碍。日新月异的传播技术，加上霸权话语国家有意识地利用信息优势来传播信息，给发展中国家的国际传播带来了更大的压力和挑战。

国际传播中的信息自由流动论衍生于商品自由流动原则，指的是"超越国界并在两个（或以上）国家和文化体系之间的讯息运动"[②]。这种论调在表面上反映的是对民主、言论自由以及人权的尊重，但由于现实世界中发达国家与发展中国家之间在传播实力方面存在着严重的历史位差，从而导致自由流动规则下的不均衡流动。国际传播学者在对国际传播领域新闻流动的方向进行研究后提出了三种流动模式：一是从中心向边缘流动，即新闻从世界新闻系统中的"优势"国家向"边缘"国家扩散，"边缘"国家之间的信息交流很少；二是从北向南流动，即认为新闻信息大量地从发达国家流向发展中国家，发达国家之间、发展中国家之间以及由发展中国家向发达国家的信息流动很少；三是西东南三角形模式，该模式将模式二的北方分成西方和东方两个部分，认为南方的信息大部分来自北方，西方和东方之间存在交流。以上三种模式都在大量国际传播

---

① 赵启正：《加强亚洲媒体建设》，载2002年4月14日《光明日报》。转引自关世杰：《国际传播学》，北京大学出版社，2004年9月第一版，第84页。

② Mowlana, H.（1997）. Global Information and World Communication. London: Biddles Ltd. Guildford, Surrey. P. 26. 转引自郭可著：《当代对外传播》，复旦大学出版社，2003年版，第133页。

研究中得以证实，而其中所呈现的国际信息流动特点不得不引起我们注意：从流动方向上来说，发达国家向发展中国家的流动长期存在，伴随着发展中国家独立意识的觉醒以及现代科技的发展，反方向流动在某些地区逐渐开始出现；从流动量上来看，发达国家向发展中国家的流动占据强势地位，逆向流动虽然存在但影响微弱；从信息内容上来看，发达国家在国际媒体中得到更多更全面的报道，而发展中国家的信息量非常有限，而且是过于简单化的，其态度也是消极的。

如同资本的自由流动加剧了南北之间的贫富差距，理论与现实之间的错位，使得在当前的世界传播格局中倡导信息自由流动，给发展中国家的政治、经济、文化等各方面造成了极为不利的影响。1968 年起发展中国家开始要求建立新的世界新闻传播秩序，反对国际新闻垄断与控制，反对文化侵略与渗透，要求维护国家主权与独立，维护民族传统文化，保障经济发展与社会进步。为此，联合国教科文组织召开多次会议进行商讨，并于 20 世纪 70 年代末提出“建立世界信息传播新秩序”的全球传播体系发展目标。但是，来自既得利益方的阻力一直都十分强硬。20 世纪 80 年代，美英退出联合国教科文组织，以示对信息自由流动原则的决心，虽然 1997 年英国已重返该组织，但是传媒大国的消极态度使得这项改革没有取得预期效果。

近 30 年来，发达国家与发展中国家的传播实力差距随着电子传媒和数字传媒的迅速发展继续拉大。发达国家掌握了大部分自然性传播资源，如卫星轨道空间和无线电磁波光谱等，占据了信息资源分割的霸权。“随着数码传播技术的日臻成熟，光纤通讯显示出通讯卫星所不具备的诸多优势。以美国为首的资本主义发达国家现已建成了横贯北美、欧洲、澳洲和日本的跨洋的光纤通讯干线。”① 跨国

① 吴予敏：《全球化时代的传播与国家发展》，中华传媒网。

传媒集团大量涌现，西方50家媒体跨国公司占据了世界95%的传媒市场，而这些传媒产品都在维护西方的生活方式以及资本主义价值观。虽然诸如半岛电视台、CCTV法语、西班牙语频道的出现，为改善世界信息传播秩序做出了努力，但其实力仍不足与发达国家的传媒相抗衡。

国际传播的效能取决于信息传播的影响力，而传播技术实力是最终的决定因素之一。虽然有部分学者认为，互联网的出现从理论和技术上给国际信息逆流带来可能，但就目前来看，信息技术的发展并没有改变国际传播的基本格局，“西强东弱”或者“北强南弱”的态势还将继续存在。信息落差将信息潮水从处于高点的发达国家流向处于低谷的发展中国家，使其在进行跨文化传播时，必须克服传播技术落后和传播工具匮乏的障碍。这种被强化的不均衡交换关系，让原本就偏向一方的天平更加倾斜，发展中国家在国际舆论中的话语空间被进一步压缩，国际传播比以往任何时代都面临更大的考验。

国际传播的功能之一在于塑造良好的国家形象，但在传播技术快速发展的今天，发展中国家的国际传播媒体在发挥这项功能时更多地表现出一种无奈。国家形象是国际社会对一个主权国家的综合国力、政策取向、各项活动及其成果的总体评价和认定，是一个国家进行国际交流与交往的重要前提。具体地说，某一国家外部公众对该国政治、经济、社会、文化、地理与风土人情等方面状况的认识与评价，就构成了国家形象。在通讯技术和信息技术迅猛发展的时代，大众传媒已经成为构建国际形象的重要环节和有力支撑。我国前常驻联合国副代表沈国放在谈到媒体在塑造国家形象时也说：“媒体外交已经成了外交的一个重要组成部分。一国的立场和观点，你的国家形象和地位，都需要通过媒体加以肯定和传播。”

媒体在塑造一个国家形象过程中的影响主要表现为两个方面：其一是媒体具有左右舆论的力量，媒体报道会直接影响国际受众对某一国家的认识、看法和态度，尤其是把国际媒体作为唯一信息源的受众，国际媒体的作用和影响就会更加明显；其二是媒体在传播国家形象时，有时不但可以充当一般传播中介的角色，还可以对国家形象起一种“定型”作用，其报道的议题和方式都会影响国际舆论和国际受众对一个国家形象的评价和定位。[①] 值得注意的是，媒体可以塑造本国形象，同时也可以塑造他国形象，而国际社会对于某一国家的认识和看法，不仅来自本国媒体，更多的是来自于国际舆论中最强大、最主流的声音。因此，一个国家在国际社会上反应出的最终形象，并不仅仅取决于自身的良好愿望，而是“自塑”形象与“他塑”形象相互博弈的结果。

媒体塑造国家形象的成功与否，取决于媒体的影响力和权威程度，而这又以国家的物质技术为基础。以美国为首的西方国家，凭借着传统媒体的领先地位和新兴媒体的技术优势，获得了国际社会中较大的话语权，可以在引导国际舆论方面发挥更大的作用，从而掌握了国家形象塑造上的主动权。以美国有线电视新闻（CNN）为例。CNN 在国际新闻报道方面占据重要地位，其国际频道覆盖全球，有 140 多个国家的 2.21 亿户收看它的新闻节目[②]。CNN 的网络版 CNN Interative 是世界上最忙的新闻网址之一，每天有 350 万的用户访问，目前网上的信息有 80% 是美国发布的信息[③]。“9·11”事件发生后，只有 3% 的美国人相信伊拉克需要对此事负责，但在 CNN 等美国主流媒体的宣扬下，一周年后，相信的人数就已经上升到 50%。美国语言学家乔姆斯基认为，“媒体从来没有作过这样直接的陈述：伊拉克即将入侵美国，或是它曾经对世贸大楼发动过攻击。它只是不断地含沙射影，一个暗示接一个暗示，直到人们相信为止。”[④]

---

① 郭可：《当代对外传播》，复旦大学出版社，2003 年版，第 146 页。

② 关世杰：《国际传播学》，北京大学出版社，2004 年 9 月第一版，第 278 页。

③ 张晓澜：《新传播技术对发展中国家对外主权的挑战》，载《国际新闻界》，2000 年第一期。

④ 李希光、周庆安主编：《软实力与全球传播》，清华大学出版社，2005 年 4 月第一版，第 119 页。

当一个国家的对外传播媒体在国际舞台上的影响力足够强时，“自塑”将会超越“他塑”的力量，在国家形象的最终定位上起决定性作用。对于发展中国家来说，传播技术条件的缺失，往往会导致有关国家形象的评价更多地来自外界，国际传播作为一种国家行为，其目的是为了最大限度地谋求国家利益。一个国家的媒体，无论从事的是本国形象的塑造还是他国形象的塑造，都是出于“利己”的考虑，从而造成评价标准和立场难以公正客观。因此，发展中国家的国际形象被歪曲和丑化的现象比比皆是，而这些国家长期处于反驳性宣传中，却往往难以化解国际社会的疑虑，给完整的国家形象宣传带来了很多负面影响。

需要说明的是，尽管新传播技术的飞速发展并没有使发展中国家在国际舆论中的地位像人们预期的那样得以大幅提升，甚至给这些国家的国际传播设置了很多障碍，但是，就科学技术本身来说，这是一个具有里程碑意义的革命，它带动了媒体形态和媒体服务功能的进步，实现了传播业的又一次大的跨越，促进了人类文明的向前发展。传播技术是没有倾向性的，对它的运用方式以及背景条件，决定了它将会产生何种效果。因此，发展中国家要做的不是抵制传播方式、传播手段的更新换代，而是要在致力于建设国际传播新秩序的同时加强自身的发展，广泛学习，取长补短，以更加雄厚的实力和基础来应对各种挑战，在国际舆论斗争中赢得一席之地。

第三节　国际广播进入新的发展周期

国际广播诞生于 20 世纪 20 年代末期，目前已发展成遍及全球的庞大体系。全世界有 113 个国家和地区开办了国际广播，或拥有对外广播机构。研究表明，国际广播每 20 年呈现出一个发展周期，这种发展是以技术更新为动力和起点的，更是与国际关系的演变进程密不可分。因此，即便是由于多种传播媒介的出现，广播已经失去了往日的辉煌，国际广播仍然凭借其与国际政治的天然联系，成为国家安全战略的重要组成部分，并得以快速发展。

20 世纪 20 - 30 年代是国际广播的诞生期。事实上，早在 1920 年，广播就作为一种新型传播媒介登上了历史舞台，但是在随后的几年里，广播一直被用于国家内部的信息传递，并未走向国际。直到 20 世纪 20 年代末，一场世界范围内的经济危机给资本主义国家很多行业的发展带来了摧毁性打击。经济危机所引起的一系列国际政治、社会矛盾的爆发，却转化成国际广播的催生剂。1927 年 10 月 24 日，荷兰开始定期对其殖民地爪哇进行广播。这是世界上第一个国际广播电台，开启了国际广播历史的序幕。随后，法国、德国、英国等相继开办对外广播电台，其中，苏联、英国和德国被认为是对外广播强国。这一时期，国际广播的主要作用在于：一方面帮助帝国主义国家瓜分殖民地，增强对殖民地区的政治和经济控制；另一方面，在精神上镇压日益高涨的民族独立和民族解放运动。

20 世纪 40 - 50 年代，国际广播进入以短波为主要手段的发展期。1935 年，调频广播电台开始出现，这种广播有效地改善了收听效果，受到人们的欢迎。然而，就国际广播的性质和任务来说，短波在这一时期仍是主要的传播手段。第二次世界大战中，国际广播与国家的军事目的紧密地联系在一起，成为除海陆空之外对敌斗争的“第四战线”。以短波为主要手段的国际广播作为一种宣传工具，其作用被发挥到了极致，在长自己志气、灭他人威风的心理战方面做出了突出贡献。苏联的对外广播每天的播出时数不断增长，1940 年为 25.32 小时，1943 年为 26.74 小时，1945 年为 32.58 小时，播出语言从 11 种增加到 30 种；英国的对外广播在战争爆发后每天播音 125 小时，使用的语言从 9 种增加到 46 种；德国几乎抢占了欧洲大陆的所有电台，控制了 23 座短波电台和 110 座中长波电台，使用 53 种语言，每天播出 279 次新闻节目。在各国政府的高度重视下，开办国际广播电台的国家数量从战前的27个上升至55个。[①]

20世纪80－90年代，国际广播进入以中波和调频广播为主要手段的发展期。中波和调频广播的优势在于音质清晰、信号稳定，弥补了短波广播信号不稳定的不足，不仅在传统短波广泛覆盖的基础上增强了覆盖密度，还扩大了国际广播的人口覆盖。以中波和调频为主要手段的国际广播，是国际广播节目境外落地的方式之一，在这一时期发展迅速主要出于两方面原因：一是传播技术的发展。这种传播方式主要是通过租机、电话及卫星传送、与外台互换节目等手段，由对象国家的中波或调频电台接收节目并在当地播出。20世纪90年代末，世界广播领域出现了调频广播的第三次飞跃，调频电台数量大幅度增加，且迅速向数字方式转变。英、美等有关研究机构预测，21世纪中期以后，这种方式有可能逐渐取代短波广播而成为国际广播的主要形式。二是政治使命的强化。伴随世界多极化和经济全球化的曲折发展，尤其是“9·11”事件拉开“反恐战争”的序幕，出于国际战略安全的需求，西方发达国家给予国际广播前所未有的重视，将其定位为公共外交的有力工具，加快了国际广播节目境外落地的进展。[②]

进入21世纪，国际广播进入了以在线广播等新媒体业务为主要手段的发展期。这主要表现在三个方面：

一、将新技术、新媒体作为国际广播未来的发展重点

负责监管美国非军事国际广播，并为其提供技术支持的美国国际广播局（IBB）表示，已将数字内容传送列为传输计划的重要组

---

① 数据来源：陈卫平主编：《中外广播电视简史》，上海外语教育出版社，2006年10月第一版。

② 王庚年主编：《国际传播发展战略研究》，中国国际广播出版社，2006年10月第一版，第32页。

成部分，还将大力发展快速传输图文数据、实时流媒体和音视频点播技术，与其他国家开展互联网上的较量。BBC 也在进行对外传播手段的更新。早在 2001 年，BBC 国际电台就确定了把以短波广播为主的传播方式调整为短波、中波、调频、网络、卫星与有线广播以及移动传输共同发展，网络传播等新媒体技术优先的方针。将国际电台、国际电视、国际在线整合为广播、电视和互联网三位一体的大平台。同时，BBC 国际电台利用数字技术扩大了广播覆盖面，不仅在英国本土的数字广播平台上播出，也通过阿斯特拉卫星数字信道覆盖欧洲，通过世界空间公司的非洲卫星和亚洲卫星两颗数字卫星覆盖了非洲与亚洲，而且还能用音频信号同时传送文本、视频与数据。在新媒体领域内，BBC 的数字广播和数字电视占据全球最新传播科技的制高点，在手机电视、卫星直播电视等新媒体业务领域都有涉及。其新媒体应用主要包括通过 MP3 播放器、手机、互动电视和网络传输各种节目内容。

二、加大对国际广播新技术的开发和应用的投资力度

发达国家能够在传媒领域长期占领新技术的制高点，原因之一就是有强大的资金做后盾和推力。如 BBC 在发展规划中提出在 2008 年底之前，每年专门增拨 350 万英镑资金，用于培养境外调频广播最有价值的合作伙伴。政府的扶持性经济政策和传媒机构自身的倾向性资源分配，为传播业的发展提供了广阔平台和市场。

三、根据对象国受众需求，有针对性地采用新技术手段进行国际传播

BBC 国际电台在 2004 - 2005 年度的广播、电视和在线服务的受众总量都有显著增长，其中增长最快的是短波。但是 BBC 在其全球

作用的目标评估中清醒地指出，必须将这一增长放在“短波广播在世界大多数地区最终要被调频所替代的大背景下来看待”。因此，该电台不断削减对北美、澳大利亚、新西兰和太平洋群岛的英语短波广播，代之以中波和调频以及网上的在线多媒体传播。与此同时，美国之音、德国之声等世界主要国际广播电台也逐步缩减对盟友国家的短波广播规模，以调频、卫星电视和互联网在线广播等高科技传播方式填补空白。

在高新技术日新月异的情况下，谁掌握了最新的传媒手段，谁的信息就传播得最快最广，谁的影响力、控制力就最强。因此，不管是发达国家，还是发展中国家，运用媒体信息传播的先进手段与最新技术已成为国际广播发展的当务之急。作为专门承担外宣任务的中国国际广播电台，只有加快现代国际广播体系的建设步伐，才能积极适应世界主要国际广播媒体发展战略调整的形势，有效应对境外舆论强敌的竞争。

第二章　国际传播发展态势

第一节　国际传播的全球化态势

无论政界或是学界对正在进行中的全球化浪潮有多少不满和争议，我们都不得不承认，所有的民族和国家都已经卷入到一场前所未有的全球性竞争当中。正如英国社会学家吉登斯所说，这是一个“把世界性的社会关系强化的过程，并透过这个过程把原本彼此远离的地方连接起来，令地与地之间所发生的事情互为影响”。全球化将世界变得越来越相互依赖、相互联系，并成为当今世界发展的一个不可逆转的大趋势。在此意义上，传媒作为推动全球依赖性增强的重要动力角色，其所从事的传播行为，也不可避免地打上了全球化的烙印。

国际传播全球化是“正在形成中的一种传媒发展新趋势，系指传媒在全球化浪潮影响和推动下，凭借高新通讯技术，试图弥合地域和文化差异，在全球范围内向任何潜在目标受众所进行的超时空、跨国界的资讯传播理念和行为”[①]。国际传播媒体的全球化，主要有三种形态。第一种，也是最常见的形态，是媒体产品销售的全球化。如报刊的国外发行、卫星广播电视节目的全球传播等。我国国际广播的节目境外落地、《人民日报》海外版、《中国日报》海外发行

① 孔祥军：《传媒全球化与中国新闻传播学发展》，《新闻与写作》，2007 年第 12 期。

等，也属于这种情况。第二种，是媒体生产的全球化。英国广播公司（BBC）、美国之音等世界主要国际广播媒体在境外建立的节目工作室等，就属于这种类型。香港报业随着本地报业市场逐渐饱和，纷纷转向海外寻求新的发展空间，这种全球化走的也是这条路子。第三种，也是媒体全球化的最高形式，就是媒体通过兼并、收购、创办等方式，在海外建立分支机构。迪斯尼、贝塔斯曼、新闻集团、美国在线－时代华纳等全球性传媒集团，都属于这种情况。[①]

当今世界主要媒体机构都呈现出全球化的发展趋势。贝塔斯曼是世界上全球化程度最高的媒介集团。其每年利润的只有31%来自德国本土，32%来自美国，其余的37%来自其他国家。贝塔斯曼的总部设在德国，但势力已延伸到世界各地。集团旗下的大型唱片公司—BMG和著名图书出版公司—兰登书屋都是在美国；集团的传统业务"贝塔斯曼书友会"则遍布世界各个角落。新闻集团是当前跨国传媒集团中全球化色彩最强的公司。它从澳大利亚的一个小报，沿着澳洲→欧洲→北美→亚洲→拉丁美洲的扩张路线，逐步发展成一个全球性的媒体。新闻集团目前拥有400多家子公司，其电视覆盖范围约占全球面积三分之一。

纵观世界主要传播媒体，其全球化主要体现在四个方面。

一、传播范围的全球化

全球化，最基本的含义，是地理意义上的全球化。全球化理论家丹尼尔·耶金认为，全球化时代是三种力量共同作用的结果："第一是自由经济和市场作用的增强，政府管理经济的能力削弱；第二是随着世界经济一体化的实现，经济活动跨越边界进而使民族国家的权力受到削弱；第三个因素是技术革命的巨大推动力，这是全球

① 周小普：《全球化媒介的奇观》，中国社会科学出版社，2006年4月第一版。

化的有效基础。”纵观世界主要媒体集团的发展史，不难看出，传媒全球化也正遵循相同的轨迹，在以技术为催化剂铺平的道路上，随着资本的流动而不断扩张。

世界主要媒体集团最初都发源于西方发达国家，但在媒体全球化进程中，各大传媒集团纷纷通过联合、收购、兼并等方式，力图让自己的媒介产品尽可能覆盖世界更多的地方。例如，维亚康姆公司的足迹已经遍布全球160多个国家，迪斯尼也拥有可以在世界任何地点销售产品的条件。与此相媲美，环球广播的蓬勃发展成为国际广播领域传播范围全球化的重要体现。英国BBC、美国之音、法国国际广播电台、俄罗斯之声、日本NHK等国际媒体都已创办了环球广播，尤其是美国之音还开办了两套环球英语广播，实现24小时不间断播出。开办环球广播、电视的国家已经从60年代的几个发展为现在的几十个。[①] 环球广播迅速发展，并成为重要国家争夺激烈的以全世界听众为对象的综合性、普遍性的广播手段，[②] 它帮助国际广播媒体实现了不分时间、不分地域的连续广播，传播范围覆盖世界各地。

二、传播信息的全球化

传播信息的全球化，主要体现在传播内容的全球化和媒介产品流通的全球化。科学技术的发展，使地球成为一个“村落”，跨国传媒集团利用其独特的优势，将目光投向人类社会共同关心的话题，迎合了人们在全球范围内充分交流的需要。BBC提出的“全球对话”，旨在把全球各地受众联结在一起，提供相互沟通的空间和机会。媒介产品流通的全球化，则体现得更加明显。世界主要传媒集团都在全球范围内建立了产品供应链。迪斯尼的影视、音像节目在

① 张勉之：《世界广播趋势》，中国广播电视出版社，2005年版，第31页。
② 郭可著：《国际传播学导论》，复旦大学出版社，2004年版，第25页。

全世界发行，《狮子王》、《美女与野兽》、《花木兰》等影片中的主人公形象风靡世界；新闻集团旗下的20世纪福克斯公司和维亚康姆属下的派拉蒙公司联合制作的影片《泰坦尼克号》一度席卷全球。很多国家都从西方国家进口媒介产品。一份对91个发展中国家的广播电视调查资料表明，这些国家进口的节目占其全部播出节目的30%－75%，在进口节目中又以美国等西方国家的节目为主。目前，美国控制了世界75%的电视节目和60%以上广播节目的生产和制作。无论信息传播的全球化通过何种方式来表现，不能否认的是，科学技术的进步，尤其是以互联网为代表的新媒体技术的发展，是这场变革的“始作俑者”，便捷、高速、“无孔不入”的传播渠道让信息自由流动成为可能。

三、传播受众的全球化

受众全球化是传媒全球化最直接的体现与成果。如果说，资本的“自由流动”带动了世界主要媒体传播范围的迅速扩大，那么，传播受众的全球化则是这场“运动”所追寻的目标之一。

新媒体时代，受众作为技术进步的受益者改变了被动、单一的形象，逐渐从传统的接收者、消费者转变成搜索者、互动者、反馈者。面对受众群体的多元化、分散化、碎片化、个人化趋势，世界传媒也采用多种传播形式来尽可能地覆盖更多的受众。

新闻集团的电视节目涵盖全球2/3的人口，地跨北美、欧洲大陆、英国、澳大利亚、拉美和太平洋地区，并逐渐将战略性投资聚焦于亚洲，将其视为最有潜力的媒体市场。现在，新闻集团“已经完成了构筑全球卫星电视王国的壮举”，仅仅在亚洲的观众就多达数亿，分布在50多个国家。[①] 为了覆盖资讯相对落后的非洲受众，维

① 张勉之：《世界广播趋势》，中国广播电视出版社，2005年版，第31页。

亚康姆建立了专门服务非洲人的娱乐电视爵士乐频道、娱乐电视影片公司、娱乐电视图书、娱乐电视在线等。而不甘落后的迪斯尼则在其全球电视网上建立了以经营娱乐和体育节目为主的电视频道，每天 24 小时用 21 种语言向全球播出。如今，迪斯尼旗下的国际体育频道已经覆盖 200 个左右国家的受众。

四、传播影响的全球化

在国际传播全球化的作用下，一方面，国际传媒集团主导下的人力资源、物质资源、资本资源大规模地聚集和流动；另一方面，各种文化、新闻、资讯和娱乐等媒介产品大批量地输送至全球消费终端，其最终结果必然是传播影响的全球化。然而，传播影响的全球化也犹如一把双刃剑，使得积极因素与消极因素相伴相生。

全球范围内的国际传播有助于发达国家先进的科技文化、思想观念的推广，可以提高欠发达国家的文化水平，开阔他们的视野和思路，打破文化的封闭性和排他性，一些落后国家开始摒弃狭隘的地方观念，逐步走向对外开放，进而融入国际社会，形成全球资源的有效整合以及经济文化的高度繁荣。然而，从文化批判的角度来讲，西方发达国家占主导地位的国际传播，也给欠发达地区的传媒产业造成不良影响，使得本无高低优劣之分的民族文化受到不同程度的削弱和冲击，致使它们在国际传播中处于四面楚歌的不利地位，全球文化的多样性遭到前所未有的破坏。

美国在媒体全球化发展中成长为超级传媒帝国，美国的媒体产品铺天盖地，好莱坞、米老鼠、CNN、麦当娜等等带有鲜明美国价值观和文化特征的媒体符号充满着世界任何角落。以致有学者惊呼："媒体的全球化等同于美国化，媒体的商业化等同于美国化"。[①] 美

① 李良荣等著：《当代西方新闻媒体》，复旦大学出版社，2003 年版，第 41 页。

国之外的其他国家，都面对着媒体影响全球化的严峻挑战。有学者指出："如何面对全球化趋势的挑战，已经成为摆在世界各国尤其是发展中国家的重大课题。"① 因此，尊重主权、保护民族文化、倡导建立公正民主的国际传播新秩序，是让传媒全球化朝着更具人文价值和历史价值方向发展的必然途径。

在信息资源的全球化流通过程中，即便是处于主导地位的所谓资本自由流动的积极推动者，也必须接受全球化带来的挑战，在寻求平衡的努力中，尽可能地创造最大的效益。生存环境的变化，给传媒机构的成长不断提出新的课题。总的说来，主要体现为三个方面：

（一）创新保持活力

媒体在科技发明中诞生，并依靠科技的进步而发展。为了在全球竞争中保持活力，媒体机构就必须对科技创新成果报以极大关注，并即时将科技创新成果应用到传播领域，为受众提供具有更高附加值的产品，在更好地满足市场和受众需求的同时，强化传媒机构作为信息资源提供者的地位。1952 年起，默多克利用 50 多年的时间，在全球 52 个国家建立了 789 个企业，甚至有人说，默多克征服的传媒版图"比亚历山大大帝或成吉思汗所征服的疆域还要辽阔，而且统治也更为牢固"。② 新闻集团的成功在很大程度上得益于其总能率先采用新技术、推出新服务。"80 年代末，新闻集团率先开发卫星电视。随着传统卫星电视业务的成熟，公司又将注意力转移到信息技术的发展，并即时快速切入新的领域，充分运用先进技术手段推出宽频互动数字卫星电视业务，并利用新技术改造传统业务，扩大并完善销售渠道，加强公司业务全球化。"③

① 张勉之：《世界广播趋势》，中国广播电视出版社，2005 年版，第 32 页。
② 王生智、周庆红：《默多克的经营战略》，《中国报业》，2001 年第 8 期。
③ 王宇：《媒介集团经营与管理》，内蒙古大学出版社，2003 年 4 月第一版，第 60 页。

（二）竞争无处不在

全球化时代从另一个意义上说可称为全球竞争时代。它为全球媒体提供了普遍的竞争目标和竞争规则，并将世界变成一个无所不包、无处逃遁的竞技场。

（三）时间第一原则

现代传媒通过对空间纬度的极大压缩，使得媒介在时间纬度上大为缩小。电子媒介的同步性质给信息资源的提供者带来了巨大的时间压迫感，“第一时间”变成媒体共同追寻的目标。另一方面，媒介产品的生命周期在变短，更新换代的速度在加快，目标受众随时会提出新的需求，因此，媒体必须要加快前进步伐，以避免被瞬息万变的市场落下。

第二节　国际传播的综合化态势

综合化是当前世界主要媒体发展的又一重要特征。不同媒介之间的融合，是世界传媒发展的趋势。追随不断发展的科学技术，在不同的媒体发展阶段大力发展不同媒体形态，既契合了媒体自身从萌芽到衰退的客观规律，也是顺应时代潮流的明智做法。

默多克的新闻集团，是国际传媒综合化发展的经典案例。新闻集团的业务从报纸做起，目前已涉及图书出版、广播、有线电视、卫星电视、电影、互联网等，几乎覆盖世界的每个角落。这些媒体合纵连横，相互扶持，搭建起一个功能强大、灵活多变的传媒帝国。目前，新闻集团拥有遍及世界各地的报纸 175 家，这些报纸风格多样化，力图满足不同阶层读者的需求，走大众化路线的《太阳报》和为精英服务的《泰晤士报》就是其中的典型。广播和电视业是新闻集团的重头产业，它在美国有福克斯广播公司、福克斯电视台和 24 家美国地方电视台，覆盖超过 40% 的美国电视用户；在欧洲，有英国天空广播公司等四家电视台；新闻集团还在把注意力转向亚洲，集团旗下的星空传媒，更把眼光放到了潜力最大的两个媒介市场——中国和印度，凤凰卫视和星空卫视，已经在中国观众心目中建立了较高知名度和公信度。在美国，新闻集团的另一知名媒介品牌是以福克斯有线电视网、福克斯电影频道、福克斯新闻频道、福克斯体育网络为代表的有线电视网，其中，福克斯新闻频道的收视率一直位于美国市场榜首。新闻集团还大力发展卫星电视产业，并将其作为未来媒介市场的重要组成部分，目前已成功进入了亚洲、英国和美国的卫视电视市场。在电影音像、新闻出版、互联网等媒体行业，新闻集团也都建立了自己的品牌，甚至涉足了软件编程、体育运动等其他产业，为集团扩大知名度的同时，也带来了极大的利润回报。

维亚康姆所经营的业务范围包含了除报纸之外的所有领域。多样化的业务使维亚康姆的收入来源十分丰富。集团年收入的33%来自它的电影制片厂，33%来自音乐、录像租赁业务以及主题乐园，18%来自广播，14%来自出版业。

世界主要媒体在向综合化发展的同时，也积极推行跨媒体的多元化经营，通过多元经营形成综合效益。具体说来，主要体现在三个方面：

一、通过规模化效应，扩大传媒集团市场覆盖率

单一媒体所能接触到的受众毕竟是有限的，出于争夺受众市场的需要，单一的媒体需要向其他媒体形式渗透，最终形成“跨媒体”的传媒集团。跨媒体的传媒集团又能以较高的市场占有率取得更多的利润，从而形成传媒界“强者更强”的局面。

传媒机构的多元化发展，在面向终端客户的表现即为提供多形式的服务，从而有效地提高覆盖面。从这一点上来说，媒体的综合化发展，又被称作是“多平台战略”。德国之声就通过这一战略使其

需要传达的内容通过正确、适当的途径达到目标听众群。调查显示，听众收听广播的喜好已经从模拟短波转向当地调频电台。于是，德国之声制定了发展调频广播的战略，通过购买或租用重点国家和地区主要城市的调频频率来延续其传统广播的影响力；在电视领域，德国之声除了通过卫星、有线电视或地面电视向全世界播送其电视节目外，还采用 IP 技术来迎合许多欧洲和亚洲国家观众的需要；在新媒体方面，德国之声大力发展和提供各种数字服务。2007 年，德国之声作为首家德语电视台，向全球通过 YouTuBe 频道提供电视节目。德国之声主管新媒体的负责人认为，越来越多的网民在互联网里有目的地寻找视频资料。为了适应这一发展趋势，德国之声非常高兴能在 YouTuBe 上开通频道提供部分服务。与此同时，德国之声还在大力扩展网上在线内容，为国际广播电台达到自己的目标听众群开辟新道路，提供新选择。

二、利用不同媒体的特性，实现媒体间的协同效应

维亚康姆是发挥集团内部不同媒体间协同效应的典范，内容支持是维亚康姆最独特的优势之一，其掌门人雷石东甚至将其打造传媒帝国的初衷表述为："促进同一内容在集团内部多种媒体之间的传播，促进媒介多种功能的开发，扩大新传播技术的应用范围，从而形成良性互动的发展态势。"① 在维亚康姆的媒介产品推广中，媒体间协同发展似乎已经成为一条标准的流水线制造。比如，派拉蒙出品了某个电影，其下属的 35 个频道组成的电视网会配合进行前期广告与宣传。电影上映一周后，会通过百事达录像带出租店做 DVD 销售，并制作以电影为根据拍摄的派拉蒙电视节目，最后由西蒙 - 舒

① 张金海、梅明丽编著：《世界十大传媒集团产业发展报告》，武汉大学出版社，2007 年 11 月第一版，第 188 页。

斯特出版以派拉蒙电影人物为根据的图书。在这一过程中，由于各个环节相互支撑，导致集团内部版权交易的成本大大降低，最后形成了传播实效乃至经济利益的最大化。

三、通过提高资源利用率，实现不同媒体的优势互补

当前，新闻传播领域普遍认为“媒介融合”已经成为媒体发展的一个不可逆转的趋势。基于大众传媒立场上的媒介融合，指的是“大众传播业的一项正常的项目或者说是一个渐进的发展过程，它整合或利用处于单一所有权或混合所有权之下的报社、广播电子媒体，以增加新闻和信息平台的数量，并使稀缺的媒体资源得到最优配置。在规模经济和范围经济的作用下，这些融合的媒介形式以及被重新包装的媒介内容将提供给受众更大的信息量，从而实现领先竞争对手、获得盈利、提供优质新闻的目的，并最终在数字时代的媒体竞争中保持优势地位。”① 媒介融合的具体表现形式之一为娱乐行业横向的整合。从这一点来说，当今世界主要媒体集团的某些增强自身竞争力的行为，已经让这种经济意义上的融合带来了经济上的价值增长。

将稀缺的媒介资源——媒介内容利用到最大化是媒介融合的一个优势所在，这将引领传媒集团走向集约化的发展道路。新闻集团就经常将其获取的内容资源在全世界的范围内充分利用，大大节约了节目制作的成本。集团还经常将各个子公司制作的精彩节目进行统一调配，使其在全球各地的媒体可以共享，从而实现信息利用的增值。媒介融合的另一个优势在于，可以通过不同媒体间的优势互补在某一具体地区强化媒体品牌的影响力。维亚康姆旗下的无限广

---

① 章于炎、乔治·肯尼迪、弗里兹·克罗普：《媒介融合：从优质新闻业务、规模经济到竞争优势的发展轨迹》，《中国传媒报告》，2006 年第 3 期。

播公司，除运作180家电台外，还拥有全球最大的户外广告集团。在美国，维亚康姆成功地把广播电台与户外广告业务结合在了一起，以此占领了许多重要市场，形成了其他竞争对手难以企及的优势。

传媒集团综合化发展的特点主要有三种表现：

（一）通过并购的手段达到市场规模

并购是企业实现整体规模扩大和经营业务多元化最常用的手段，也是现代经济最突出的现象。当今世界主要传媒集团都是通过并购的方式发展起来的，并通过这种方式深深影响着世界传媒业的格局。根据并购的不同功能及其涉及的产业属性，一般可将并购分为三种类型：一是横向并购，即通过对同行业强势力量的集中和整合，实现媒体国际范围内的横向一体化。它可以帮助媒体在短时间内扩大规模，增强在行业内的影响力，并在减少竞争对手的同时，提升市场的准入门槛。二是纵向并购，即在同一产业上下游之间对供应商和需求商环节的整合，以实现媒体在市场整体范围内纵向一体化的过程。通过纵向并购，媒体将外部交易转换成内部交易，从而有效地降低交易成本，规避市场上的不确定因素，并为媒体拓展新的经济增长点。三是混合并购，即发生在不同行业企业间的并购。媒体通过这种方式可以降低经营风险，提高抵御市场风险的能力，并有效地实现跨越式发展。

一般来说，并购可以帮助企业扩大规模、降低成本、消除竞争压力、减小经营风险，是企业发展壮大的体现，但并购也是一把双刃剑，大量不确定的环境因素让企业的发展充满风险。并购活动完成后，被兼并的企业和企业集团要完成战略目标、业务、人事、财务以及文化等方面的整合，真正实现并购带来的规模效益，否则会出现双方相互牵制或者一方成为另一方包袱的局面。美国在线和时代华纳合并之初就曾面临这样的窘境，所幸集团及时做出调整，使这件传媒史上最大的并购案得以延续辉煌。相比之下，维旺迪就没有这么幸运，集团在打造“无缝链接”产业链时，由于缺乏计划性和条理性，使得并购后的企业不但没能实现预期的经济效益，反而让这个刚刚建立起来的媒体帝国轰然倒塌，甚至需要依靠变卖产业来偿还负债。

（二）以核心产业为依托，发展相关产业链

当今世界上依靠并购成长起来的跨国传媒集团，虽然业务范围已拓展至行业内的各个领域，甚至有些还建立了跨行业产业链，但其核心业务仍是集团的发展重心，其他业务也无不围绕核心业务而建立。雷石东在他的自传《激情致胜》里谈到了维亚康姆在做并购时选择派拉蒙公司、MTV 公司和尼克公司的原因。他认为，当公司发展业务的时候，一定要有聚焦，如果每一件事情都想做，可能每一件事情都做不好。因此，我们选择以内容为主，我们的竞争对手，虽然有网络、有技术、有卫星，又有内容，可是我们成了经营最棒的公司，这证明选择内容为主的战略是对的。

事实上，"以核心产业为依托，发展相关产业链"已经成为当今世界主要传媒集团进行综合化发展的一个共同的准则。早在 20 世纪 50 年代，贝塔斯曼就确定了图书为主、兼顾其他、优势互补的经营方针。此后的半个多世纪里，贝塔斯曼始终坚守这一原则，将图书、报纸、杂志、电影、电视和音乐等内容生产放在首要位置。目前，贝塔斯曼的业务包括三个部分：媒介内容生产、印刷/服务和客户直销。其中，内容生产是核心，以电子商务为主要平台的客户服务有效地整合了内容资源并打通了一条在线销售渠道，客户直销则通过稳定的客户网络增强了内容产品的竞争力。由此可见，对核心业务的确认，不仅可以帮助传媒机构明确发展方向，还可以带给传媒机构一个相对稳定的发展环境。

不仅如此，很多传媒集团还选择通过战略性放弃其他产业的方式来重点发展核心产业，使集团的优势资源能够更集中地加以利用，确保主业做强、做大、做精。2001 年，时代华纳与美国在线合并，其核心业务涵盖互联网服务、电影、电视、出版、有线电视网络以及音乐等。然而，合并后的集团却因为种种原因变得债务缠身，过多的非核心业务在此时成为集团沉重的包袱。2004 年起，集团开始了在坚守核心业务的基础上对所属资源的清理工作，先后将旗下的音乐业务和图书出版业务出售，以此来调整公司业务结构，使核心业务更加突出。维旺迪近年来的产业发展也体现了这一战略精神。作为一家完全依靠并购发展起来的传媒集团，维旺迪在 3 年的时间里，通过大量收购成功地进入传媒领域，却也因此一度深陷风险之中。"无缝接入"梦想破碎后，集团将业务范围限定在音乐、游戏、Canal + 集团、电信四个方面，退出出版业、电影业、美国有线和卫星电视产业，几乎放弃互联网产业，出售在欧洲的一些卫星电视和流媒体业务，出售维旺迪国际电信在海外的大部分业务。这一决定帮助维旺迪从盲目扩张的危机中恢复过来，并成功地从一家主营环境产业的企业转型为媒介和电信集团。

（三）从受众需求的角度研发媒体衍生产品，获得产业链中尚未开发的利润区

利润池是管理学中一个重要理论，它要求管理者从经济的角度研究客户，用产业化、全局化和系统化的思维方式，穿越单纯收入增长的视角，在帮助企业思考如何为受众提供更简便、实用的配套服务的同时，发掘到行业内高额的利润空间。利润池理论可以帮助企业识别行业里新的利润来源，明确企业在现有价值链当中的位置和角色，引导企业稳定地将业务重点转向利润池的最深处。

从迪斯尼的发展历程上，可以看到这一理论的现实效果。用一两年时间打造一个关键产品，在接下来的两三年里，挖掘与之有关的其他商品形式。《狮子王》是这一运作模式的典型案例。1994 年迪斯尼耗资 5000 万出品电影《狮子王》，票房直接收入高达 7 亿 7000 万美元。电影降下帷幕后，旗下博伟家庭娱乐公司把《狮子王》电影的内容录制成视频产品；好莱坞唱片公司把电影音乐录制成 OST 唱片出售；迪斯尼主题公园把《狮子王》的动画角色制作成

游戏设施，并在迪斯尼商店中出售《狮子王》玩具；由《狮子王》改编而成的音乐剧在百老汇公演，获得1998年的最高票房。这种利润倍增的运作方式，让迪斯尼得到了20亿美元的经济回报。[①] 可以看出，传媒机构实际上是利用利润池理论，在现有的商机之外开拓与之相关联的新领域，从而帮助企业在综合化和多元化发展的道路上谋求更多的效益。

第三节　国际传播的现代化态势

国际传播的发展一直与媒介科技的进步息息相关。“国际传播是以传播媒介的发展为依托的，媒介的发展水平决定了国际传播的发展水平。”[②] 从报纸到广播，从电视到网络，每一次技术革新都会带来传媒业的革命。当前，随着网络化、数字化技术的兴起，世界著名国际传播媒体都在抓住有利契机，大力拓展新媒体领域，媒体发展的现代化趋势明显。

促进传媒机构进行现代化革新的因素主要有三个方面：

一是获取新的经济增长点。从传媒变革的角度来看，新技术的诞生带来的是新媒体的大量涌现，而若要将传媒机构作为企业来看待，那么新媒体业务的拓展带来的就是新的经济增长点。传媒机构通过调整自身的发展方向改变盈利模式，拓展媒体机构的生存空间，不断创造新的经济增长点，以加快媒体的良性发展。

从对世界主要传媒集团的收入构成的分析中可以看到，现代化过程中，新媒体业务带来的收益正在成为传媒业利润增长的最大支柱。2005年，时代华纳公司部门收入的排名为：电影娱乐，占总收入28.1%；电视网，占总收入的22.6%；有线网络系统，占总收入

① 唐润华主编：《解密国际传媒集团》，南方日报出版社，2003年8月第一版，第259页。

② 程曼丽著：《国际传播学教程》，北京大学出版社，2006年版，第18页。

的20.8%。2006年，公司进一步挖掘网络资源优势的行为让网络业务的收入在这一年突飞猛进，从88.12亿美元增长到117.67亿美元，部门收入排名位居第一。迪斯尼的主营业务包含媒体网络、主题公园、影音娱乐和消费产品四个部分。2001－2006年，媒体网络一直占公司总收入的40%左右，并且在经历了2002年和2003年的低潮之后，其收入呈不断增长的态势。新闻集团的业务范围十分广泛，其对新技术的开发与运用多体现在搭建全球卫星网络平台的努力上。而该业务也成为新闻集团各项业务收入中增长最为迅速的一项，从2003年排名第8位上升至2006年的第5位。2005年开始，行事风格素以沉稳著称的新闻集团看到了新媒体经济的发展势头，强势进入互联网市场，先后开展了一系列收购：以5.8亿美元的价格收购社交网站MySpace的母公司Intermix；斥资6.5亿美元收购IGN，获得了旗舰游戏网站和电影评论网站；收购体育网站Scout.com。新闻集团随后将通过收购获得的互联网资产整合，创建福克斯互动媒体。新闻集团在互联网方面的投资，书写了传统媒体进入互联网市场的典型案例，也从另一个方面证实了新媒体经济的广阔发展空间。

二是增强媒体品牌或节目对受众的吸引力和凝聚力。参与性与互动性增强是媒体的发展趋势，这一努力的结果会直接影响受众对媒体品牌或节目的忠诚度。当前广播电视节目中大众参与类的娱乐节目大量涌现便是最好的证明，各类博客、播客、视频点播类网站的迅速崛起，更是体现了受众对双向传播的热情。网络时代，媒体与受众的互动性得到了延伸，媒体也在尽力使这种传播特性得以充分发挥。

对互动内容感兴趣的多是年轻人。2002年7月，维亚康姆以互联网“MTV直播”为依托，发展互动式新媒体平台，为观众量身定制内容服务，使其在家中随时可以看到演唱会、演奏会现场，或了解音乐新闻、艺术家近况，欣赏最新流行音乐等。互动环节更让观众成为节目组成的一部分，通过自己制作音乐录音或录像，将合成的音乐传送给“MTV 直播”里的主持人，观众的节目已经 MTV 品牌的黏附度大大增强，这一宽带服务也使 MTV 通过个人电脑争取到了更多的受众。

三是在新一轮竞争中保持领先优势。传媒业是一项技术密集型产业，具有高技术含量的特征。传媒机构必须时刻紧随技术创新的发展，将自己的媒介产品建立其上，才能为受众提供更好的、更优质的、更方便的服务，这关系到传媒机构的生存和发展，也关系到它所产生的社会效益和经济效益。

美国一项名为“新生代数字消费者改变大众传播的方式”调查研究显示，对技术的掌握程度已经代替喜好类型成为划分年龄代沟的主要依据。年龄段在 16 – 34 岁的人群更倾向于采用非传统媒体来进行娱乐消费、获得新闻、人际互动以及其他日常活动。而这些人的媒体消费习惯指明了美国大众的媒体使用趋势，并逐渐成为社会化的引导者。负责这项调查的 Universal McCann 公司副总裁说：“毫无疑问，我们正迅速从一个被动接收信息的社会发展为一个主动搜索信息的社会。我们向大众传播信息不再是一件简单的事情，面临着更多的压力，创新成为 21 世纪的主战场。”① 不断地追赶新技术成为传媒行业的必然选择。事实上，新闻集团的主要业务从报纸到电影电视再到卫星数字电视和互联网，走的就是一条依靠技术革新带动集团产业结构升级的路子。而时代华纳因其敢于在各个领域内尝试新技术，在出版、电影、有线电业以及新媒体时代都创造了辉煌。因此，当新技术问世时，以最快的速度、抢占最有利的时机进行产业结构的调整，成为世界主要传媒机构不谋而合的战略选择。

世界传媒业现代化发展突出地表现在如下几方面：

---

① 林绍俊译：《美国消费者转向非传统媒体平台》，《世界广播电视参考》，2007 年第 3 期，第 29 页。

一是加速新老媒体融合。互联网的产生与发展，是信息传播技术领域带有根本性的一次突破和变革，对人类社会进入信息时代具有重要作用。报纸、广播、电视等传统媒体与作为新媒体出现的网络之间逐渐打破传播壁垒，实现了加速融合。新媒体与传统媒体的融合是一项双赢之举。对于新媒体来说，其具有的快捷、广泛的传输渠道符合时代的发展特征与趋势，极大地满足了人们对于快速、便捷获取信息的需求，但如果单纯从技术角度来看待，新媒体又会因为缺乏内容上的吸引力而使得信息快速传递渠道的建立流于形式；对于传统媒体来说，强大的内容资源、历史上形成的稳定受众群以及节目形式对受众接收习惯的高度迎合，是其在信息平台层出不穷的新媒体时代仍能维持自身优势的关键所在，但传统媒体复杂的生产制作流程与接收方式，又决定了其在速度和方便受众等方面逊于新媒体。因此，将新媒体的渠道优势与传统媒体的内容优势相结合，以内容吸引受众，以渠道抓住受众，取长补短、协同发展，将会呈现出 1 +1 >2 的双赢局面。

美国时代华纳在媒介融合过程中，始终走在全球媒体前列。1989 年，印刷媒介的时代公司与电子媒介的华纳公司结合形成时代华纳公司，2001 年，时代华纳公司又以 1120 亿美元的价格实现了与新兴媒介美国在线的超大规模结合，成立了“美国在线 - 时代华纳公司”。合并以后，双方得到了自己渴望的资源：时代华纳获得了美国在线拥有的互联网技术和节目传输渠道，美国在线获得了时代华纳丰富的娱乐内容。典型的内容加渠道的媒体融合，让业内对公司的前景十分看好。并购消息传出后，美国在线和时代华纳的股价大幅上涨。如果能将双方的优势发挥出来加以整合，毫无疑问，这桩传媒史上最大的并购案将会创造传媒业的奇迹。然而，基于理性判断的强强联合却在两巨头间持续不断的现实矛盾冲突面前显得力不从心，甚至违背了两者合并的初衷：时代华纳的节目内容没有通过美国在线的渠道提供给消费者，美国在线也没有利用时代华纳的特点开发新的业务。2002 年第四季报表显示，集团全年净亏损达 987 亿美元。2002 年 7 月，集团着手调整结构解决两公司之间的对立，重新制定能够发挥新老媒体优势、弥补各自劣势的战略计划。2003 年起，美国在线将工作重心定位于新技术开发和提升在线服务质量，并开始有意识地加强同时代华纳内容方面的合作，新老媒体的互动开始增强。同年 9 月公司更名为时代华纳，期望能够利用传统媒体的品牌影响力让集团起死回生。事实证明，在经历了阵痛之后，时代华纳确实享受到了新老媒体协同发展的好处。2005 年全球 30 家顶级传媒公司排行榜上，时代华纳以年收入 300 亿美元位居第一，远远超过排在第二的新闻集团，占 30 家媒体总收入的 13%。[①] 时代华纳的发展历程反映出当今世界主要媒体集团发展现代化媒体的意识。

二是扩展新媒体业务。国际传媒集团都十分注重对新媒体业务的开发，这一举措也使得它们成为新技术的受益者。

新闻集团开发应用数字卫星技术等新媒体业务的努力卓有成效。目前，新闻集团在世界多个国家和地区拥有卫星电视台，全球 47% 的数字卫星付费电视客户需要通过新闻集团的 NDS 公司来接收安全的数字广播服务。随着数字化时代的到来，英国 BBC 以数字转换为契机进行广播电视产业调整。据调查，到 2004 年，英国数字广播的人口覆盖率已达到 80%，居世界第五位。数字卫星、有线和地面电视的合计普及率为 50.2%，居世界第一。BBC 还计划到 2010 年时所有频道频率的节目都实现数字化，在交互式、网络化、移动电视等领域开拓新的集成平台，并为移动电话提供高质量视频内容。日本 NHK 已经在运用高清晰数字电视、手机与网络电视、服务器广播电视、个性化电视服务等方面取得了很大成绩，力争到 2011 年实现广播电视与通讯技术的融合。新媒体技术的应用更是加速了美国广播

① 吴菲译：《时代华纳公司成为全球最大传媒公司》，载《世界广播电视参考》，2007 年第 6 期，第 27 页。

业的发展，2001 年美国开始的卫星数字广播可谓美国广播业的一大飞跃。此后，美国卫星数字广播发展迅猛，用户从 2003 年末的 162 万户增长到了 2006 年底的 850 万户，新媒体影响力迅速扩展。

三是发展多媒体平台。与以往的技术革命不同，这一轮技术创新带来了新型媒体的大量涌现，多媒体平台当中的媒体数量极大丰富。搭建多媒体平台对传媒机构来说至少会带来三个好处：覆盖更多的受众、分摊内容成本和降低单一媒体的经营风险。因此，当前世界主要传媒机构无一例外地将多媒体作为发展方向之一。

德国贝塔斯曼集团是以互联网为代表的新媒体经济的最大赢家，它在此方面的成功与其前任 CEO 托马斯·米德尔霍夫紧密相连。米德尔霍夫于 1990 年进入贝塔斯曼公司，从 1994 年开始负责多媒体业务。当时，多媒体技术在传播领域刚刚兴起，米德尔霍夫凭借着卓越的判断力说服公司购买美国在线 5% 的股份，并同美国在线合作建立美国在线欧洲分公司，贝塔斯曼从此进入多媒体发展时代。在多媒体领域的大胆尝试，不但为米德尔霍夫带来了职业生涯的转折，也为贝塔斯曼的多媒体战略奠定了坚实基础。1999 年，贝塔斯曼新任 CEO 米德尔霍夫开通了贝塔斯曼在线，开始通过网络面向欧洲市场提供图书和音乐作品。2000 年，贝塔斯曼大举进军电子商务，将旗下所有的电子商务和俱乐部业务合并成为一个独立的“客户直销集团”。为了实现将传统非网上业务转移到互联网的目标，集团还制定了多媒体战略指导其全球业务发展。新战略的核心是对图书、音乐俱乐部与电子商务集团进行资源整合，充分发挥规模经济的竞争优势，用最直接的方式把客户导入贝塔斯曼所有的产品和服务平台。贝塔斯曼多媒体战略的制定，符合时代发展和集团自身的特征，战略的执行也稳定有效。“1994 年－2003 年，贝塔斯曼集团在互联网的投资达到 480 亿德国马克，而它在互联网上的销售收入超过 180 亿德国马克。”①

① 王宇著：《媒介集团经营与管理》，内蒙古大学出版社，2003 年 4 月第一版，第 50 页。

世界主要国际广播媒体也都看准了多媒体平台的竞争优势，争相开辟互联网在线广播，将国际广播从传统的短波扩大到无地域限制的互联网。在线广播已经成为世界各大国际广播媒体发布信息、展开国际舆论斗争的重要手段。BBC、美国之音、德国之声、法国国际广播电台等都先后推出了多语种网站，通过文字、图片、音频、视频等多种方式向网民提供资讯服务。BBC 还开发了“播客”收听方式，听众可以把广播节目从互联网下载到 MP3、MP4 上随时收听。据统计，仅 2004－2005 年后半期就有 3400 万小时的广播节目被听众下载收听。

四是加强媒体战略研究。产业兼并和资源整合进程的加快，对媒体发展提出了挑战，对媒体发展战略的研究变得极为重要。世界主要媒体都非常注重现代媒体的战略研究。它们纷纷设立专门研发机构，每年投入数百万乃至上千万经费从事现代媒体发展的前瞻性研究，提出建设现代传播媒体的中长期战略规划。2005 年，默克多在率领新闻集团高层对新媒体进行了长达数月的研究之后，对旗下所有福克斯相关频道的互动内容进行了整合，成立了福克斯媒体互动部门，利用频道资源拓展宽带播放内容，并利用每一个可能的媒体平台输出自己的媒介产品，为新闻集团的进一步发展铺平了道路。事实上，正是由于高度重视战略研究，世界主要媒体才能以前所未有的发展速度向全球化、综合化、现代化的传播媒体迈进。

对任何一个媒体来说，战略的重要性都不容小觑，即便是如迪斯尼般强大的传媒集团，一旦放松对媒体发展战略的把握，其影响将是长期而又深远的。2005 年 3 月 25 日，迪斯尼公司宣布了一项重大结构变革——解散公司原战略计划部，原本由该部门统一制订的各项公司发展战略，将被逐层分配到实际业务部门管理人员的手中。这一决定揭开了迪斯尼在战略研究方面长期以来存在的问题：缺乏对战略研究的系统投入，由此导致了集团的战略研究从未形成一种制度。1993 年，在战略计划部建议下兴建的欧洲迪斯尼乐园致使集团当年的亏损高达 8780 万美元。虽然该部门随后的方案调整帮助欧洲迪斯尼公司渡过难关，但集团在战略研究方面的漏洞已初见端倪，再加上 1996 年，战略计划部被指责在帮助集团收购 ABC 时，由于决策失误导致集团承担了不必要的开支，外界甚至集团内部对战略计划部的质疑越来越多。可见，战略研究的重要性并非徒有虚名，它甚至可以决定一个传媒集团的生死存亡。新媒体时代，对于战略的研究和把握对于传媒机构来说更显得举足轻重。

第四节　国际传播的本土化态势

本土化是全球化的必然结果和特征，是当今世界媒体集团在全球发展中的重要战略之一。许多经营领域都会受到国别或地区特性因素的影响，它们必须满足多种消费者的需求，并努力避免自己的产品与消费者先前的消费习惯发生冲突。对于传媒这样一个几乎是与文化休戚相关的行业来说，国别或者地域带来的文化背景、生活习惯、思维模式等方面的巨大差异，让受众的差异性显得更加突出、强烈和难以满足。为了满足不同国家和地区的受众需求，传媒业在全球化扩张的同时，不可避免地走上了本土化道路。

本土化来源于现代营销学，它强调的是企业的经营活动要摆脱自身的喜好，时刻以目标客户为中心，在生产、销售、人事等方面做积极的适应性转变，以此缩减地区性差异带来的经营障碍。因此，本土化并非目的，而是一个持续的过程，是一件事物为了“入乡随俗”所做出的努力。当前，本土化发展已经成为传媒业的共识，对本土化进行传播学解释，可以让我们更清楚地看到它在全球化的今天所具有的战略意义。具体说来，主要体现在如下三个方面：

一是传播的贴近性。对本土化的讨论是与对全球化结果的判断紧密相关的。当全球化成为一种趋势，人们对它所产成的影响通常可以分为两类：其一，是认为全球化会导致同质化。以资本流动为先锋的全球化推进，让以美国为代表的西方国家掌握了全球文化的话语权。而在“信息自由流动论”的遮掩下，东西方文化不平等关系的加剧，使得这部分人对全球化的前景更多地呈现出悲观色彩。如果以此观点极端地看待全球化，将其等同于同质化甚至是美国化，那么本土化的研究就不再有必要，因为在这样的语境下，单一文化可以消灭所有外在异质因素，变得无往不利。其二，是认为全球化将导致并强化异质化。有人提出全球本土化或者全球地方化的概念，强调全球化并不是一条单行道，在传播手段飞速发展的今天，对民族文化的觉醒使人们更加有意识地保护和重视本土文化的差异性。因此，全球化过程中来自强势文化的冲击，反而会激发人们不断创造本民族的特色文化，为世界文化的丰富多彩做出贡献。

近年来，发展中国家在反信息控制、反信息垄断的斗争不断加强，并取得了一定的成效。这让我们看到了全球文化一体化积极的方面。就像美国一位著名的未来学家阿尔温·托夫勒所说的：“全球化不等于同一化。我们可能看到的不是已故加拿大传播学家马歇尔·麦克卢汉所预言的单个的地球村落，而是大量不同的地球村——它们都被纳入新的传播系统，同时又努力保持或加强各自的文化、种族、国家或政治个性。”① 在此基础上的全球化，让本土化变得富有意义，而且十分必要。

受众心理学研究显示，人们总是更关注发生在身边或附近地区的事，因为这可能直接关涉到自己的切身利益。相比之下，发生在异国他乡的事或许能引发受众的兴趣，但是关注的程度会降低许多。所以，即便是实力雄厚的跨国传媒集团，在从事传播活动时也必须遵循这样的原则：受众最关注的新闻，是最具价值的新闻；能提供高价值的新闻媒介，是最受欢迎的媒介。这种研究结果无疑是国际

---

① ［美］阿尔温·托夫勒著，周敦仁等译：《权力的变移》，四川人民出版社，1991 年版，第 319 页。

传播中实行内容本土化的重要依据。

由此可见，本土化贯彻的是传播学意义上的“贴近性”，受众将从中获得的归属感，转化为对传播媒介的信赖和忠诚，跨国传媒机构由此打开了通向另一种文化的渠道。

二是传播的针对性。对我国传统文化传播思想进行考查可以发现，早在几千年前，文化传播者就已经对传播的针对性和预期效果之间的密切关系有了清醒的认识。

韩非子在《说难》中指出：“凡说之难：非吾知之有以说之之难也，又非吾辩之能明吾意之难也，又非吾敢横失而能尽之难也。凡说之难：在知所说之心，可以吾说当之。”即认为说服的困难不是难在才智，也不是难在口才和勇气，而是在于了解说服对象的心理，以便用自己的说法适应他。如果不能明察对方的心理，采用不恰当的传播策略，则会起到相反的效果：进说对象想要追求美名的，却用厚利去说服他，就会显得节操低下而得到卑贱待遇，必然受到抛弃和疏远。进说对象想要追求厚利的，却用美名去说服他，就会显得没有心计而又脱离实际，必定不会被接受和录用。进说对象暗地追求厚利而表面追求美名的，用美名向他进说，他就会表面上录用而实际上疏远进说者；用厚利向他进说，他就会暗地采纳进说者的主张而表面疏远进说者。①

《鬼谷子·权篇》从正面阐述了如何针对受传者的心理采取有效的传播策略：“与智者言，依于博；与博者言，依于辩；与辩者言，依于要；与贵者言，依于势；与富者言，依于高；与贫者言，依于利；与贱者言，依于谦；与勇者言，依于敢；与过者言，依于锐。”

本文选取的这两个片段，都体现了我国古代传播思想对于受传者心理的重视，其中所闪现的传播智慧发展到今天已经演变成传播

① 《韩非子·说难》：“所说出于为名高者也，而说之以厚利，则见下节而遇卑贱，必弃远矣。所说出于厚利者也，而说之以名高，则见无心而远事情，必不收矣。所说阴为厚利而显为名高者也，而说之以名高，则阳收其身而实疏之；说之以厚利，则阴用其言显弃其身矣。”

学的一个重要原则：针对性。在国际传播领域，对于针对性的要求，已不仅仅出于对传播规律的尊重，而成为任何传播行为都必须遵守的一条铁律。了解国际受众心理是做到针对性的前提，它一方面可以帮助媒体充分获取受众的信息兴趣和信息需求，进而制定与之匹配的报道方针和节目形式；另一方面，可以避免因传播者主观意识过强而削弱传播的说服力和感染力，造成受众的逆反心理，而这也正体现了跨国传媒本土化过程的一个重要层面，即通过本土化策略加强针对性服务。当媒体可以满足不同地域受众的信息兴趣和信息需求，它的国际影响力就会得以彰显和放大。

三是消除跨文化传播误解。从传播效果来看，跨文化传播一般会面临三方面阻力：

第一是语言障碍。语言符号是文化传播的载体，作为文化的组成部分，它的形成和运用规范，也蕴含着文化所赋予的社会属性和心理属性。受个体因素和群体因素的影响，语言符号的使用者在进行跨文化传播时，常常会遇到母语语言体系与其他语言体系的社会规范和价值标准相背离的状况。也正是这个原因，会造成传播双方对语言符号社会意义理解的偏离。英国著名传播学者斯图亚特·霍尔提出的编码/解码理论很好地诠释了传播交流中语言指代障碍产生的原因。霍尔将电视流通话语分为三个阶段：首先是编码，即电视专业工作者对原材料进行加工，这一阶段占主导地位的是加工者对世界的看法。接下来是“成品”阶段，即“意义”被注入电视话语，赋予电视“意义”的话语和语言规则占主导地位，但由于图像话语将三维世界转换成二维平面，而且现实存在于语言之外，但又不断地由语言或通过语言来表达，所以，符号的意义与所给事实不一定吻合，受众可以从中得到多种理解。最后是解码，这一阶段，受众对世界的看法占据主导地位。由此，霍尔指出“意义”不是传播者传递的，而是接受者产生的，传播双方所处位置的不对称性和符号之间的不对称性，很可能造成传播的不完全、中断甚至扭曲。

在跨文化传播中，这种由不对称引起的传播障碍，会因此表现得更加突出和棘手。

第二是语境障碍。文化语境是指与语言交际相关的文化背景，由文化习俗和社会规范构成。跨文化传播学者将不同的文化划分为复杂语境文化和简单语境文化。“在前者中，传播的过程绝大部分信息或存在于物质的语境中，或内化于正在进行传播的人身上，只有极少数的信息通过编码符号清晰地传达出来。简单语境文化正好相反，在其中进行的传播活动中，几乎所有的信息都通过清晰的编码符号直接传达。”① 也就是说，复杂语境文化如中国文化会跳过固定词语本身的涵义，更强调通过语境来进行意义解释，而简单语境文化如美国文化更注重对语言符号本身的理解。跨语境对话造成的沟通障碍也由此产生。

第三是对文化扩张的抵制。学术界对于跨文化传播是否会构成文化侵略的争论由来已久。大量事实证明，无论现有的国际传播秩序是否会对弱势文化的存在构成威胁，面对外来强势文化的攻击，大部分本国民众都会承担起保护民族文化独立性的任务，自觉抵制外来文化的扩张。迪斯尼乐园就因此遭受到历史上第一个“滑铁卢”。1992 年，第一个欧洲迪斯尼乐园在巴黎市郊开张，随后就遭到法国社会的抵制。法国文化部认为，迪斯尼乐园是美国文化的象征，它的过度张扬是对法国的文化入侵，扬言要为保护法国文化的纯洁而战斗；法国报纸给迪斯尼乐园贴上了“美国的文化越南”标签；法国民众将迪斯尼乐园当作“文化切尔诺贝利核电站”来抵制。为扭转不利局面，迪斯尼削减欧洲迪斯尼管理层中美国人的数量，大量起用本地人士。同时，对欧洲迪斯尼公园的形象重新定位，淡化美国文化烙印，改变欧洲人对美国文化先入为主的排斥状态。此后，欧洲迪斯尼乐园逐渐战胜了文化差异的阻碍，成为法国最受欢

① 陈嫵如：《跨文化传播原理在我国对外宣传中的运用》，载《现代传播》，2007 年第 1 期。

迎的景点。

由此可见，本土化过程中对本地因素的强调和对外来因素的弱化，不仅可以消除国际受众的逆反心理，还能够避免不同的语言和语境可能造成的歧义，是解决跨文化传播阻碍的一个有效渠道。传媒集团本土化发展的具体方式，更体现了对跨国界、跨文化传播的理解和应对。

当前，国际传播本土化发展态势，主要表现在如下几方面：

一是传播内容的本土化。跨国传媒集团经过多年的市场运作发现，自己的媒介产品要想在目标市场上开花结果，其产品本身必须本土化，也就是它的节目内容必须要有鲜明的本土特征，传播内容是决定能否吸引观众的重要因素之一。国际传播媒体一直非常重视节目的内容安排，强调在选择节目内容时必须有鲜明的本土化色彩。因此，为了接近对象国家和地区受众的民族文化，符合他们的接受习惯，各国的对外传播都采用多种语言，以针对不同国家和地区推进传播内容本地化的战略。

新闻集团的内容“本土化”策略，为其从澳大利亚走向国际市场提供了决策依据。其控股的凤凰卫视、面向印度的娱乐频道，以及面向印度尼西亚的体育频道等，从节目到管理，从编辑到记者、主持人，从语言到风格都实行了“本土化”，为新闻集团迅速融入对象国媒介市场提供了先天的优势条件。世界主要国际广播媒体也都实施了内容本土化的传播策略。为此，它们对节目结构、内容、语言和播出时间予以调整，适当增加当地民族语言，将节目模式改为当地民众易于接受的形式，内容上增加当地民众较为关心的问题，以吸引当地受众的关注。例如，德国之声华语广播节目就安排以“中国”和“德中交流”为焦点，具有很强的针对性。它还针对中国听众的喜好改版其古典音乐节目，在中国各省、市广播电台中赢得了积极反响。据调查，美国三大新闻周刊《时代》、《新闻周刊》、《美国新闻与世界报道》的国际新闻从1985年的22%下降到了1996

年的14%，三大电视网的国际新闻比例从1987年的40%下降到了1996年的12%。[①] 与此同时，地方性新闻受到青睐。这成为传播内容本土化趋势在国际传播中的反映。

二是媒体人才的本土化。实行人才本土化具有多重优点。首先，本土的专业人才更了解本土市场运作，有利于尽快开拓市场，站稳脚跟；其次，一个由本国人担任要职的管理团队更具有亲和力，更可能获得所在国政府和人民的信任；再次，西方发达国家的人力资源成本普遍较高，人才本土化可以降低经营成本，同时有利于确保公司成员的相对稳定性。

新闻集团在人才本土化中树立了表率。1985年，新闻集团掌握了20世纪福克斯的控股权后高薪聘请该公司原董事长巴西·迪乐担任要职，此后凭借其良好的人际关系和卓越的管理才能成功打入美国市场。新闻集团控股的凤凰卫视从编辑到记者、主持人乃至高层管理者都采用本土人才，从而迅速融入了亚洲媒介市场。贝塔斯曼同样注重培养具有跨国企业管理经验的本地媒体人才，通过“中国实习生制度”为本土人才的培养和使用提供后备力量。BBC在全球大量聘用当地雇员，与当地媒体建立了庞大的特约记者网，确保了从世界各地迅速获取最新的当地报道。美国之音的驻外记者站大多雇佣当地人员为助手。这些本地雇员往往能把握文化上的微妙差异，更好地理解所在国关键政策的根本含义。

三是媒体运营的本土化。全球化思维与本土化操作在国际传播中并行不悖。国际传播实行本土化的目的是为了更好地实现全球化，要想在全球化方面做得更好，就离不开本土化的支持，即所谓的“全球化运营，本土化落实”。国际传播机构在开展境外业务时，大多选择本土经营者作为合作伙伴，一方面有利于自己在最短的时间里熟悉对方国家的人文环境，适应其经济运行模式，了解其市场需

① 数据引自郭可著：《国际传播学导论》，复旦大学出版社，2004年版，第34页。

求和受众的消费心理；另一方面，也有利化解对象国许多针对外国资本和经营者的限制法规和市场壁垒，在一定程度上消除对象国政府或同行业的敌意。

全球化思维和本土化操作的融合，体现在销售和传播两个领域。销售领域的融合表现为全球化的营销经验和本地现有媒介资源的融合，运用成熟的全球营销经验整合本地传播资源，达到双赢目的。传播领域的融合即是在传播本土化内容的同时，传播从世界各地精选出的普适性、趣味性的内容，实现全球传媒信息的共享。全球化与本土化的融合程度关系到媒体集团在全球传媒领域的发展前景。只有在全球化的基础上实施本土化，促进全球信息资源的互通、共享，打造一个全世界平等沟通交流的平台，才能真正完成跨行业、跨地区、跨媒体的全球传媒事业。

他山之石，可以攻玉。了解当前国际传媒的发展趋势，有助于我们通过横向比较，更好地明确我国的国际传播在世界上的地位和发展方向，借鉴其经验，有针对性地提出适合中国国情的国际传播发展战略。

第三章　现代国际广播体系发展战略的提出背景

第一节　现代国际广播体系发展战略提出的理论背景

一、现代国际广播体系发展战略的提出，适应了国际媒体传播模式快速发展的需要

媒体形态大体可以分为四类：以报刊为代表的纸质印刷媒体，以广播为代表的音频媒体，以电视为代表的视频媒体，以互联网为代表的新型媒体。研究表明，当前媒体形态发展和传播模式呈明显加快之势。

中国科学院和清华大学合办的国情研究中心在《中国传媒普及水平的追赶》研究报告中，从理论上把媒体传播模式概括为四个阶段，即导入期、快速普及期、相对饱和期和衰退期。上述四类媒体分别处在不同的发展阶段。

（一）报刊业

报纸作为世界新闻传播业的起始点，已有300多年的历史。16世纪末，定期出版物的出现成为现代报刊业产生的雏形，而定期出版物所体现出的记载、传播重要信息，为社会经济发展提供信息服务的作用，更赋予报纸以现代意义上的新闻意识，并开启了平面媒

体时代的第一扇门。德国和荷兰是这场变革的中心，其影响逐渐蔓延至更多的国家。英国、法国、意大利、美国等国家的报刊业相继发展起来。

19世纪末20世纪初，工业革命为西方资本主义经济的发展与繁荣带来了巨大动力。伴随这场革命，以美国为代表的资本主义国家迎来了报业的大发展，并且其发展的趋向也同资本主义经济发展一道由自由竞争转向垄断。报业集团又称报团，最早出现在报业竞争最为激烈的美国，又迅速发展至西欧国家，成为一种国际现象。尽管理论界对报团在社会民主、新闻自由方面的利弊尚有争论，但无可否认的是，报团的出现代表了这一时期报业经济的繁荣，报纸作为一种媒体，进入了快速普及期。在发展中国家，第二次世界大战结束后，由于发展本国政治、经济、社会的需要，新闻传播作为国家社会结构的重要组成部分得以逐步恢复。20世纪的50年代至80年代，发展中国家进入报业的快速普及期。以印度为例，1952到1981年，印度的报刊总数增加了四倍，从4769家发展到19144家，其中日报从330家发展到1362家，其发行量从252.5万份增加到了1539.7万份，增加了五倍多。[①] 但相对于发达国家来说，发展中国家的报业普及率仍处在较低的水平。据2006年世界报协公布的数据，日本是全世界人均买报最多的国家，千人日报拥有量达630.9份。挪威每千人日报拥有量为601.2份，芬兰、瑞典、英国、新加坡、美国等国家分别达到514.7、466.2、335.4、321.6、241.2份。而我国仅为105.3份。

目前，作为一种印刷媒体，报纸在大多数国家已经进入相对饱和期。

（二）广播业

1920年，美国威斯汀豪斯公司办于匹兹堡的KDKA电台开播。

---

① 程曼丽：《外国新闻传播史导论》，复旦大学出版社，2004年版，第232页。

从此，广播作为大众传媒的大幕被徐徐拉开，电子媒介登上历史舞台。20 世纪 20 年代到 30 年代是西方发达国家广播大发展时期，美国的广播事业又是其中发展最为迅速的。1922 年，美国拥有广播电台 383 家，收音机 60 万台；到了 1927 年，广播电台的数量攀升到 733 家，收音机达到 650 万台。发展中国家的广播事业大多在二战结束后才开始兴建，到上世纪 80 年代才进入快速普及期。

由于电视和互联网的出现，当前，无论是在发达国家，还是在发展中国家，以收音机为载体的广播受众都进入了相对饱和期。

（三）电视业

如果说报刊业的出现让信息传播从耳朵转向眼睛，那么广播业的繁荣又将人们的感知器官从眼睛转回耳朵。而到了 20 世纪 30 年代，电视的出现让视觉和听觉都成为获取信息的重要途径。

1936 年 11 月 2 日，英国广播公司创立的世界上第一家电视台开始向公众播出黑白电视节目，迈开了世界电视业的第一步。二战结束后，电视在西方发达国家进入了高速发展期和快速普及期。1955 年，世界上有 20 个国家建立电视台，拥有电视机总数为 4100 万台；1970 年，建有电视台的国家数达 127 个，拥有电视机总数为 25487 万台。[①] 从数字上来看，1970 年电视已经进入到世界上每一个国家。但电视机的普及率在发达国家和发展中国家间却存在很大差距。1970 年，千人拥有电视机的数量在美国、日本和中国分别是 400、320 和 0.1。巨大的差距直到 1985 年起才有所改善，在中国等发展中国家电视进入快速普及期。

互联网的出现极大地改变了人们的收视习惯，接受信息的方式和途径由迎合变成可选择。因此，在互联网发展较快的发达国家，电视进入了相对饱和期。但在我国，因为广大的农村地区，尤其是中西部农村地区的信息基础设施建设较为缓慢，电视目前仍介于快

① 刘笑盈著：《中外新闻传播史》，中国传媒大学出版社，2007 年 1 月第一版。

速普及期和相对饱和期之间。据中央电视台“2007年全国电视观众抽样调查”结果显示，2007年，全国电视观众总数达到12.05亿人，99.89%的中国家庭拥有电视机。电视观众在城市人口中所占比率为99.29%，在农村人口中所占比率为98.74%。

（四）以互联网为代表的新媒体

互联网是20世纪90年代的产物，其历史至今不到20年。美国等发达国家在1995年以后进入了快速普及期，中国等发展中国家，目前还处于导入期与快速发展期之间。

当前，以互联网为基础的新媒体技术，正以前所未有的速度突飞猛进。根据 www.internetworldstats.com 统计，目前，世界总人口约为66亿7600万，互联网用户为14.6亿，占世界人口总数的21.9%。2007年1月27日，比尔·盖茨在世界经济论坛上预言，由于视频内容的爆炸性增长和电脑与电视设备的日益融合，因特网将在5年内彻底改变电视工业的现状。这种说法未必完全正确，但却说明了互联网不可限量的发展前景。互联网等新媒体的出现，使国际传播模式发生了重要变化。互联网完全打破了传统的地域限制，形成了以信息为中心的跨国界、跨文化、跨语言的全新虚拟空间。相比传统媒体，蓬勃发展的新媒体具有传播方式多样性、传播容量无限性、传播区域全球化等优势，因而，作为新型传播模式受到国际传播的青睐。有学者预言，新媒体的出现和广泛应用，必然会对21世纪的国际传播局面乃至国际关系格局产生重大的影响。①

从以上对媒体形态发展和传播模式的回顾可以看出，传媒的发展自始至终都是国家发展的重要指标和助推器。以互联网为代表的科技进步不但创造了新的媒体平台，推动了媒体形态的演进，同时也给传统媒体形态注入了新的活力，使历史上受众已经相对饱和的媒体焕发了生机。广播作为历史悠久的传播媒介，其原始传播形

① 刘继南主编：《国际传播与国家形象》，北京广播学院出版社，2002年版，第6页。

态——收音机已经不能满足受众的需求。虽然随着汽车经济的繁荣，传统广播手段的受众群体数量较以往有所回升，但在全球范围来看，广播业的复兴需要依靠新技术，要走一条现代化发展的道路。

二、作为国际政治斗争的产物，国际广播在维护国家利益方面的作用和影响力日益提升，受到世界各国的高度重视

国际广播诞生于20世纪20年代，通常由各国政府举办，为各自国家的内外政策服务，作为争取国际舆论、开展对外斗争的重要手段。在全球化传播的大背景下，国际广播既是各国在政治、经济、军事和文化领域斗争的重要武器，也是各国交流沟通的重要渠道。进入新世纪，世界政治多极化和经济全球化的大趋势使世界政治、经济力量的调整和组合呈现出更大的复杂性和速变性。“9·11”事件拉开“反恐战争”的帷幕后，各国长远与当前的政治与外交斗争的需要、全球化态势下的国家经济发展要求、世界单极化霸权主义与多极化反霸权主义的斗争、信息全球化和科技全球化等多重原因，使国际广播在各国国家战略中的地位日益提升，受到前所未有的重视。

美国政府在一系列涉及国际广播电视的公共外交政策建议、法案中多次强调，国际广播电视是美国公共外交的核心力量，使之成为外交决策过程中的主要构成因素是确保国家安全的关键步骤。美国政府要求，美国对外广播电视要同“宣传美国的民主传统、表达自由、宗教自由、人权理念等紧密联系起来”，使“美国的价值观和文化得到更广泛的传播”，并要与当前美国进行的反恐战争目标与国家公共外交的战略相一致。它们特别强调，必须通过国际广播等电子传媒抗衡“反美主义”，“影响国际舆论，改变美国形象，支持美国的全球政策”。美国广播管理委员会还明确规定：美国国际广播电视的使命是“促进美国永恒的对外政策目标——在全世界推行和维

护自由和民主”。2007 年，美国的国际广播经费大幅增加，超过公共广播 90%，全力发展美国之音、自由欧洲/自由电台、中东广播网、自由亚洲电台和对古巴广播办公室等宣传机构。

德国政府在 2000 年的一份文件中要求，德国之声要紧密配合“德国外交政策的目标和对发展中国家的援助项目”，要接受政府特别是外交部对节目的指导方针。

英国广播公司（BBC）的对外传播活动需配合英国政府的外交政策，按英国地缘政治的变化需求，确定从目标市场到节目策略等方面的宣传重点，最终达到宣传目的。近年来，BBC 根据英国国家利益需要，重新调整了对外传播的“重点市场”或“重点区域”，即：一是中东和伊斯兰世界，如伊拉克、伊朗、阿富汗、孟加拉国和印度尼西亚等；二是中国等新兴的亚洲实力国家。此外，BBC 还在加紧向其重点传统收听地区非洲和南亚地区渗透。

美国在“9·11”事件中的电波战，更清晰地显示出了国际广播的巨大威力。美国在军事打击塔利班的同时，首先利用国际广播对塔利班力量实行大规模的电波“围剿”。在“9·11”事件当日及以后几天，美国之音就取消了《现在新闻》栏目的正常编排，全部播出有关“9·11”事件的内容。对非洲的英语节目、音乐节目也全都取消，全部播出《现在新闻》。“9·11”事件的第二天，美国之音就增加了对中东地区和阿富汗、非洲南部和中部的广播时间，增加了阿拉伯语、达里语、波斯语、普什图语和乌尔都语的播出时间。阿拉伯语广播从每天 7 小时增加到 9 小时；波斯语广播从每天 3.5 小时增加到 4.5 小时；达里语和普什图语广播各达到每天播出 2 小时 15 分钟。同时，美国还通过开办对阿富汗开展心理战的“信息电台”、开办“自由阿富汗”电台，加强电波“围剿”。其次，美国各国际广播电台在电波战中绝对服从政府领导，所广播的内容都是塔利班和“基地”组织如何实行恐怖主义，美国在“9·11”恐怖袭击事件中遭受的损失和伤亡，而对美军军事打击塔利班造成的平民伤亡却根本不予报道。此后，为了加强反恐斗争，美国还建立了中东广播网，并增加了中亚和东南亚地区的语言广播。

除美国外，BBC 国际电台、德国之声、法国国际广播电台、日本广播协会、俄罗斯之声都不同幅度地增加了对阿富汗及中东地区的广播。

这些举措都表明，国际广播是为争取国际舆论服务的，它作为维护国家利益的舆论和外交斗争工具的本质特点正在日益强化。

三、为了在新一轮国际广播发展周期中占据优势，世界主要国际广播媒体分别制定新的发展规划，对其发展目标进行战略调整

媒体发展战略是媒体机构面对激烈、严峻的舆论斗争环境，为求得自身不断发展和所代表群体的最大化利益而进行的总体性谋划，它既是媒体战略思想的集中体现，是媒体各项活动的科学规定，同时又是媒体制定计划的基础。世界主要广播媒体都十分注重对发展战略的研究和规划，并紧紧围绕科技发展和国家政治、经济需要进行发展战略的自我调整。

（一）大力开展媒体战略研究

世界主要广播媒体都设立了专门的研发机构，每年投入数百万、上千万经费，从事行业领域内先进应用技术的开发和媒体发展的前瞻性研究，从而保障了媒体在发展的同时，始终具有强大动力和后劲。美国广播管理委员会强调，美国对外广播的长期目标之一是，建立“灵活的、多体的、在调查研究基础上的美国国际广播体系”。英国广播公司、德国之声、法国国际广播电台、韩国广播公司、澳大利亚广播公司、加拿大广播公司等，也都设立了研究室、发展战略处等各类研究机构，它们通过对全球受众、媒体市场和国际舆论等方面的广泛调研和深入分析，提出建设现代国际广播媒体的中长期战略规划和策略技术布局。

（二）随着国际形势及各国国家利益取向的变化，尤其是受新媒体技术发展等因素的影响，世界主要广播媒体都在进行以现代化、综合化、国际化和本土化为发展目标的战略调整

英国广播公司（BBC）在《2006年－2010年发展规划》中提出：大力发展新媒体业务，成为集电视业务、在线业务和新媒体业务于一体的国际广播领域知名度最高、最富创造性的优势传媒。美国在《2002－2007对外广播战略计划》中提出：美国之音将建立使用多媒体传播的国际广播体系，作为长期发展目标，利用现代传播技术，促进多媒体发展，重点是电视和互联网。日本广播协会（NHK）在《2006－2008发展规划》中提出：在未来的3年，实现地面数字电视的全面普及，对外广播的重点从短波手段向电视手段转移，调整对外广播的对向地区和使用语言。

（三）战略规划在媒体的发展重点和资源配置上起到决定性作用

根据“使用多媒体传播国际体系”的战略安排，美国之音在不到两年的时间内，开办了25个语种的对外电视节目，实现了由以广播为主的单一媒体，向以广播、电视、互联网为主的综合媒体的转变，实现了44种语言节目通过广播、卫星电视、互联网等多媒体手段的制作与联播，美国之音的国际影响力和舆论竞争能力显著提升。

第二节　现代国际广播体系发展战略提出的实践背景

中国国际传播发展战略的提出，是为了适应同世界主要国际广播媒体新一轮实力竞争的需要。

经过65年的发展，中国对外广播能力显著增强。在播出语种、播出时数、发射功率、听众来信等许多重要指标上，中国国际广播电台接近或超过世界主要国际广播媒体的发展水平。在播出语种方面，美国之音44种，BBC国际电台33种，俄罗斯之声32种，德国之声 29 种，中国国际广播电台 46 种，居全球国际广播电台之首。在播出时数方面，美国之音每周播出 1300 小时，BBC 国际电台每周播出 1252 小时，中国国际广播电台每天播出 1400 小时（由于 VOA 和 BBC 是以周为计算单位，中国国际广播电台是以日为计算单位，双方不可直接比较，但可以比较参考）。在发射功率方面，美国之音总发射功率为 42281 千瓦，BBC 国际电台总发射功率为 29600 千瓦，中国国际广播电台目前的总发射功率为 43740 千瓦，居首位。在受众反馈方面，2007 年，中国国际广播电台共收到各类听众来信 260 多万封。这个数量是美国之音听众来信 40 万封的 6 倍多，是 BBC 听众来信 100 万封的 2.5 倍。按照 BBC 上世纪 80 年代关于国际广播听众来信的计算方法，一封听众来信代表 300－400 人次收听节目，260 万封听众来信，相当于全球有 7.8 亿－10.4 亿人次收听了中国国际广播电台的节目。因此，就播出语种、播出时数和发射功率、听众来信而言，中国国际广播电台已成为名副其实的、与 BBC 和美国之音并列的世界三大国际广播电台之一。

但是，我们应该清醒地看到，与我国改革开放和现代化建设的发展以及日益提高的国际地位相比，我国的对外广播事业还不够相称；与以 BBC、美国之音为代表的世界主要国际广播电台相比，中国国际广播电台在许多重要指标上还有明显的差距，在国际舆论中的影响力还相对较弱，突出地表现在如下三个方面：

一、现代化程度不高

世界主要国际广播媒体都有现代的传播手段、传播技术、传播方法，其媒体发展现代化水平较高。

首先，它们都在利用新媒体形态丰富对外传播形式，增强对外传播效果，改善舆论斗争环境，并借助新媒体技术拓展自身发展空间，增强自身实力。BBC 一直将新媒体业务当作长期发展远景的核心内容，十分注重新传播技术在传播领域的引用，力图掌控先进有效的传播渠道，构建并完善全球传播网络。BBC 在手机电视、卫星直播电视等新媒体业务领域都有涉及。其发展重点包括：新技术的应用和普及，即技术平台的搭建；对原有内容提供方式的改造和丰富，开发适用于各种新媒体业务的专门的节目内容。BBC 在直播卫星电视方面发展的重点领域是高清晰度业务，计划在 2010 年全部进行高清节目制作。为顺应新技术的发展和受众多元化的消费需求，BBC 也在继续投资开发移动内容业务和应用，开发了许多相关的移动服务。BBC 还不断推进和完善互联网络平台，积极拓展对外传播空间，网上广播、网络电视已为其用户提供了大量基本服务。相比之下，中国国际广播电台的新媒体建设才刚刚起步。

其次，世界主要国际广播媒体都有现代化的技术传播手段。20 世纪 90 年代后半期，全球媒介市场发生巨大变化，以数字化为基础的革命冲击着传统媒介尤其是广播电视媒介的运作形态，技术对于媒介产业变得越来越重要。世界主要国际广播媒体正是认识到了这一点，在传播手段上大量引进和采用新技术，其播出系统与境外媒体有节目的互换播出、频道的租赁播出，能覆盖本地的一定区域，收听质量好，受众多，并能进入主流社会。仅就境外发射转播台一项来说，美国之音和 BBC 不仅数量多，而且以在境外发射为主。美国之音有 31 座发射转播台，其中，境外 20 座，发射机 144 部；BBC 国际电台有 28 座发射转播台，其中，境外 23 座，发射机 96 部。中国国际广播电台目前有 42 座发射转播台，其中，境外 13 座（11 座转播台、阿尔巴尼亚和古巴 2 个海外发射台），71 部发射机，总体上仍然以国内发射为主。此外，中国国际广播电台利用对象国媒体播出的节目较少，互联网在线广播传输通道窄，缺少境外站点，直接影响点击速度。

再次，世界主要国际广播媒体大都拥有一个统一的强大的资源共享平台。通过这些平台，可以进行各种节目的编辑制作，为节目传送到各种平台上播出提供支持，同时，还可对资源进行二次利用，增加资源附加值。BBC 采用了一个拥有 1500 个用户终端的媒体资产共享节目编辑系统，为广播、电视、互联网等各种媒体之间实现资源共享提供了有力保障。NHK 早在 1992 年就开始建设一个规模庞大的、以影像资料为主体的广播电视数据库，并在全国各地配置了约 200 个检索终端，供 NHK 分部对资源进行二次利用，并为国内外用户提供服务。相比之下，中国国际广播电台的播出系统单一，缺少统一的多媒体技术平台。目前，中国国际广播电台参照世界主要广播机构的经验和做法，正在搭建全台共享的媒体资讯平台，用以对全台媒体资源进行整合、配置、增值。该平台于 2008 年奥运会期间首次投入使用。

二、国际化程度不够

世界主要国际广播媒体的境外落地整体实力庞大，驻外机构发展迅速，环球广播具有较高的国际化程度。

（一）在落地覆盖范围方面

BBC 国际电台的短波信号基本覆盖了全球，还在世界 150 个国家的首都通过调频广播实现落地，在全球拥有 2204 个合作电台。美国之音可以覆盖除去西欧和美国国内之外的世界各个角落，在全球 80 多个国家、560 多个城市，通过 790 多家电台实现了广播节目落地，在 17 个国家开办了 21 个整频率广播电台。中国国际广播电台节目覆盖世界 60 多个国家和地区，仅在肯尼亚、老挝和澳大利亚等地建有 11 个调频广播。全球转播中国国际广播电台节目的合作电台仅有 140 多家，实力对比悬殊。

（二）在落地方式和技术手段方面

世界主要国际广播媒体在落地方式方面，无线广播采取了本土发射、租机互转、建立境外调频电台和发射基地、在境外城市电台购买时段和与境外电台联合制作节目等方式播出；在线广播采取了CDN（内容推送）和建立境外网络电台、镜像站点的方式，加快网站访问速度和在线收听质量；在技术手段方面，除了传统的广播技术外，还密切跟踪和采取新的传播技术手段，如直播卫星、手机短信和数字调幅广播（DRM）技术等。

目前，中国国际广播电台应用了数字广播、手机广播和 MP3 下载等新技术，使用中波/调频、卫星直播、有线电视入户和网络广播等多种播出平台，还成功推动了多家境外网站转播中国国际广播电台落地节目，并通过以下三种方式实现节目境外落地：一是通过租用中波、调频和短波时段以及直播卫星、网络广播和有线入户通道，直接将中国国际广播电台的节目在对象地区播出。二是通过境内外代理机构或合作伙伴，购买对象国或地区主流电台的时段，实现节目在对象地区的落地播出。三是在对象国或地区直接建设调频广播电台。但是，中国国际广播电台目前只能向财政部申请租时租机费，而与境外电台联合制作节目、在当地建立演播室或办调频台、开发适宜欧洲国家的 DRM 技术，以及举办大型跨文化活动等，均缺乏相应的经费。

（三）在整体规模方面

世界主要国际广播媒体驻外机构在整体规模上具有相当优势，基于新闻价值与本国利益的双重考虑，大都在中国、美国、俄罗斯、西欧大国以及中东热点地区设有驻外机构。其中，驻外机构、人员的绝对数量超过中国国际广播电台的有 BBC 和 NHK。BBC 在全球设有 40 个驻外记者站，仅正式的驻外记者就达 250 多人，业务范围涵盖 170 多个国家。NHK 设有 33 个驻外机构，拥有庞大的特约记者和驻在国当地雇员队伍。美国之音设有 22 个驻外记者站，正式员工仅 14 名，当地雇员 90 多名。中国国际广播电台目前设有 33 个驻外记者站，数量不少，但驻外记者人数不多，总共只有 50 多人，没有特约记者和当地雇员。在人员规模方面，世界主要国际广播媒体都具有人员规模庞大，数量众多的特点。BBC 共有员工约 2.7 万人，仅对外广播电视机构就有员工 2300 多名。NHK 员工总数为 11642 人。KBS 有员工 5200 多名。中国国际广播电台现有在职员工 1600 多人，外语干部 800 多名。这个数目与 BBC 等主要国际广播媒体在绝对值上有较大的差距，与 43 种语言的机构设置也不太适应。

（四）在发展研究方面

BBC 拥有专门的研发中心，160 名专业工程师、数学家和科学家从事广播领域的专门技术研究工作，使 BBC 在整个行业领域处于世界领先地位。NHK 旗下有两个非常有实力的研究所，一个是广播电视文化研究所，另一个是广播电视技术研究所。其研究成果不仅享誉全球，还为其节目传播提供了多种途径，带来了巨大的商业价值。相比之下，中国国际广播电台还缺少专门研究国际广播技术与理论的机构。

（五）在传播实效方面

依据语言、文化、传统、历史等方面的影响因素，对国际受众群体进行划分，并将其作为媒体机构确定播出方案、节目选题和频道风格的重要标准，是当今世界主要传媒机构不谋而合的做法。BBC 和美国之音等主要国际广播媒体对其播出语言进行了细致的“市场方向”划分，并针对不同的“市场方向”确定目标受众，根据“目标受众”的需求和特点，确定宣传报道的原则和内容。美国国际广播根据市场的细致分别，分为 125 个具体的“市场方向”。美国国际广播体系中的各台均确定了自己的“目标受众”，并根据国家战略变化进行调整。例如，2001 年“9·11 事件”后，美国之音迅速增加对阿拉伯地区的播出时数。2002 年后的两年时间里，美国之音的阿拉伯语各频道广播时间上升到 30 个小时左右。BBC 对其 33 种语言广播分出了 13 个主要“市场方向”，并根据市场方向划分出三类目标受众。中国国际广播电台的播出语种几乎涵盖了所有主要世界语种，但尚未划分出细致科学的“市场方向”。近年来，虽然中国国际广播电台紧紧围绕国家的战略目标，不断地调整报道语种、内容和方式，以配合国家外交的需求，但由于体制、人员和资金等多方面原因，使得这种调整并非全部都及时有效。

三、媒体形态相对单一

世界主要国际广播媒体大都拥有多样齐全的传播手段，对各种媒体形态的分配和利用更加合理。BBC 既有包括中长波、短波以及调频、调幅广播在内的传统音频广播，又有卫星音频直播、直播卫星电视、网络音、视频广播，多媒体数字广播、数字调幅广播（DRM），还有利用第三代通信技术和互联网将各种广播形态结合的综合性广播。在各种媒体形态的分配上，BBC 在音频广播领域以发展数字广播和调频广播为重点，在视频方面大力发展使用对象国语言播出的电视节目。除已有的 10 个对外电视频道外，还将在 2010 年前推出阿拉伯语、波斯语、印地语和西班牙语的国际电视频道。同时大力发展包括互联网在内的新媒体手段，通过多种媒体形式，拓展对外传播空间。

相比之下，中国国际广播电台以对外广播和在线广播为主，目前还缺乏卫星电视和多媒体数字广播等现代传播手段，对新媒体手段的支持力度也远远不及以 BBC 为代表的主要国际广播媒体。由于中国国际广播电台尚未开办对外电视频道，直接导致对以收看电视为主的西方发达国家受众的影响力的下降，而对于中东、非洲、南亚等地区，随着 BBC 电视频道的不断开播，中国国际广播电台仅以传统广播和网络与其竞争，力量也明显不足。同时，中国国际广播电台在国内的广播电视频率资源也十分有限，影响到对国内新闻信息的采集，这些对于扩大中国国际广播电台在世界上的影响力是十分不利的。

严格说来，上述中国国际广播电台与世界主要国际广播媒体之间的实力差距，还只是表面现象。深层次考查，还有许多体制和机制方面的差距。比如，在对外广播资源的配置上，依然沿用的是计划经济的分配方式；在用人和分配机制上，简单照搬机关事业单位的运行模式；在境外落地的资金管理上，依然采取的是国内事业经费的管理办法；在外籍工作人员的聘用上，仍然采用的是上世纪50年代前苏联专家的聘用模式；等等。所有这些，既有国家综合实力有待进一步增强的现实问题，还有需要通过深化改革尤其是要靠体制和机制创新的深层次矛盾的解决。因此，现代广播体系的构建，不仅可以在硬件上缩短同世界发达国家国际广播的实力差距，还可以在软件方面不断提升中国国际传播事业的综合竞争能力。

第三节　现代国际广播体系发展战略提出的政治背景

胡锦涛总书记在2008年全国宣传思想工作会议上强调，要把加强对外宣传作为国家发展全局的战略任务抓紧抓好，形成与我国经济社会发展水平与国际地位相称的对外传播力量，让中国的声音和信息传得更广更远。国际广播是党和国家的重要舆论阵地，是对外传播的重要组成部分。加强现代国际广播体系建设，形成强大的对外广播宣传实力，提高对外广播的国际影响力和竞争力，更好地为改革开放和现代化建设服务，为促进祖国统一、世界和平和人类进步做出更大贡献，是国际广播全局性、战略性的工作任务。

一、现阶段我国的国际舆论环境仍不容乐观

改革开放30年以来，中国的经济飞速发展，人民生活条件不断得到改善，国际社会对此都抱以极高的关注度，大大提高了我国在国际媒体上的“出镜率”。舆论的升温一方面证实了中国近年来的发展成就，带给中国前所未有的机遇，更多的国际受众将由此认识和

了解中国；另一方面，国际舆论构成了国际发展的重要环境。在全球化时代，尤其是在西方国际垄断国际舆论的时代，国际舞台上的高“出镜率”也给中国的未来发展带来不小的挑战。因为从总体上来看，虽然目前我国的国际舆论环境虽然较以往有了明显改善，但整体形势仍旧不容乐观。

（一）国际舆论中始终存在对我国不利的舆论导向，造成我国现实国家形象与国际媒体形象严重背离的局面，给我国的发展带来了负面影响

中国社会经济的发展，在国际舆论中出现了两种不和谐的声音。一是片面夸大中国经济实力，提出“中国威胁论”；二是片面夸大中国社会发展中面临的困难，提出“中国崩溃论”。这两种观点如不及时加以澄清和正确引导，必然对我国的国际形象造成不良影响。与此同时，西方敌对势力亡我之心不死，对中国进行“西化”、“分化”的图谋没有也不可能改变。如美国国会每年 3 月都发表所谓的“中国人权报告”，对我国的人权问题、台湾问题、宗教问题、西藏问题等妄加评论、横加指责。这种歪曲事实的做法造成了在国际舆论中混淆试听的恶劣影响，严重干扰了我国在国际社会中的形象建设。

不容忽视的是，由于我国坚持走具有中国特色的社会主义道路，与西方国家意识形态上的分歧使得无论我们做什么，都难以得到西方国家的认可，“遏制”与“分化”将长期作为西方媒体涉华舆论的主题不断出现。涉华舆论往往与中国的政治体制和意识形态相关联，将一切话题政治化，而此类有计划、有针对性的负面舆论导向已经逐步形成了固定的模式。美中贸易全国委员会主席柯伯将中美关系起伏不定的过程概括为“四连环”现象：首先是媒体发难，发表文章指责中国的某些政策或者某种不符合西方标准的行为；美国国会受其影响，推波助澜；接着中国进行反击，造成外交、民间和政府间的不快和冲突；最后常常是时过境迁 4－6 个月后，发起责难

的媒体再发表一篇看上去是客观公正的赞扬中国的文章，于是整个“争执”归复平静。[①] 这种所谓“四连环”现象显然对中国的形象建设十分不利，将给我们塑造和维护国家形象带来极大困难。

（二）与我国突飞猛进的发展成就和日益提高的国际地位相比，我们的广播对外宣传力量不足，在国际舆论中的影响力仍然较弱，国际舆论“西强我弱”的局面并没有根本改变

在国际传播领域中，由于受到传播媒介分配不平衡和传播技术发展不平衡的影响，信息传播一般呈现由中心到边缘的流动规律，即由发达国家向发展中国家扩散，由国际性传媒机构向一般媒体扩散。从世界传媒产业的发展看，以美国为首的西方发达国家占据了绝对优势。四大西方主流通讯社美联社、合众国际、路透社、法新社每天发出的新闻量占据了整个世界新闻发稿量的80%。西方50家媒体跨国公司占据了世界95%的传媒市场。一份对91个发展中国家广播电视的调查研究资料表明，发展中国家的新闻、影视节目最少有30%来自发达国家，最多达到75%。由此可见，西方国家牢牢掌握着国际舆论的主导权，并以此为武器对发展中国家施加影响。

近年来，随着中国不断取得突飞猛进的发展成就，国际地位相应得到提高，国际传播开始作为国家发展战略的重要组成部分得以飞速发展。然而，就传播规模和传播实效来讲，中国虽是文化资源大国，却又是文化产业和文化输出弱国；既是传媒大国，又是传播弱国。传播实力上的差距，使得我国的对外传播无法有效地在国际社会发出自己的声音，外国媒体成为我国在国际社会中形象的主要构建者。而通过国际舆论来了解中国的国际受众会因此受到误导，造成我国的国家形象经常处于被动的局面。

① 沙奇光：《对世纪初国际舆论形势及应对措施的几点思考》，载《对外宣传参考》，2000年12月。

（三）反华势力和分裂势力利用一切手段干扰我国的社会主义建设和国家统一进程，其中，舆论攻击尤其是利用国际广播进行舆论攻击是常见的方式之一

近10年来，美国和西方主要国家利用广播、卫星电视、互联网等新兴传媒，建成了对中国的全方位、立体式包围网。美国之音、自由亚洲电台、BBC、德国之声、法国国际广播电台和日本NHK，在中国周边地区设立几十座转播台和上百个频率对中国播出，对我国全面建设小康社会进行了严重的舆论干扰。美国2002年《自由促进法》还要求将中国列为“美国国际广播对外宣传”的主要目标之一。此外，“法轮功”邪教组织、“民运”分子、“东突”恐怖势力、“台独”、“藏独”分子分裂祖国，破坏中国民族团结和边疆地区社会稳定的罪恶行径一刻也没有停止，利用国际广播是他们攻击中国的主要方式。

在新的形势下，中国国际传播的地位和作用更加重要。我们应该站在更高的起点上分析形势，审时度势，努力形成同我国地位和声望相称的强大宣传舆论力量，更好地为改革开放和现代化建设服务，为促进祖国统一、世界和平和人类进步作出更大贡献。

二、构建现代国际广播体系，重在体现国家发展建设的各个方面

全面建设小康社会，推动持久和平、共同繁荣的和谐世界建设，是党的十六大以来，以胡锦涛为总书记的党中央提出的内政外交的核心思想。这一观念的提出，高度概括了中国共产党人和中国人民对世界发展走向的一种期望和追求，也深刻阐释了中国作为国际社会重要一员在采取各种行动时所秉持的价值导向是符合世界人民利益的。然而，国际社会上对中国质疑的声音仍大量存在，负面报道此起彼伏。对此，中国国际广播电台要努力打造现代国际广播体系，积极成为世界人民了解中国的重要渠道，担负起向国际社会全面、

准确、及时介绍本国政治、经济、文化、外交等方面情况的重要任务。

（一）发展道路方面

党的十七大报告指出，“改革开放是决定当代中国命运的关键抉择，是发展中国特色社会主义、实现中华民族伟大复兴的必由之路。”① 目前，社会主义改革正处在不断的发展深化中：全方位的有序改革，将为中国注入新鲜活力；中国今后将继续扩大开放、繁荣发展，做到经济持续快速增长和社会全面进步，积极提高国际地位，全面参与国际竞争，继续为维护世界多样性，推动世界多极化和国际关系民主化作出不懈努力。中国的国际传播，要致力于宣传中国不断加大改革开放、积极融入国际社会的进步形象，介绍中国的改革开放和经济社会发展取得的成绩，向世界各国传递“和平发展”的心声，努力塑造对内为中国最广大人民的根本利益负责，对外为维护全人类共同利益负责的国家形象。

（二）经济政治方面

1979 年以来，中国在改革开放的带动下经济发展迅速，长期保持了持续、快速、健康的发展态势，成果惠及人民大众。今后还将进一步“拓展对外开放广度和深度，提高开放型经济水平。”② 长期以来，中国社会安定，中国共产党的领导集体更加团结务实，人民不断被赋予更多的民主权利，全国人民上下一心，正在为夺取全面建设小康社会新胜利而奋斗。政治稳定、经济繁荣已经成为中国现阶段的重要特征。中国的国际传播，要大力向外界宣传中国经济欣欣向荣、国家政通人和的形象，多形式、多角度、多领域、多层面介绍中国政治建设、经济建设、文化建设、社会建设新进展，充分

---

① 胡锦涛：《高举中国特色社会主义伟大旗帜，为夺取全面建设小康社会新胜利而奋斗——在中国共产党第十七次全国代表大会上的报告》，人民出版社，2007 年版，第 10 页。

② 胡锦涛：《高举中国特色社会主义伟大旗帜，为夺取全面建设小康社会新胜利而奋斗——在中国共产党第十七次全国代表大会上的报告》，人民出版社，2007 年版，第 27 页。

展现中国社会文明进步、中国人民热情友好的精神风貌，适应新时期国家经济发展和政治进步、全面建设小康社会的需要。

（三）文化方面

文化是民族凝聚力和创造力的重要源泉，是综合国力的重要因素。世界各国早已认识到文化对于国家发展的重要性，甚至将其视为经济、政治、军事之外衡量国家发达程度的一个必要因素。从近代以来各国兴衰的历史上来分析，文化不仅是国家战略资源的一部分，甚至还是调动其他战略资源整合优势、发挥作用的重要力量。因此，“世界大国之所以能得到世界其他国家的尊重，一个不可或缺的条件是它拥有强大的文化国力，并对世界其他国家乃至整个世界的文化发展都有着极其重要的影响力、吸引力和贡献力。如果一个大国不能为国际社会提供一种具有引导力的文化形态、具有普遍价值的道德或文化理念，不仅难以被世界其他国家所认可，而且其本身的可持续发展也可能存在很大的问题。”① 我国政府始终重视文化建设，无论是传统文明，还是现代的社会主义文化，都是中国特色社会主义不可或缺的组成部分。在编制“十一五”规划时，从中央到地方都提出了要把发展文化事业和文化产业纳入国民经济和社会发展总体规划的要求。改革开放进程中，我国文化建设取得了巨大成就，文化体制改革稳步推进，文化产品日益丰富、产品质量进一步提高，保护和弘扬民族传统文化艺术遗产工作成效显著，对外文化交流继续拓展，中华文化影响力不断扩大。中国的国际传播，要努力向外界展示中国悠久灿烂的古代文明和具有蓬勃创造力的现代文明，以文化为载体，推动对外交流和文化宣传，展示中华文化博大精深的魅力，潜移默化地施加影响，适应新时期构建社会主义和谐文化的需要，增进世界对中国客观、全面的了解和友谊。

---

① 罗建波：《构建中国崛起的对外文化战略》，载《现代国际关系》，2006 年版，第 3 期。

（四）外交政策方面

十七大报告指出，“不管国际风云如何变幻，中国政府和人民都将高举和平、发展、合作旗帜，奉行独立自主的和平外交政策，维护国家主权、安全、发展利益，恪守维护世界和平、促进共同发展的外交政策宗旨。”① 中国选择和平外交政策，是中国政府和人民根据时代发展潮流和自身根本利益作出的战略抉择。胡锦涛主席等我国领导人，在各种场合多次提到中国的和平外交，但世界上还是有很多国家对中国的崛起感到忧虑。“一个主权国家往往需要借助对外传播媒介展现自己的外交活动，并将其观点和重大外交信息向全世界报道，因而需要依靠对外传播配合国家重要外交活动，承担先期试探国际舆论的功能；还需要借助对外传播媒介维护和谋求本国利益，实施其国际战略。”② 中国的国际广播事业，肩负着向全世界人民宣传中国和平外交政策的重要使命。要适应新时期和平外交政策的需要，围绕我国的总体外交，宣传独立自主的和平外交政策，宣传我国坚持走和平发展道路，积极倡导公正、合理的新秩序观，认真实践以平等互利为主要内容的新发展观，推动树立以互信、互利、平等、协作为核心的新安全观，主张形成以尊重多样性为特点的新文明观，树立中国政府在国际事务中负责任的大国形象。

三、构建现代国际广播体系是国际传播全局性的工作任务

构建现代国际广播体系，形成强大的对外广播宣传实力，提高广播影视国际影响力和竞争力，为全面建设小康社会营造良好的国际舆论环境，在激烈的国际舆论竞争中取得主动，是新的历史起点上国家对内保持政治稳定经济发展、对外推动世界和平的要求，是

① 胡锦涛：《高举中国特色社会主义伟大旗帜，为夺取全面建设小康社会新胜利而奋斗——在中国共产党第十七次全国代表大会上的报告》，人民出版社，2007 年版，第 47 页。

② 段鹏著：《国家形象建构中的传播策略》，中国传媒大学出版社，2007 年版，第 5 页。

我国广播影视工作中一项具有全局性、战略性的工作。

中国国际广播电台作为我国国际传播的主要阵地，应当按照中央要求将对外传播提高到“具有战略意义的高度”来进行考虑，进一步明确中国国际广播电台在整个外宣体系当中的“旗舰”地位，抓住机遇，与时俱进，推进理念变革和机制创新，努力赶超世界主要国际广播媒体发展水平。要以构建现代国际广播体系为契机，并在未来的发展中紧紧围绕这个理念，积极发展一切有利于国际传播的媒体形态，积极采取一切有利于国际传播的技术手段和传播方法，积极尝试一切有利于国际传播的工作方式和运行机制，积极开拓一切有利于国际传播的发展领域，努力形成与中国国际地位相适应的国际传播舆论力量。要按照科学发展观的要求，遵循“构建和谐世界”传播理念，对于中国的朋友，动之以情，晓之以理；对于尚不了解中国情况的人，解疑释惑，加强沟通；对于对中国存在误解偏见的人，用事实说话，靠真理服人；对于对中国心存敌意的人，澄清是非，以正视听。

因此，构建现代国际广播体系是党和国家领导人依据当前的国际舆论形势以及我国目前的发展需要提出的科学论断。唯有如此，才能促进国际广播事业全面、协调、可持续发展，使我国对外传播力量真正成为国际舆论中的重要一极，为提高国家文化软实力、增强文化国际竞争力做出积极贡献。也正因为如此，构建现代国际广播体系的发展战略应运而生了。

第四章　现代国际广播体系与推动和谐世界建设

第一节　构建和谐世界理念的提出及其内涵

随着改革开放的持续深入，中国在各种国际组织、多边协定、全球议题中的参与度和话语权日益增强，国际影响力不断提升。中国的发展模式受到越来越多的认同和赞赏，中国的态度决定着诸多国际问题能否解决，"中国制造"充盈着国外市场，孔子学院遍布于世界各地，可以说，中国的发展越来越具有世界意义。中国作为一个有着独特文明传统的东方大国，以强国的形象登上世界舞台，这对于西方主导的当代世界体系来说是个"新鲜事物"。国际社会对中国的未来走向充满关切，对中国的国际战略和将要扮演的国际角色猜测纷纭。"中国威胁论"与"中国机遇论"各行其道。中国是打破现有国际秩序，另起炉灶，如当年之苏联，还是以一种合作的方式，逐步融入现有安排；中国怎样看待目前的国际秩序，将要推进和建设一个什么样的新秩序，西方部分国家狐疑满腹，国际社会拭目期待。在此背景下，中国政府明确提出了建设"和谐世界"的战略构想。

2005 年 4 月，胡锦涛主席参加亚非峰会，第一次提出亚非国家应"推动不同文明友好相处、平等对话、发展繁荣，共同构建一个和谐世界"的主张。同年 9 月，在联合国成立 60 周年首脑会议全体会议上，胡锦涛主席发表了题为《努力建设持久和平、共同繁荣的和谐世界》的重要讲话，全面阐释了和谐世界的深刻内涵。

2006年8月，胡锦涛主席在中央外事工作会议上的讲话中指出，推动建设和谐世界，是我们坚持走和平发展道路的必然要求，也是我们实现和平发展的重要条件。要致力于同各国相互尊重、扩大共识、和谐相处，尊重各国人民自主选择社会制度和发展道路的权利，坚持各国平等参与国际事务，促进国际关系民主化；致力于同各国深化合作、共同发展、互利共赢，推动共享经济全球化和科技进步的成果，促进世界普遍繁荣；致力于促进不同文明之间加强交流、增进了解、相互促进，倡导世界多样性，推动人类文明发展进步；致力于同各国加深互信、加强对话、增强合作，共同应对人类面临的各种全球性问题，促进和平解决国际争端，维护世界和地区安全稳定。

从内容上看，和谐世界理念包含了对世界政治、安全、经济、文化发展的完整内容：政治上相互尊重、平等协商，共同推进国际关系民主化，这既是对中国一直倡导的和平共处五项原则的一脉相承，又包含了反对霸权主义、单边主义的当代含义；经济上相互合作、优势互补，共同推动经济全球化朝着均衡、普惠、共赢方向发展。通过各国间的相互合作实现共同发展，这不仅是个良好愿望，也是对全球化时代各国、各地区经贸关系日趋紧密、相互依赖愈益加深的时代潮流的科学把握；文化上相互借鉴、求同存异，尊重世界多样性，共同促进人类文明繁荣进步。一个和谐的世界不是各种文明相互冲突，更不是某种文明的一枝独放，不同文化和文明各呈其秀共同繁荣才是和谐的本意；安全上相互信任、加强合作，坚持用和平方式而不是战争手段解决国际争端，共同维护世界和平稳定。国际和平是建设和谐世界的必然要求，在战争的代价越来越高的今天，各国相互信任、加强合作对维持国际安全稳定具有空前的重要性。

构建和谐世界是以胡锦涛同志为总书记的中央领导集体面对当今世界大调整、大变革的国际格局提出的重大战略和崭新理念。这一理念的提出，回应了国际社会对中国今后走向的普遍关切，回击了形形色色的“中国威胁论”，回答了中国希望有一个怎样的世界，及以何种方式构筑这样的世界这个国际社会所普遍关注的重大问题。

首先，和谐世界观是马克思主义中国化在我国外事、外交领域的最新成果，体现了马克思主义与时俱进的理论品质。从20世纪70年代的“三个世界”理论、80年代的“和平与发展是当今世界的两大主题”的论断、90年代的“建立公正合理的国际政治、经济新秩序”，到现在的“和谐世界”理念，都是中国政府根据当时国际整体格局及时代特点、中国自身发展及国际定位提出的科学论断和战略决策，有效指导了中国在不同时代、国际背景下的外交实践。

第二，构建和谐世界理念吸收并体现了中国传统文化中的优秀元素，这使和谐世界理念具有了深厚的思想理论基础。在中国传统哲学中，对天地万物的观察总是有一种强调“和”的倾向，并以这种对天地自然的认识指导社会人事秩序的建构。如《易经》中“天地节而四时成”、“天地以顺动，故日月不过，而四时不忒”，《道德经》中“上善若水，利万物而不争”，墨子的“非攻”、“兼爱”思想，《中庸》里“万物并育而不相害，道并行而向背。小德川流，大德敦化”的论述更是对“和”思想的一种典型表达。

第三，构建和谐世界理念的提出，表明随着中国日益深入地融入国际社会，中国观察、思考自身发展及其国际角色的视角也已经发生了改变。从追求“中国崛起”到致力于“世界和谐”，表明当中国的发展越来越具有世界意义时，中国外交的宗旨已不再只是围绕着“为国内发展提供一个良好的国际环境”，尽管在相当长的时间内这仍然是中国外交的最主要目标。中国领导层认识到，当自身的发展与世界各国的整体发展日益息息相关时，中国不可能在一个混乱和冲突的世界中独善其身，而一个和平、和谐、发展、繁荣的世界本身就是、至少符合中国的国家战略利益。从这个意义说，构建和谐世界理念标志着中国对自身国家利益的认识上升到一个新的层面，并开始从一个更宽广的视野考察自身的国际定位和国际责任。

第四，构建和谐世界理念的提出，也是中国建设国家软实力的重大举措。“越来越多的事实表明，中国对世界的应有贡献正在从“中国制造”（Made in China）发展到“中国倡议”（China Initiate）。和谐世界就是“中国倡议”，是中国化的世界贡献。和谐世界观旨在解决发展中的中国如何与世界和谐相处，是中国新的外交理念。从实践上讲，未来中国外交将是全方位外交，处理的是中国与世界的关系，可概括为：以经济外交实现与世界的互利共赢，以政治外交增进与各国的政治互信，以文化外交与世界沟通，以公共外交与世界人民交往，塑造国际认同，增强中国外交的国际民意基础。”①

构建和谐世界涉及政府外交、经济外贸、文化交流、安全合作等各方面，对外传播媒体在其中将发挥着至关重要的作用。一方面在于信息、认同、观念等因素在政府决策中起到的重要潜在影响（美国学者亚历山大·温特在《国际政治的社会理论》一书中对此进行了系统阐述）。另一方面在于，当今全球公民社会的日益成熟，各种NGO，如跨国公司、宗教团体、专业协会、环保组织、维权机构等在各国政府决策中的影响力日增，在各种全球性议题的解决过程中作用日显，在国际政治中的重要性渐趋增强。传统的政府外交面临着转型，我们对外交的认识也需深化。外交不再是各国政府的“自留地”，国际传播在传播信息、培植友谊、沟通情感、寻求认同等方面发挥着潜移默化性作用，可以被视为一种“前外交”或“潜外交”。因此，构建和谐世界理念的提出为中国的对外传播媒体提供了一个推动事业发展的重大机遇和挑战。作为国家专门外宣媒体的中国国际广播电台深感使命重大，任务艰巨，加快构建现代国际广

① 王义桅：《世界是椭圆的——未来国际秩序展望》，同济大学出版社，第179页。

播体系是中国国际广播电台履行使命、迎接挑战的着力所在。

第二节　现代国际广播体系与推动和谐世界建设的关系

和谐世界理念为我国的国际传播事业提出了一个新的课题，为我国国际传播媒体的未来发展提出了新的要求。

首先，作为文化的组成部分，国际传播媒体应当与当前国际形势相结合，推动各种文明在对话和交流中更好的沟通、丰富与完善，协力构建多样文化兼容并蓄的和谐世界。

维护世界文明和文化的多样性，是构建和谐世界的一个重要标志和内容，是和谐世界在文化领域迈向成功的基本前提。当今世界的主流话语体系，都是依照西方国家的历史为蓝本创造和建立起来的，发展中国家与此相违背的价值观往往受到排挤和打压。和谐世界理念就是要开创一个与当前主流价值体系相抗衡的、符合全人类共同利益的价值观，给包括中国在内的第三世界国家的文化发展提供坚实可靠的价值基础和理论支持，淡化国际传播领域的边缘和中心的界限，使正在进行中的文化全球化向着文化资源的全球化而非文化价值内涵的全球化方向发展。

胡锦涛主席在联合国成立60周年首脑会议上的讲话指出："文明多样性是人类社会的基本特征，也是人类文明进步的重要动力。在人类历史上，各种文明都以自己的方式为人类文明进步作出了积极贡献。存在差异，各种文明才能相互借鉴、共同提高；强求一律，只会导致人类文明失去动力、僵化衰落。各种文明有历史长短之分，无高低优劣之别。历史文化、社会制度和发展模式的差异不应成为各国交流的障碍，更不应成为相互对抗的理由。我们应该尊重各国自主选择社会制度和发展道路的权利，相互借鉴而不是刻意排斥，取长补短而不是定于一尊，推动各国根据本国国情实现振兴和发展；应该加强不同文明的对话和交流，在竞争比较中取长补短，在求同存异中共同发展，努力消除相互的疑虑和隔阂，使人类更加和睦，让世界更加丰富多彩；应该以平等开放的精神，维护文明的多样性，促进国际关系民主化，协力构建各种文明兼容并蓄的和谐世界。”

温家宝总理在法国巴黎综合理工大学演讲时强调：“我们各自继承和发扬的文化都是民族之根、国家之魂。文化多样性是人类文明的重要特征。文化多样性之于人类社会，就如同生物多样性之于自然界一样，是一种客观现实。只有尊重文化的多样性，才能使人类文明得以发展。”

党的十七大报告主张为了“推动建设持久和平、共同繁荣的和谐世界”，各国在文化上要“相互借鉴、求同存异，尊重世界多样性，共同促进人类文明繁荣进步”。

多种文化和谐共存是美好的目标，是人类社会走向繁荣昌盛的力量源泉。文化多样性已经同经济全球化、世界多极化一起，成为当今世界的三大潮流，多元文化协同是未来全球文化的图景。实事求是地看，当今世界文化扩张主义和文化殖民主义仍然处于强势地位，并试图将多元文化带入单一文化的深渊。国际传播媒体作为文化的组成部分和传播渠道，一方面要承认和尊重世界文化的多样性，推广“和而不同”、“取长补短”的思想，鼓励不同文化“百花齐放”，通过文化间的相互理解和宽容努力消除疑虑和隔阂，引导人类社会走向永久和平；另一方面，要坚持对本民族文化的维护、发掘和传播，不断强调自身文化的独特价值，构建具有民族特色的主流文化体系，积极参与世界各国文化的“百家争鸣”，加强对外文化交流，让本民族文化为世界文化的发展做出应有的贡献。

其次，作为和谐世界建设的推动力量，国际传播媒体应当加强自身建设，从提高宣传实效、扩大外宣影响力入手，积极做好宣传阐释工作，重塑世界的精神力量。

和谐世界理念的诞生，是马克思主义中国化的最新成果，符合我国自身发展的现实需求，符合世界人民共同的利益，对于推进形成和平稳定的国际战略格局具有十分重要的战略意义。总的来看，和谐世界理念在国际上处于初步探索阶段，各国仍在逐步认识和接受这一先进理念的丰富内涵。然而，由于意识形态等方面的原因，和谐世界理念虽然得到广大发展中国家的积极响应，却遭到西方国家部分人士的怀疑、曲解，甚至是“围剿”，国际社会对此议论纷纷，已经引起了人们对意识形态化的担忧。与此同时，历史上形成的国际舆论“西强东弱”格局一直没有改变，我国在国际舆论中的力量和声音较为弱小，给和谐世界理念的宣传阐释造成了十分不利的影响。

国际规范的“周期理论”认为，国际规范的形成要经过三阶段：兴起——普及——内化。兴起阶段主要靠规范倡导者的宣传和倡导机构的促进，将规范推至临界点；规范超过临界点会迅速扩展进入普及阶段，被广大行动者所接受；内化阶段是行动者将规范内化，使之成为自我身份认同的一部分。[①] 对照这一理论，可以认为和谐世界理念目前处于兴起阶段，需要依靠传播的力量为促进全球经济、文化、政治、社会的和谐发展营造舆论氛围，让世界各国的政府与人民切实感受到和谐世界理念对于增进人类的共同福祉和各国人民根本利益的积极作用，以及中国为实现这一目标所做出的努力。对此，我国国际传播媒体应当加强国际舆论斗争的敏感性，增强国际舆论的引导能力，掌握国际舆论斗争的主动权，及时、充分、全面地阐释构建和谐世界的合理性和必要性，向国际社会传播我们的主张，解释我们的立场，为促进和谐世界的建设贡献力量。

第三，作为国家的软实力资源之一，国际传播媒体应当以和谐世界理念为契机，着力完善我国的国际形象，为我国的发展建设营

① Martha Finnemore and Kathryn Sikkink, " International Norm Dynamics and the Political Change, :" in Katzenstein, Krasner, and Kenhane, eds. , The Exploration and Contestation in the Study of World Politics, pp. 254 - 265. 转引自蔡拓主编：《和谐世界与中国对外战略》，黑龙江人民出版社，2006 年 8 月第一版，第 214 页。

造客观友善的舆论环境。

改革开放30年来，中国作为一个拥有13亿人口的大国在具有中国特色社会主义的道路上阔步向前，在政治、经济、社会、文化建设方面取得了显著成效。我们的飞速发展引起了国际社会的普遍关注，期待、疑虑，甚至不和谐的声音此起彼伏。和谐世界理念正是“以科学的发展观和方法论，认真回答了一个日益紧迫的时代课题：中国需要一个什么样的世界以及怎样建设这个世界，具有很强的针对性和时代特色。[①]”我们的国际传播媒体要抓住这个机会，向世界展示中国坚持走和平发展道路的决心，有力地回击对中国未来发展道路的曲解和质疑。

当前，世界上大多数国家对外传播的主要出发点都放在赢得国际竞争和体现民族利益方面，而科技的发展将不同地区和民族之间的距离大大拉近。在面对来自经济、环境、安全等方面的问题时，人类越来越需要发挥整体的力量来加以解决，和谐的国际环境是人类社会发展进步的必要条件。和谐世界理念正是要增进不同国家和民族之间的理解和沟通，努力打造一个理性、公平、正义的国际社会，它的提出将大大提高中国在国际社会中的话语权，为中国作为负责任大国的国家形象建设提供了必要而又广阔的平台。

国际传播媒体要完成这一目标，就必须增强传播能力，提高传播效力，拓展话语空间，在国际传播中取得与他人平等的地位。构建现代国际广播体系，是增强我国外宣实力的重要一环，是和谐世界从理论迈向现实的推动力量。我们要以此为目标，不断完善和丰富现代国际广播体系的内涵，加快发展，为构建和谐世界做出新的、更大的贡献。

① 秦治来：《和平·发展·合作》，人民出版社，2008年1月版，第56页。

第三节　中国国际广播电台致力和谐世界建设的舆论尝试

近年来，中国国际广播电台根据中央关于推动和谐世界建设的战略要求，结合自身实际，策划并实施了一系列旨在推动和谐世界建设的重要国际传播活动。其中，较为典型的是“中俄友谊之旅”大型多媒体、跨国境采访报道活动。

“中俄友谊之旅”活动是经“国家年”组委会批准，为配合中俄“国家年”宣传举办的两国主流媒体交流项目，由国务院新闻办、国家广播电影电视总局主办，中国国际广播电台与俄通社－塔斯社联合承办。该活动由两部分组成：一是 2006 年“俄罗斯年”期间中俄媒体联合举行的“中俄友谊之旅·俄罗斯行”，二是 2007 年“中国年”举办对等性媒体交流活动“中俄友谊之旅·中国行”。

“中俄友谊之旅·俄罗斯行”跨境采访活动，由 7 家中国媒体：人民日报、新华社、中国国际广播电台、中央电视台、中新社、北京人民广播电台、北京青年报和 2 家俄罗斯媒体：俄通社－塔斯社、俄罗斯之声电台联合组团，横跨亚欧大陆 15000 公里，历时 42 天，沿途采访 27 座城市，多方位、多角度报道了中俄友好的历史与现实，传递了俄各界与中国开展全方位、多层次交流与合作的强烈愿望和信息。“中俄友谊之旅·中国行”活动，由俄罗斯 12 家媒体：俄通社－塔斯社、《俄罗斯—中国 21 世纪杂志》、“俄罗斯之声”电台、俄罗斯电视台、俄罗斯独立电视台、《俄罗斯报》、莫斯科电视台、《农业报》、《论据与事实》杂志、《莫斯科真理报》、《莫斯科新闻报》和国际文传电讯社以及中国 4 家中央媒体：人民日报、新华社、中央人民广播电台、中国国际广播电台共同组团，跨越中国 15 个省、直辖市、自治区，访问 26 座中国城市和乡镇，对各地名胜古迹、各民族传统文化和各地区经济建设进行了深入采访，全方位报道了中国的社会发展和中俄的交往历史与合作现状。

“中俄友谊之旅”的“俄罗斯行”和“中国行”活动不仅在中俄两国民间引起了广泛关注和强烈反响，而且得到了两国元首和各级官员的高度赞赏。2007年6月8日，正在德国海利根达姆出席“8+5峰会”的胡锦涛主席在与普京总统会晤时，两国元首都对“中俄友谊之旅”活动给予了充分肯定。普京总统表示，俄罗斯媒体对“中俄友谊之旅·中国行”活动的报道非常多，他每天都能看到报道。他认为，这是推动两国在人文和民间领域交流的一项重要努力。胡锦涛主席表示，“中俄友谊之旅·俄罗斯行”活动在中国也引起了强烈反响。由于了解了更多有关俄罗斯的情况，赴俄罗斯旅游的中国人明显增加。胡锦涛主席还说，俄罗斯媒体的“中国行”也受到了中国有关部门的高度重视，他们为俄罗斯新闻界朋友们的采访提供了方便条件。他相信这些活动将增进两国人民的相互了解，深化两国人民的友谊。

从“中俄友谊之旅”活动的整体效果看，体现出三个显著特征。

一是以外国传媒为载体，传播和塑造了我国良好的国家形象。改革开放以来，中国经济发展取得了举世瞩目的成就，政治民主、社会稳定、人民安居乐业，建设和谐社会及和谐世界的理念得到国际社会的广泛认知。同时，随着中俄战略协作关系的进一步成熟和稳定，中俄政治互信不断加强，经贸合作日益紧密，俄罗斯民众越来越关注邻邦中国的动态，关注来自中国的信息。但是，由于受西方媒体及其新闻观的影响，特别是对前苏联及社会主义制度存有反感或敌视，俄罗斯媒体在对中国的报道上一直没有与其国家外交战略协调一致，始终是以负面报道为主，对中国的发展也多持否定倾向，致使俄受众对中国的印象或比较模糊，或存在偏见。策划并实施“中俄友谊之旅”联合采访活动，目的是借“国家年”的契机，通过远距离、多角度、长时间的实地采访报道，为俄记者提供近距离观察中国、接触普通民众的机会，让他们以亲身的感受，客观真实地报道中国。

从俄记者在中国的采访及他们发表的报道来看，可以肯定的是，“中俄友谊之旅”活动的实效超过了预期。“中国行”期间，俄方记者报道的主要内容包括：对中国的快速发展表示惊讶，对中国优美的自然山水叹为观止，对中国人民的热情友好感到十分亲切，对“中国威胁论”进行有力驳斥，对中俄关系发展进行高度评价，对中国三农问题、中小企业发展、城市道路交通建设、中俄经贸合作及北京2008奥运会筹备工作等俄民众关注的焦点话题，做出了客观、积极的正面报道。除参与活动的通讯社、报纸、杂志等平面媒体外，俄罗斯国家电视台、独立电视台和莫斯科电视台等全国覆盖播出且收视率最高的电视媒体，每天都滚动播出来自“中国行”的电视新闻或专题节目。在前后一个月的时间里，俄罗斯记者的“中国行”在全俄掀起了“中国热”。

特别值得一提的是，在活动进行期间，除俄通社－塔斯社等12家参与媒体外，其他俄罗斯国家和地方媒体也纷纷转载“中国行”的报道，并加大了各类相关中国的报道力度。俄罗斯媒体如此集中地、大规模地正面报道中国，为俄罗斯独立10多年来所罕见。这些报道直观、真实，既极大地稀释了俄媒体中对中国负面报道的比重，也为俄民众增加对中国的了解，消除对中国的误会发挥了重要作用。“中俄友谊之旅”活动的开展，化解了误解，增进了理解，消除了隔阂，增强了互信，为当前中俄战略协作伙伴关系进入新的发展阶段后，传播和塑造中国良好的国家形象做出了重要贡献。

二是以文化传播为内容，巩固和深化了中俄两国民众的传统友谊。由于中俄两国意识形态和文化传统的差异，加之俄媒体对中国的报道数量少，偏见多等原因，俄罗斯民众对中国的了解非常有限。通过媒体进行对外文化交流是打破意识形态壁垒，直接影响境外受众的有效形式。“中俄友谊之旅·中国行”活动在采访项目设计上突出了文化元素，以大文化传播为视角，向俄罗斯记者集中展示了中国经济发展、历史、文化、民族特色和当代中国的多彩生活。在河南，中、俄记者与少林寺方丈释永信大师就中华武术传统和少林文化的推广等问题展开对话；在陕西，记者重点考察了西安文物保护的情况，在秦始皇兵马俑博物馆与陕西文化名人进行对话；在四川，记者就大熊猫繁殖与保护等问题采访了有关专家；在贵州，记者走访了苗族村寨，了解中国当代少数民族的生活和习俗；在广西，东盟博览会会址和西南边区经济的迅猛发展，独具特色的壮族、瑶族风情让记者印象深刻；桂林市内半个多世纪以来一直维护良好的苏联红军烈士墓，让俄罗斯记者发出“中国人知恩，却不记仇”的感慨；在广东、福建、浙江，中国经济前沿地区的无限生机，让记者感到震惊；在上海，磁悬浮列车使记者体会了真正的“中国速度”，上海老人们的俄罗斯情结让记者体会到了传统友谊的力量；在江苏，记者走访了天下第一村——华西村，中国新农村建设的突出成就使俄记者羡慕不已；在参观了山东的孔府、孔庙和孔子研究院后，俄记者对探寻中国儒家文化起源产生了浓厚的兴趣。俄罗斯媒体通过对中华民族悠久历史和灿烂文化，绚丽多彩的民间传统艺术和不断创新发展的当代文化的了解、认识与传播，让俄民众对中国政治、经济、社会、文化、风土人情等有了比较全面、客观、真实的认识与评价。

前国务院副总理、中俄“国家年”中方组委会主席吴仪在给“中俄友谊之旅·中国行”的贺信中称赞，中俄友谊之旅“为两国人民增进相互了解和友谊架起了新的桥梁”，“为促进两国睦邻友好、巩固中俄战略协作伙伴关系的社会基础作出了重要贡献”。唐家璇国务委员说，“中俄友谊之旅”是一次弘扬中俄伟大友谊的“长征”。前俄罗斯联邦政府第一副总理、中俄“国家年”俄方组委会主席德米特里·梅德韦杰夫在给“中国行”采访团的贺信中说，“毫无疑问，这次‘中国行’将成为中俄‘国家年’活动中最引人瞩目的事件之一”，“这表明，中俄两国的合作达到了一个新的发展高度。”

俄罗斯联邦总统驻西伯利亚联邦区全权代表克瓦什宁在接受采访时说，“目前俄中两国人民的相互了解在很大程度上还停留于上个世纪五六十年代，‘中俄友谊之旅’活动在增进两国人民相互了解方面意义重大。”俄罗斯外长拉夫罗夫在接受采访时说，“中俄友谊之旅”是一次史无前例的活动，有助于加深中国民众对当今俄罗斯的了解，对促进中俄两国传统友谊做出了巨大贡献。

三是以“请进来”、“走出去”为形式，开创和树立了中俄两国媒体合作的成功范例。当前，国内外媒体的传播已进入全球化时代，但是，一个不容忽视的事实是，国际舆论“西强我弱”态势短期内难以改变，西方主流媒体在国际舆论竞争中，特别是在整体对华舆论导向上，在一定时期内还将占据主要地位。这就要求国内媒体一方面主动“走出去”，参与全球舆论竞争，另一方面要加大将境外主流媒体“请进来”的力度，“引导”他们的对华报道。在“中俄友谊之旅”活动中，近20家中俄媒体的50多名记者分别到对方国家进行报道，形成了中俄主流媒体互动的良好合作局面。活动举办期间，两国媒体都加大了对对方国家的报道力度，其报道量和影响力都成为10多年来之最。“俄罗斯行”期间，“中俄友谊之旅”在google搜索引擎的检索量达40余万条，参与报道的中俄记者共发表相关报道1000篇（条），图片3000多张；“中国行”期间，在俄文第一搜索引擎www. yandex. ru上，以俄文“中国行”为关键词搜索，已有70000多条相关内容的文章。通过此次活动，中俄两国媒体合作的愿望也更加强烈。俄主流媒体与中国各地媒体的互动得到加强，俄方媒体主动通过中国国际广播电台和各地宣传部门，希望加强相互联系与交往，部分媒体已就双方合作具体形式和内容进行了探讨。这种中外媒体主动“走出去”、“请进来”的合作形式，受到了中俄两国政府的赞赏和肯定。吴仪副总理在给“中国行”采访团发来的贺信中指出，“中俄友谊之旅·中国行”和“俄罗斯行”堪称中俄媒体合作的典范。她希望，中俄两国媒体以此作为新的起点，进一步加强合作，弘扬中俄世代友好，开创中俄媒体合作的新局面，谱写中俄战略协作伙伴关系的新篇章。我驻俄大使刘古昌高度评价了“中俄友谊之旅”以媒体合作形式取得的规模化效应。他说，“你们所取得效果令人激动和感慨，这是我们使馆的同志们辛苦几年也达不到的。”

“中俄友谊之旅”活动进一步扩大并延伸了两国互办“国家年”的政治意义和社会作用，增进了中俄传统友谊，巩固了中俄战略协作伙伴关系的社会基础。活动的成功举办使我们认识到，外宣媒体在推进和谐世界建设中可以发挥更大、更突出的作用。今后，中国国际广播电台将会继续发挥积极性、主动性、创新性，加强与境外媒体的交流合作，提升在国际舆论中的影响力。以平等开放的精神，以灵活多样的方式，增进国际社会对和谐世界理念的认识，推动世界人民一道为建设和谐世界而努力奋斗。

第五章　现代国际广播体系的主要内容

第一节　现代国际广播体系的基本要求

构建现代国际广播体系，是中国国际广播电台必须长期坚持的战略目标。

这个发展战略，最早由中央领导同志于 2004 年 1 月 16 日视察中国国际广播电台时提出。其基本思想是：中国国际广播电台要围绕增强中国在国际上的声音这一总目标，通过“两手抓”，“两条腿走路”，一手抓好无线广播，一手抓好互联网的在线广播，尽快建立起现代国际广播体系，形成与中国国际地位相适应的现代化国际广播体系，在对外宣传上发挥更大的、独特的优势。

2004 年 7 月，中央召开对外宣传工作会议。会议对中国国际广播电台构建现代国际广播体系提出具体要求，即要用 5 年左右的时间，提高中国国际广播电台在国际传媒界的地位和世界舆论中的影响力。要适应国外受众要求，在提高节目质量和落地率上下功夫，积极参与国际竞争，更多地吸引国外听众。力争用 3 年至 5 年时间，把“国际在线”办成世界知名的综合性网站，成为对外宣传的新阵地。

2005 年 10 月，中央召开第五届全国广播外宣协作会，会议的主要内容是，研究构建广播外宣体系的新思路、新举措，探讨调整扩大广播外宣协作的领域、形式、内容，真正建立“以中国国际广播电台为龙头，以各省、自治区、直辖市电台为依托的广播外宣大格局”。

2006年12月3日，中国国际广播电台庆祝台庆65周年之际，中央对中国国际广播电台工作提出总体要求，希望中国国际广播电台以邓小平理论和“三个代表”重要思想为指导，全面贯彻落实科学发展观，大力宣传我国坚持走和平发展道路、推动建设和谐世界的主张，积极建设现代国际广播体系，不断提高我国对外广播质量和水平，为我国改革开放和社会主义现代化建设做出更大贡献，为全面建设小康社会营造和谐友好的国际舆论环境。同时，中央对中国国际广播电台构建现代国际广播体系提出了明确方向，即：紧密跟踪世界信息传播技术发展趋势，加快用高新技术装备对外广播步伐，逐步实现由传统媒体向现代媒体转变，由单一媒体向综合媒体转变，由对外广播向国际传播转变，发展成为集无线广播、在线广播和多媒体传播于一体的综合性现代媒体，全面提升在国际上的竞争力和影响力。

中央关于“构建现代国际广播体系”战略目标的提出，对中国国际广播电台事业发展具有里程碑意义。它标志着从此以后，在新的历史时期，中国国际广播电台有了明确的发展战略和奋斗目标。近几年来，中国国际广播电台紧紧围绕这一战略目标，抓改革、求创新、谋发展，全面推进现代国际广播体系建设，取得了明显成效。中央领导同志对中国国际广播电台构建现代国际广播体系的具体举措和成效，也给予了充分肯定和积极评价。

2007年1月，中央在中国国际广播电台呈报的材料上，对构建现代国际广播体系提出要求，明确指出，2006年是中国国际广播电台建设现代国际广播体系取得重要进展的一年。在这一年里，中国国际广播电台工作有特色有亮点，新闻宣传影响力不断扩大，“走出去”步伐加快，互联网在线广播快速发展，多语种优势充分显现，国际影响力不断扩大，发挥了对外宣传主力军作用。新的一年里，希望中国国际广播电台加快全球覆盖步伐，加快在线广播超常规发展，加快推进新媒体发展，加强人才队伍建设，为提升我国在国际上的软实力，为营造和谐友好的国际舆论环境，做出新的更大贡献。

2008年1月，中央对中国国际广播电台工作再次给予肯定，并提出要求。中央指出，几年来，中国国际广播电台对外宣传影响力不断增强，“走出去”迈出了较大步伐，事业快速发展，各项工作都有长足进步。望认真学习全国宣传思想工作会议精神，加大改革创新，增强协调发展力度，扎实抓好工作落实，在新的历史起点上开创对外广播新局面。

中央尤为重视和关心中国国际广播电台在线广播业务，就加快“国际在线”发展，多次提出过明确要求。

2008 年 8 月，中央在中国国际广播电台呈送的相关材料上，对“国际在线”跻身为全球语种最多的网络媒体平台表示祝贺，并强调“国际在线”网站具有网络和多语种的优势，要求中国国际广播电台努力贴近受众，扩大影响力和覆盖率，把“国际在线”打造成我国在线广播的对外传播中心，充分发挥其在外宣中的作用。

中央领导同志的重要批示，是对中国国际广播电台事业发展的殷切希望，是对“现代国际广播体系”内涵和外延的丰富与拓展，为构建现代国际广播体系指明了发展方向，明确了奋斗目标，提出了更高要求。

第二节　现代国际广播体系的基本内涵

构建现代国际广播体系，首先必须弄清现代国际广播体系的理论基础，明白什么是现代国际广播体系，其基本内涵和主要特征是什么。

从 2004 年起，中国国际广播电台有计划、有步骤地开展了以“构建现代国际广播体系”为目标的学习、调整，从 2005 年 10 月到 2006 年 10 月，中国国际广播电台组织 200 多名专家学者，分别对英国广播公司（BBC）、美国之音（VOA）、日本广播协会（NHK）、法国国际广播电台（FRI）、德国之声（DW）、韩国广播公司（KBS）、俄罗斯之声（VOR）、澳大利亚广播公司（ABC）、加拿大广播公司（CBC）等世界主要国际广播媒体进行专题调研，对世界主要国际广播媒体的发展态势有了比较全面的把握，对中国国际广播电台与世界主要国际广播媒体的实力差距有了比较深刻的了解，对构建现代国际广播体系的总体思路有了比较清晰的认识。经过四年多的思考、调研与实践，中国国际广播电台对“现代国际广播体系”的内涵和外延，有了比较清晰的认识，并在台分党组2005年、2006年、2007年和2008年连续四年的工作报告中，分别形成了系列可操作性的具体措施。所谓现代国际广播体系，应当是传播理念上的现代、传播内容上的现代、传播手段上的现代、传播风格上的现代；应当是传播范围的国际化、传播信息的国际化、传播受众的国际化、传播影响的国际化；应当是集无线广播、在线广播、多媒体传播于一体的媒体集合。

这里面，有四个关键词需要把握：一是“现代”，即传播理念上的现代，传播内容上的现代、传播手段上的现代、传播风格上的现代。二是“国际”，即具有国际级水准，具有国际影响力，能够对国际舆论产生重要引领作用。三是“广播”，即相对人际传播而言的“广为传播”或“广泛传播”，它不仅指短波、中波、调频和卫星的音频播出，还应当包括报刊、电视、网络、新媒体等媒介传播形态，是一切能够向国际受众传播信息的媒体集合。四是“体系”，即整体性，一切有利于对外宣传的载体、方式和手段，都应当纳入现代国际广播体系之中。

一、现代国际广播体系的现代性

现代性，是现代国际广播体系的首要因素。现代国际广播体系的现代性，主要体现在传播理念、传播内容、传播手段和传播风格的现代等几个方面。

（一）传播理念的现代

长期以来，我国国际广播被定位为“对外宣传”机构，宣传意识的强化和传播理念的淡薄，导致传播实效难以彰显。事实上，传播与宣传是有本质区别的。“宣传”在我国是一个中性词，但在英语中却是个贬义词。西方学界通常认为，宣传是一套专门用来混淆事实、激发热情，或标识敌人、丑化敌人的办法。说谎、扭曲事实、只说一半真相或只对事实进行有利于自己的解释，都是宣传的公认手法。有学者指出，“宣传”这个概念，蕴含着单方面的表达和灌输，缺乏双向的交流，在传媒全球化和信息传播多元化、大众享有高度的信息选择权的今天，它在某种意义上已经是一个过时的概念。[①] 所谓传播，即信息的传递和共享，它强调的是双边、多边的交流与沟通，本身不带有什么意识形态的色彩，具有较强的客观性。西方的经典理论认为，宣传和传播的重大区别在于是操纵还是尊重受众的理解力和自由选择的权利。就此而言，我们应该将长期沿用的“对外宣传”概念转变为“对外传播”。

对外传播是一门艺术，讲究策略，注重实效，传播的信息要能够迅速达到目标受众，使目标受众正确理解，并引起其态度行为上的转变。只有树立新的传播理念，使传播报道符合其特有的规律，才能使我国的对外传播收到切实效果。具体而言，传播理念的现代主要体现在以下几个方面。

1. 全球化传播

当前，信息传播的全球化和多样化，使大众在获取信息时有了更多的主动权、选择权和互动性。过去单项的、被动的和无选择的传统新闻传播和政治传播模式，正渐渐孤立于大众化的新闻环境和全球化的传播体系之外。要应对信息传播全球化的挑战，我国国际广播必须突破陈旧的对外宣传模式和话语体系，树立全球传播的新观念。首先，要树立全局观念。国际广播要进行正确舆论引导，避免过分依赖外界信息而忽视本身所持有的报道主线和报道立场的倾向，在纷繁复杂的国际形势中冷静作出正确的价值判断，在广泛参

① 可参见吴玉荣：《传媒全球化时代的中国国际形象战略》，载《党政干部论坛》，2002 年第 6 期。

照国际同类报道的同时，坚持自己报道的路线。其次，要树立平等的服务观念。在“以我为主”的传播原则问题上，要坚持立场，但在传播方式的选择上，则要尽量融入世界话语体系，改变以我为主、自说自话的表达方式，充分考虑传播目标受众的需要，在想要传播的信息和受众想要了解的信息之间找准结合点。第三，要树立“舆论不一律”观念。面对西方主流媒介对我国的大量负面报道，国际广播要采取“正面报道为主”方针，树立“舆论不一律”思想，确立适度的观念。正面报道不是报喜不报忧，报喜时注意不过度拔高，报忧时则要避免把局部问题夸大为全局问题，把个别现象当做普遍现象。而无论报喜还是报忧，都要遵守“平衡报道”原则，坚持真实、客观、全面的报道原则，对一件事情不能绝对化。

2. 立体化传播

过去，我国对外传播的任务主要由中央和地方各级广播、电视、报纸等新闻机构承担。在宣传主体上，主要是官方宣传；在宣传形式上，主要是单向传播；在传播层次上，主要是单级传播。这种对外传播格局，显然已不能适应新形势的发展需要。在信息和传播全球化时代，国际广播应该努力建立全方位、多层次、广渠道、宽领域的立体化传播格局。首先，要以双向传播模式取代单向传播模式。从传播者本位转变到受众本位上来，以传播对象为出发点和归宿，尊重传播规律，了解对象，服务对象，加强与对象之间的沟通，避免主观和盲目灌输的做法。其次，要使用单级传播和多级传播结合的策略。所谓单级传播，是把境外受众作为一个整体的传播对象，多级传播则强调根据受众与我国关系的亲疏程度，把广大境外受众分为几个层次，重点向与我国关系更紧密的层次传播，然后，通过这一层次的受众，向其他层次进行扩散传播。再次，要采用官方传播、民间传播与借力传播结合的方式。一方面，保持官方传播的主体地位，努力在贴近境外受众生活方式、思维习惯、兴趣点，提高针对性和实效性上下功夫；另一方面，可在官方媒体上多发表一些普通百姓的意见，让更多的普通人参与对重大事件的评价和论述；再者，需加强与境外主流媒体的合作，通过开窗口，请进来，以外国记者的口和笔向世界报道中国，通过借船出海，与主流媒体合作制作节目，或利用其频道播出我们的节目等方式，提高对外传播实效。

3. 人本化传播

国际广播进行国际传播的基础点是境外受众，目标对象是其他目标国家的社会公众。成功的国际传播，需以对目标对象的充分了解为前提。首先，要了解受传者所在国的情况，加强对对象国人口机构、社会分层、不同社会群体利益诉求的研究；其次，要树立受众意识，加强对受众接受能力、欣赏趣味、情感倾向、政治态度、世界观、价值观、人生观的研究与分析，了解目标受众急于了解和感兴趣的内容，在我们要说的和受众要听的之间找到结合点；再次，要加强对受众的调查研究，清晰地把握不同类型、不同层次宣传与传播对象的个性与共性，从人们关心的共同点切入，追踪人类共同关注的热点、焦点问题，更好地抓住受众的普遍心理，因地制宜，因人而异，提高传播的针对性、贴近性。同时，应该看到，当前，国际传播中传统的单向传播方式效果正不断减弱，文化传播策略越来越受到青睐。英国广播公司（BBC）、美国之音（VOA）等世界主要国际广播媒体，都承担着信息传播和母语传播的双重任务，采取多种手段进行舆论引导和文化渗透。以国际广播为文化传播载体，使用汉语国际推广与现代外宣手段相结合的传播策略，对于深化对外宣传的内涵，形成与我国国际地位相适应的国际传播竞争能力，具有重要意义。中国国际广播电台配合国家汉办的汉语国际推广战略，已建立了中国首家广播孔子学院。要以实体广播孔子课堂、无线广播、在线广播、新媒体等为载体，配合国家的孔子学院、孔子学校和孔子课堂，采用统一的多媒体汉语教材，全面搭建多媒体、多语种、多形式的对外汉语推广和文化外宣传播体系，面向各国社会不同阶层、不同年龄段、不同学习目的的学员进行汉语推广和文化传播。要尊重全球化信息传播中不同价值观念的共通性，灵活巧妙地宣传中国特有的社会理念和价值观念，强调中华文化乃至东方文化与全世界的共享性和共通性，以中华民族文化中突出的民族特色和时代感走向世界。

（二）传播内容的现代

传播内容是国际广播吸引受众的重要因素。传播内容的现代性，就是要不断传播最新信息，通过丰富的、高质量的内容去充实内容平台，让广播节目博得受众喜欢。即使是在新技术发展日新月异的今天，内容的重要性并没有任何下降，信息接受者对传播内容和质量的期望值也越来越高，他们已不仅仅满足于表面化的知晓信息，而需要多视角、全方位、深度化、平衡性的报道内容，他们往往要对信息的真实度、深入度、表现度进行比较，媒体内容制胜的策略因而更显重要。内容为王依旧是广播电视节目发展的主题，而缺乏吸引力的传播内容，则可能成为制约传播效果的一个瓶颈。

有学者中肯地指出，理想化的国际传播秩序应当具备三个特点：一是来源多样性，信息不能为少数国家垄断；二是流动均衡性，不应该长期单向流动；三是内容可靠性，不应在事实中夹杂偏见。我国国际传播应本着这样的目标，在全面报道中国和世界的过程中，塑造一个“历史悠久、不断进步、爱好和平的发展中国家”的总体形象，在报道本国事务时，既不夸大其辞，又不妄自菲薄，使之有利于树立中国的正面形象，有利于中国在国际事务中处于主动地位，有利于推动世界和平与发展①。

我国国际广播是为了传播本国政策、树立本国形象、增进国际间相互了解而存在的，其对外传播的目的是：通过传播有关中国的信息，宣扬社会主义中国的实际情况和发展趋势，让世界了解真实

① 参见张君昌：《国际传播：在全球化语境下报道世界》，载于《中国广播电视学刊》，2004 年第 7 期，第 51 页。

的中国；通过表达中国在重大国际问题上的立场、观点和看法，反映世界正义的呼声；通过向世界宣传我们遵循独立自主和平外交政策，开展全方位外交所取得的成绩，树立和维护我国的正面形象，为我国现代化建设创造良好国际舆论环境，等等。我国要获得国际社会的广泛支持，需要针对不同需求宣传“立体”的形象，做好宣传内容的总体规划，即：做好“爱好和平，维护和平”的安全形象宣传，做好“促进世界共同发展和共同繁荣”的经济形象宣传，做好“包容开放”的文明形象宣传，做好“人与自然和谐相处”的环境形象宣传。

具体来说，传播内容的现代性，可以体现在以下几个方面：

1. 传播世界范围的最新资讯

国际广播作为国际传播媒介，其重要职责就是将世界各地的资讯在第一时间内传播到全球每一个角落。当前，科学技术的发展，使得现代社会进入信息同步时代，任何重大事件都能在极短的时间内传遍全球。一条重要新闻很可能在数十分钟或几个小时内人尽皆知，在次日传播时就可能成为毫无吸引力的“旧闻”。这就为国际传播提出了更高要求，不仅需要先进的信息传播渠道，更需要争分夺秒的时间观念和快速反应的效率。在这样的背景下，一旦抓住时机，抢占先机，就可能成为世人获取最新资讯的首选渠道，这样的媒体必然受到人们的赞誉和信赖。反之，如果媒体仍然按部就班，传播别人早已知道的信息，必然难以得到受众关注，甚至在受众心中形成对该媒体的负面印象。

正因如此，世界上的著名国际传播媒体都非常重视对重大事件的直播报道，极力缩小传播过程的时间差，甚至与事件的进展同步进行，让人们在第一时间内全面获取信息。因为对事件的直播报道而声誉鹊起的成功案例几乎俯拾即是。美国有线电视新闻网就因对1991 年海湾战争的直接报道而引人注目。凤凰卫视更是因为 SARS 期间独家直播卫生部的新闻发布会而在业界受到普遍称赞，媒体排名迅速跃升。近年来，中国内地媒体在实时传播最新资讯方面有了很大突破。2008 年 5 月，四川发生里氏 8.0 级强烈地震，中央电视台在距离灾情发生不到 1 小时的时间内启动了直播报道，用最短的时间全方位传递出了地震灾区的讯息，不仅成为诸多海外媒体与受众获取信息的来源，更是极好地树立了中国政府致力于新闻开放、信息公开的积极形象，受到国际舆论的一致好评。

2. 传播塑造良好的国家形象

国家形象是某一国家外部公众对该国政治（包括政府信誉、外交能力与军事实力等）、经济（包括金融实力、财政实力、产品特色和质量、国民收入等）、社会（包括社会凝聚力、安全与稳定、国民士气、民族性格等）、文化（包括科技实力、教育水平、文化遗产、风俗习惯、价值观念等）与地理（包括地理环境、自然资源、人口数量）等方面状况的认识与评价。国家形象是存在于对外传播或国际传播中外部社会公众对某一国家的认识和把握，是外部公众作为主体感受某一国家客体而形成的复合体，亦即某一国家行为表现、形状特征、精神面貌等在外部公众心目中的抽象反映和外部公众对某一国家的总体评价和解读[①]。向世界介绍中国，让世界了解中国，是我国国际广播最重要的职责。在全球化时代，世界各国越来越成为一个相互紧密联系的国际大家庭，任何国家都不可能拒绝与其他国家的交流与合作，走孤立发展的道路。因此，在国际社会中塑造良好的中国国家形象是至关重要的，只有让其他国家的公众了解中国，中国才能为他们所接纳，才能获得国际社会的认同，才能顺利融入全球体系，并利用和平的国际环境，充分发展壮大自己，实现和平发展的战略目标。国际广播作为传播和塑造国家形象的主要媒介，应该面向目标国家的对象，传播本国的民族精神和历史文化传

① 此处关于国家形象的概念，可参见段鹏著：《国家形象建构中的传播策略》，中国传媒大学出版社，2007 年版，第 8 页。

统，让目标对象了解中国人的精神风貌、思维方式和民族性格，把握中华民族在世界文明进程中的历史贡献；要向目标对象介绍中国基本国情，传播我国政府重要的路线、方针、政策，以及在重大国际、国内问题上的基本态度；要让国际受众了解到中国是一个独立自主、自强自信，改革开放、持续发展，各民族平等互助、安定团结，坚持国家统一、领土完整，维护正义、捍卫和平的民主法制国家。

3. 传播我国政府的最新政策

我国的国际传播要积极宣传党和政府的方针政策，并与国家的对外政策保持步调一致，为国家外交的决策、实施营造良好氛围。“在国际传播中，政府始终是主导性的传播者。”[①] 政府是国际传播中的强势主体，即使是在多元化的传播主体出现以后，政府在诸多传播主体中仍然处于主导地位。就国际社会而言，政府代表的是一个主权国家，它的对外发言直接体现国家意志。中国国际广播电台是中国进行对外广播的唯一官方机构，中国国际广播电台的声音就代表了中国政府的立场，具有不容质疑的权威性。因此，中国国际广播电台的节目内容要密切配合我国的重大国事和外交活动，发出中国的权威声音。

多年来，中国国际广播电台在传播中国政府的最新政策及国家重大事件方面取得了良好的外宣效果。在2004年胡锦涛主席访问法国、2005年中国颁布《反分裂国家法》、台湾国民党领导人访问大陆等重大活动期间，中国国际广播电台都在第一时间策划、制作了专题内容报道，播出后立即引发了国际受众的积极反响。许多西方国家受众认为，这些内容以新鲜的视角带给他们与西方媒体不同的感受，在普遍对中国带有偏见的西方主流社会中，有效地传播了中国的声音。2006年4月，国家主席胡锦涛访问肯尼亚，中国国际广

① 程曼丽著：《国际传播学教程》，北京大学出版社，2006年4月版，第142页。

播电台内罗毕调频台为此制作了特别节目，得到了中国和肯尼亚两国领导人的称赞与肯定，并在肯尼亚当地听众中反响热烈。肯尼亚副总统穆迪·阿沃里在收听中国国际广播电台斯瓦希里语节目后，认为中国国际广播电台节目使肯尼亚人民“了解到中国在团结非洲、特别是东非国家和人民方面所做的贡献，以及中国在一些重大国际问题上的原则和立场”。

4. 传播我国社会的最新变化

中国国际广播电台的宗旨之一就是“向世界介绍中国”，把中国社会的最新变化、中国人民的最新面貌介绍给世界各国人民，是其应尽的重要责任。改革开放以来，中国经济保持高速增长，中国社会发生了翻天覆地的巨大变化。人民的生活水平普遍提高，人民享有充分的幸福感和安全感。然而，某些西方国家的媒体或是别有用心，或是哗众取宠，总是把关注的目光集中于中国局部地区的落后状态或是极少数的社会阴暗面，而对中国整体的发展与进步加以忽视。这导致了世界上许多人对今日的中国知之甚少，甚至留下了中国仍然贫穷落后、人民毫无权益保障的“极权”国家印象。这无疑与中国的真实状况大相径庭。中国国际广播电台要实现传播内容的现代化，不仅要介绍中国悠久的历史和灿烂的文化，更需要介绍中国近年来在经济上取得的骄人成就以及人民生活水平的极大提高，为世界还原一个在现代化进程中快速发展的真实中国。

近年来，中国国际广播电台在传播中国社会新面貌方面取得了很大进展。很多西方国家的受众在收听中国国际广播电台节目以后，不仅了解了中国的民俗风情，更知道了中国普通人的生活水平。他们了解到关于中国消除贫穷的进程，特别是农业发展的状况，知道了中国的经济奇迹。许多美国听众反映，中国国际广播电台的节目有助于他们了解中国的各个方面，让他们知道了来自中国的真实信息。一些欧洲国家的听众在电子邮件中写道：“你们的节目弥补了我对部分世界了解的差距，抹去了我头脑中中国落后的概念。”“很大程度上改变了以前对中国的固有偏见。”由此可见，传播中国社会的最新变化作为国际传播内容现代化的重要组成部分，使得很多过去对中国了解甚少、受西方片面宣传影响的听众不同程度地改变了原来的看法，形成了对中国的新印象。

5. 传播新鲜新颖的娱乐消息

广播电台的节目内容，自20世纪40-50年代以来，逐渐经历了由大众化、综合性的“广播”向小众化、专业化的“窄播”的转变，这样的发展趋向，为广播节目内容的选择提出了挑战，但也提供了机遇。中国国际广播电台在创新内容方面，可以选择一些专业划分更为细致的内容，形成细分的专业频道。例如影视类、体育类、音乐类、财经类以及教育类等，即使是音乐又可以分为流行音乐、古典音乐、民族音乐等各类型。纵观世界主要国际传播媒体的发展动向，不难发现，细分市场中的电视剧、电影、动画、体育等方面的资讯，正成为最具潜力的内容领域，深受大众欢迎。

现代社会的快节奏导致了人们普遍的精神紧张，作为对快节奏、高效率的一种调节，人们更需要一些轻松的娱乐消息，或是参与互动性较强的节目活动。因此，中国国际广播电台在内容制作方面，可以充分利用广播媒体无图像传播的特性，开发新颖的节目形式，例如举办广播歌手大赛、广播辩论赛等活动，让一些羞于在电视屏幕前抛头露面的受众在广播中找到施展才华的天地。此外，目前电视上比较流行的有奖竞猜节目同样可以被移植到广播中。这些互动性、参与性较强的节目基本没有对图像的要求，只要能够提供充分的激励机制，并配以足够的品牌宣传，就很可能将其培育成为广播市场上的王牌节目，吸引受众积极参与。

（三）传播手段的现代

“传播技术是国际传播发展中一个必不可少的硬性要素。”[①] 国

---

① 郭可著：《国际传播学导论》，复旦大学出版社，2004年7月第一版，第39页。

际传播一直随着传播技术的进步不断得到发展。国际传播的发展历程表明，在每个发展时期都以某种技术的应用为特征，而且每次传播技术的革新，都会把国际传播水平推向一个新阶段。印刷技术的发明和应用，结束了人类几千年来以手抄内容为传播手段的历史；电报的发明，促成了世界真正意义上的国际媒介——通讯社的出现；无线广播技术不但让国际传播手段变得多元化，还深刻改变了当时世界政治的格局，极大地影响了第二次世界大战期间的国际传播模式；通讯卫星的应用，使国际电视媒体真正跨入了国际传播的行列，并在国际传播领域引发了剧烈震动；计算机和互联网的出现，在技术上让每一个人都随时可以用文字、声音、图像等各种形式进行国际传播。如今，世界形成了一个覆盖全球的通讯网络，人类可以超越国境和地域的限制，自由地开展国际传播。

从国际传播领域的发展历史来看，无论一个国家还是一个企业，想要在媒体行业占据优势地位，都必须抢占先机，率先利用最新传播技术，才能在行业中发挥出相对优势。20 世纪 90 年代以来，随着新技术成果在传媒领域的应用，以数字化为基础的技术革命冲击着传统媒体的运作形态，全球媒体市场发生了巨大变化。英国 BBC 清晰地意识到了新传播技术对于媒体发展的重要性，不断加强其在新技术方面的投入和应用。早在 1995 年，BBC 就开播了 4 套数字广播节目，成为世界上最早进行全国数字广播的公司之一，人们更是将其视为 BBC 形成以技术为发展战略的标志。BBC 对传播技术的重视与推广进一步奠定了它在国际传播领域的领先优势。

无独有偶，新闻集团的迅速发展也与其对传播技术的高度重视密不可分。“澳大利亚默多克新闻集团能够取得今天的成功也与当初能够果断抓住机遇、依赖新传播技术推动公司的发展分不开。”① 新闻集团认为卫星电视是实现其全球化战略的重要技术，默多克认为

① 郭可著：《国际传播学导论》，复旦大学出版社，2004 年 7 月第一版，第 110 页。

数字卫星技术将为新闻集团带来极大的优势，积极鼓励利用卫星电视来发展互动电视。新闻集团在1991年通过兼并BSkyB进入卫星电视领域，经过10多年的探索和运营，新闻集团在互动电视业务方面已经明显领先于行业内的竞争对手。当美国和其他国家还处在研究阶段时，新闻集团在英国的互动电视服务已经投入市场，用户可以通过电视收发电子邮件、使用电子银行、进行电子购物等。这项新型服务大大扩展了新闻集团在英国数字用户的市场。[①] 新闻集团因为传播技术的应用而走向成功，这也使新闻集团更加坚信传播技术在传媒领域不容忽视的重要性。

如今，信息技术高度发达，新技术使传播的速度更快，形式更丰富，互动性更强，在推动国际传媒发展中的作用更加显著。一方面，新技术使得媒体的跨国跨地区传播更加方便快捷，有利于国际传播媒体的向外扩张。另一方面，通过大力开发和应用最新的传播技术成果，媒体在国际传播领域可以为受众提供质量更高的服务，取得比竞争对手更为有利的优势地位。因此，拥有先进传播技术和工具的国家在国际社会中的领先优势会更加明显，强势地位更加巩固，弱势国家却会因传播技术、工具、手段的落后而使国家的安全和利益受到更为严峻的威胁与挑战。

对我国来说，未来几年中，新技术的应用将成为促进我国对外传播事业的重要推动力。频道资源的极大丰富、信息传送的能力提升、付费频道和收费点播等新型服务形态的日益成熟，都将为中国国际广播电台的国际传播事业奠定基础。

（四）传播风格的现代

如果说传播内容主要考虑“说什么”，那么传播风格主要考虑“怎样说”。传播风格的现代，就是要根据受众的特征来进行传播，让传播内容能够被受众认可和接受，这是直接关系到传播目的能否

① 郭可著：《国际传播学导论》，复旦大学出版社，2004年7月第一版，第110页。

实现的问题。

为了让传播内容被受众接受，传播者应努力提高节目的吸引力、亲和力和感染力。在维护国家利益和民族立场的前提下，传播应坚持原则性与灵活性的有机结合，让“怎样说”变得具有多样化的可能性。事实上，多样化的、灵活的表达方式，一方面可以为受众提供同一问题的多重视角，符合受众的接受心理，同时也可以让我们在复杂多变的国际环境中游刃有余，争取主动。这就要求传播者在国际传播中，要讲究传播手法和技巧，体现高超的行为艺术，拉近与境外受众的距离，起到事半功倍的宣传效果。在表现形式上，要坚持用中国的立场、世界的眼光、国际的表达，与全球接轨。注重信息传输过程中的叙事方式，多用事实说话，少用政治语言，使文字生动活泼。注重情景化导语和细节描写，做到情节生动，引人入胜，符合国外受众的收听习惯和欣赏口味。在此基础上，应尽可能突出民族特色，越是具有民族性的东西，越具有国际性，也越容易引起海外受众的兴趣，产生比较理想的宣传效果。在组织形式上，要注重背景介绍，多用比较、对比方式，突出不同信息内容的组织和信息量的调控，做到定性与定量结合，具体与抽象兼顾，长短与详略得当。同时，要注重从多视角入手，力求传播内容全面、公正、客观、真实。在时机和环境的把握上，应本着快慢相宜、因人而异、因地制宜的原则，做到在不同时候说不同的话、对不同的对象说不同的话、在不同的地方说不同的话。

传播风格也需要随着传播内容的变化而变化。比如，在传播国际政治、经济等严肃性的新闻话题时，传播风格应该客观、冷静、真实，用事实说话。一方面，避免明显偏激的传播立场。传播者只需要陈述事件的各个方面，并辅以简短的分析，让受众自己去作出评价，尽量避免发表偏激或冗长的议论。这种方式既容易得到国外受众的信任，又符合国外受众接受新闻的习惯。事实上，将自己的观点和宣传意图隐藏在看似客观、公正、中立的新闻事实之中，这也是外国媒体在传播中的惯用手法。另一方面，措辞严谨是对外宣传的基本要求。对外宣传尤其忌讳讲空话、大话、套话，这往往容易引发受众的反感甚至抵触情绪，从而失去受众对传播者的信任。再次，要避免中国式的政治习语。中国有很多习惯用语，国人对此习以为常，对其含义的理解也很少出现偏差。但是在对国外进行传播时，这些习惯用语就可能造成受众的理解困难。例如，“五讲四美三热爱”是中国人很熟悉的用语，但是，如果在进行国际传播时不对其具体内容加以说明，就可能让受众不知所云。又如，中国的政府文件中经常出现对犯罪行为要“从重从严”进行处理，这很可能让一贯重视法制的西方受众误认为中国的法律没有统一标准，从而引发对中国法律系统的置疑。

在传播涉及百姓生活、民俗民情、历史典故、名胜古迹等话题时，传播风格应该亲切、活泼，富有趣味性。同时，传播过程中要注意提供丰富的背景知识，对重要历史人物、事件进行通俗的介绍，照顾外国受众的了解程度，力求清晰易懂，方便海外受众的理解。对外传播学者曾经中肯地指出：“我们不可低估外国读者或听众的智力，但也切勿高估一般外国人对我国的了解水平。”[①] 例如，“五岳归来不看山，黄山归来不看岳”是中国人都很熟悉的话，但在向海外受众进行传播时就需要对五岳进行介绍。如果只是对照字面意思将其翻译为“看了五座山之后不看别的山，看了黄山之后不看那五座山”，必然让外国受众如坠雾中。又比如，在介绍某些省份或城市时，可以将具有国际影响力的人物或事物联系在一起，从而在受众心中留下深刻印象。以介绍四川为例，如果只是以一堆枯燥乏味的数字来说明其人口、面积、地理位置，必然难以激发受众兴趣，达不到良好的传播效果。考虑到邓小平是国际著名的政治家，介绍“四川是中国改革开放总设计师邓小平的出生地。”这就能在受众心

① 转引自沈苏儒著：《对外传播的理论与实践》，五洲传播出版社，2004年3月版，第91页。

中留下一个直观印象。

在传播娱乐消息时，传播风格应该幽默、风趣、诙谐，给人以轻松、愉悦的感受。

根据受众对不同节目的心理需求调整传播风格，是传播风格现代化的一个重要特征。值得注意的是，传播风格中对受众心理的把握需要有一个适宜的度，不能为了获取受众的喜欢而一味迎合，这可能会适得其反。“如果受众感到传媒是在故意讨好时，他们对这一传媒是不会尊重和信赖的，从而不会产生良好的传播效果。”①

近年来，中国国际广播电台传播风格日益清晰明确，逐步与国际流行的传播风格接轨，得到了境外受众的认可和欢迎，听众的正面反馈增多，认为中国国际广播电台的新闻类节目真实地报道了中国和国际事件，信息丰富，内容准确，传播快捷，编排得当，播音个性鲜明，体现了中国看待国际事务的独特视角；文化类节目体现了知识性和趣味性，风格活泼生动，亲切而富有感染力，魅力无穷；娱乐互动类节目大大激发了听众参与热情和积极性。由此可见，中国国际广播电台现代化的传播风格符合了现代社会的传播要求，有效地增强了国际传播效果，增加了境外受众对中国的全面了解。

二、现代国际广播体系的国际性

自近现代以来，国际社会紧密联系，任何一个事件都可能波及全球。国际传播即是要实现传播范围、传播信息、传播受众、传播影响的国际化，使传播具有国际影响力，进而对国际舆论产生引领作用。

（一）传播范围的国际性

早在20世纪中期，著名媒介理论家麦克卢汉就预言，媒介的发

① 沈苏儒著：《对外传播的理论与实践》，五洲传播出版社，2004年3月版，第88－89页。

展将极大地消除时间与空间的距离，使地球成为一个村落。“地球村”的概念由此滥觞。半个世纪过去了，麦克卢汉的预言完全变为了现实。

国际传播，顾名思义，应该是一国面向其他国家的传播，虽然对于与国家利益密切相关的国家或地区应该进行重点传播，但是就传播范围的整体而言应该是国际社会，传播应该覆盖全球的每一个角落，唯有如此，才能在国际上形成广泛影响。

目前，世界主流国际传播媒体的传播范围，基本已经覆盖整个国际社会。以美国为例，美国的国际音频广播主要包括“美国之音”和“替代广播系统”。美国之音是当前世界上最具强势的国际广播电台，面向全世界进行播音。除此之外，美国以战略利益为基础，推出了面向特定地区的“替代”广播，通过强调播报当地新闻的本土化方式，来影响对象国受众的价值观念。“自由欧洲/自由电台”主要针对前苏联地区、东欧以及中东地区；“马蒂电台”主要针对古巴；“自由亚洲电台”面向亚洲，尤其是中国、朝鲜、越南播出；“自由阿富汗电台”使用阿拉伯语面向阿富汗播出；“萨瓦电台”主要针对中东的约旦、科威特、卡塔尔、埃及、黎巴嫩和叙利亚等国；“法达电台”主要针对伊朗。目前，美国国际广播对外传播机构共用65种语言面向全世界广播，特定地区甚至实现了美国之音与“替代广播系统”的双重覆盖。英国BBC、德国之声、日本NHK等国际广播电台，虽然在规模上与美国对外广播存在一定差距，但也基本实现了传播范围的国际化。

信息传播速度的不断加快，也为传播范围的国际化奠定了基础。被誉为第四媒体的网络媒体，加快了国际信息传播的速度，拓展了国际信息传播的空间。与传统传播方式相比，以互联网为代表的新媒体的传播方式具有鲜明的特点：一是使世界时空距离急剧缩短，地球形同村落，信息传播全球化。时间上，卫星技术的使用实现了信息的即时传输，几乎消除了传统传播方式的时间差。空间上，信息覆盖范围遍及全球，跨国界传播更加频繁而难以阻隔。二是信息的多元化和舆论的多元化，使全球流动的信息量更加丰富，形式更加多样。凡是有网络的地方，人们都能够迅速了解世界各地的新闻，网络媒体使得国际传播能够超越原先国界和政治体系的限制，从而为传播范围的国际化提供了强有力的技术平台。

（二）传播信息的国际性

传播信息的国际化，意味着信息资源的国际流动与共享。它能有效扩展不同文化之间的交流，有助于世界不同地区之间的人民加强了解与互动，加深友谊，这也是国际传播事业的职责所在。

过去很长一段时间里，国际传播的信息主要是政治内容，尤其在冷战期间更是如此，意识形态的宣传，在国际传播的信息中占据绝对主导地位。冷战结束后，和平与发展成为世界主流，国际社会日趋多元化，国际传播的信息也逐渐多样化，内容从以政治为主扩展到政治、经济、文化、科技、军事和社会等各个方面。除了新闻节目以外，娱乐节目、教育节目也在传播中大行其道。

传递整个国际社会的信息，成为传播信息国际性的显著特征。国际社会中出现的重大事件或热点动态，都成为国际传播的重要内容。世界著名媒体对国际重大新闻事件都极为关注。为在第一时间获悉国际范围内的重大活动，它们在世界各地广泛设立分支机构或者记者站，专门负责采集世界各地的重要新闻，并通过各自所在的媒体传播到整个国际社会。例如，BBC 在全球设有 40 多个记者站，仅正式的驻外记者就达 250 多人，业务范围涵盖 170 多个国家和地区。美国之音则在世界各地聘用了数百名特约记者，形成了遍布全球的信息采集网络，确保了信息传播的国际性。

随着全球化进程的加快，越来越多的人们每天密切关注国际社会各类信息。人们随时可以从媒体上得知发生在遥远国度的事件，对全球局势和热点动态了如指掌。在当今信息时代，信息传输以及伴随而来的观念渗透，已经成为一些国家和地区扩大自己影响的主要方式。

值得注意的是，传播信息的国际化与本土化往往并行不悖。受众心理学研究表明，人们总是更关注发生在身边或附近的事，因为这可能直接涉及到自己的切身利益。因此，新闻集团、贝塔斯曼、维亚康姆、迪斯尼等国际传媒无一例外地重视信息传播的国际化与本土化并举。新闻集团的默多克曾经说："如果你忘记了人们在自己的国家里想观看的基本上是地方节目、地方语言和地方文化，那你就大错特错了。"①

（三）传播受众的国际性

传播受众即是传播对象，是传播内容的接受者。传播受众的国际性，表现为媒体力争把国际社会的每个人都纳入传播体系之中。为此，很多国际传播媒体奉行的指导思想是"利用受众使用的一切接收手段，覆盖一切可能达到的受众。"从实践效果来看，它们确实在扩大受众规模方面取得了引人注目的成就。BBC 国际电台从 1974 年开始估计其全球受众人数。自 1992 年起，BBC 国际电台评估全球受众的工作逐渐规范化，开始每年对外公布其全球受众人数的估计数字。据统计，2007 年 BBC 国际电台全球受众人数估计数字达到了史无前例的 1.83 亿。② 据广播管理委员会 2005 年度绩效报告，早在 2005 年度，美国国际广播、电视和互联网的受众总计就已经超过 1.8 亿。同样，全球每周约有 1 亿人收听收看德国之声的广播电视节目或者浏览其网站。由此可见，传播受众的国际性已是不争的事实。对于那些受众覆盖面有限的国际传播媒体来说，实现传播受众的国际性也正是它们努力追求的目标。

国际传播是跨国、跨文化、跨语言的信息交流。受众的国际性，意味着文化的国际性。不同民族都有着自成一体的文明形态，各自

① 转引自郭可著：《国际传播学导论》，复旦大学出版社，2004 年 7 月第一版，第 110 页。

② 王庚年主编：《世界主要国际广播电台听众工作调研文集》，中国国际广播电台，2008 年版（内部资料）。

形成了适应社会发展阶段的制度体系和伦理规范，有着各不相同的生活习俗、宗教信仰、思维方式、审美趋向、价值观念乃至民族性格，等等。国际社会的多元文化，使得世界异彩纷呈，多姿多彩，也增加了国际传播的困难程度。当一种文化传播到另一种文化中时，必须适应受众的文化背景，入乡随俗，否则就可能引发受众的反感乃至产生排斥心理。

比如，中国主导的东方文明与欧美主导的西方文明，在价值观方面存在很大不同。西方文化中的个人主义，强调个人的自由与权利，并将其视为实现自我价值的积极表现，个人主义精神被赋予了积极向上的内涵，是英美人普遍接受的价值观。欧洲启蒙运动就因为发现了人的价值而大放光芒。但是，中国的个人主义是指一切从个人出发、把个人利益放在集体利益之上、只顾自己不顾别人的错误思想。中国历来主张个人服从集体，个人主义成为与集体主义相对的贬义词。一旦中国在国际传播中对个人主义思想加以贬斥，必然会引发英美受众的不悦之情。

同样，由于文化背景的差异，同一事物在不同文化中往往被赋予不同的含义，因而会在不同民族中产生截然不同的感情色彩。例如，荷花是印度的国花，却被日本人视为用于祭奠的不祥之物。喜鹊被中国人视为吉祥的象征，深受人们喜爱，英国人则以它象征专爱收集杂物的人或是说话喋喋不休令人讨厌的人。中英两种文化中都有龙的概念。中国古代把龙视为最高统治者——皇帝的代表，普通百姓一旦私自穿上绣有龙的图案的衣服，就会被视为违逆谋反。即使是现在，皇帝制度早已经退出了历史舞台，龙作为高贵、威猛、雄奇的象征仍然被保留了下来，“望子成龙”表现出了人们对孩子的美好祝福，“龙腾虎跃”表达了兴盛、活力的蕴意。可以毫不夸张地说，要理解中国文化就离不开对龙的理解。然而，在英语文化中，龙是邪恶的象征，常常与凶残、暴虐联系在一起。如果在国际传播中忽视了这些客观存在的文化差异，不能做到内外有别，传播效果也必然不佳。

传播受众的国际性，也为国际传播提出了更大的挑战。受众在接收信息中具有主观能动性，受众对传播信息持赞同、拥护的肯定态度或批评、反对的否定态度，直接决定着国际传播效果的优与劣。因此，国际传播作为跨文化传播，必须注意到不同民族文化之间差异性、多样性的客观存在，不能采取千篇一律的传播方式，而是要根据受众所处的地域、社会条件、文化传统的差异，进行有针对性的传播，因地制宜，因人而异，才能让受众接受媒体传播的信息，并认同传播中蕴涵的人生观和价值导向，最终实现国际传播的价值。

（四）传播影响的国际性

影响力，一般是指一方以某种自己喜爱的方式左右他人行为的能力。影响力是一种控制能力，表现为影响力的实施者对影响力的接受者在其认知、倾向、意见、态度和信仰等方面的控制作用。传媒影响力是通过信息传播过程实现，以受众关注和接触传媒内容为前提，并最终导致受众行为改变的过程。① 传播影响的国际化体现在政治、经济、文化等多个方面。

在国际政治和外交领域。国际传播从出现伊始，就与国际政治和外交事务密不可分，或被视为国际政治和外交的延伸部分。在很大程度上，国际社会对某个国家的认识和看法，来源于国际媒体的新闻报道，尤其是那些权威性强、具有较大影响力的国际媒体，它们选择的报道议题和报道方式会直接影响到国际受众对该国形象的定位和评价，在对国家形象的塑造中起到关键作用。尤其是那些把国际媒体作为唯一信息源的受众来说，国际传媒的影响力更加明显。西方社会对中国形象的负面印象，就与西方国际媒体倾向于报道中国的负面消息有着密切的关系。当国际政治和外交领域出现重大事件时，国际传播媒体会及时进行报道，并将其迅速传递给整个国际

① 喻国明：《传媒影响力》，南方日报出版社，2003 年版，第 3 页。

社会。那些强势媒体往往能很快树立报道权威，引领国际舆论走向，转而对国际事件施加影响。可以说，制造或引导国际舆论，是国际传播媒体非常重要的功能。一方面，国际媒体在传播新闻信息时，隐藏其中的价值判断和情感褒贬会间接影响到国际舆论的倾向；另一方面，国际传播媒体可能会直接对某些重大事件进行定性，充当国际舆论的制造者。例如，海湾战争期间，西方联盟把伊拉克的行为定性为“萨达姆与整个国际社会的对抗”，西方媒体对其进行大肆宣扬和渲染，使得美国谴责伊拉克的立场得到了大多数国家的支持并对伊拉克出兵。近年来，国际社会有关“中国威胁论”的言论甚嚣尘上，同样是西方国际传播影响力的结果。这种由国际媒体制造或引导的国际舆论，会极大地影响到有关国家的决策和外交立场。

在文化领域。传播影响的国际性，还体现在国际媒体对全球文化和语言的冲击方面。语言和文化是国际传播中的软性要素。西方国家把自己的语言、文化和价值观与资本、技术一起带到了发展中国家，西方国家对发展中国家的文化入侵也随之开始。到目前为止，大多数位居世界前列的国际传播媒体都来自英语国家，英语成为国际社会主要的传播语言。一些颇具影响力的电影和书刊的发行也都是以英语作为发行语言。“世界上80%的书刊首先是用英语出版，一半以上的日报和电视节目是用英语刊登或播出，并不断被译成其他文字。”① 英语成为目前国际传播中的强势语言。甚至有学者提出：“现在国际传播中的文化和语言就是英语国家的文化和英语语言。”② 国际传播促进了全球文化的趋同性，实质就是全球文化的西方化或者美国化，文化多样性受到严重威胁。“文化多样性已经四面楚歌、岌岌可危。土著居民与文化，以及地方经验，所受的影响最为严

① 郭可著：《国际传播学导论》，复旦大学出版社，2004年7月第一版，第41页。

② 郭可著：《国际传播学导论》，复旦大学出版社，2004年7月第一版，第41页。

重。”[①] 为此，联合国教科文组织不仅加强了对物质文化遗产的保护，而且加强了对非物质文化遗产的保护。同时，越来越多的国家开始采取措施保护本国文化的独立性。法国保护法语和法国文化的努力就卓有成效。因此，基于跨文化性的国际传播，应当既具有国际化的开放品格，又尊重文化的独立性，体现全球意识和民族意识的有机结合，应当坚持推行非垄断的市场原则，使文化发达与不发达造成的传播落差得到有效的校正；应当坚持“权利与义务相平衡”的原则，任何跨国媒体在批评对方的时候，应自动给予指责一方等量的答复权，形成范围不同、层次有别的国家间的“公共论坛”，以保证舆论的平衡与公正[②]。

在经济领域。国际传播的影响力还体现在开拓和巩固国际市场方面。如今，可口可乐几乎成为世界通行饮料，这与美国在国际传播中宣扬的生活方式以及对可口可乐形象的塑造有关。曾经担任过福特汽车公司北美汽车经理部副董事长的威廉·伯克说过：“世界上将只有一个市场，风行一种时尚。”原因就是强势企业可以依靠传播媒介制造出单一的消费情趣。[③] “变形金刚”、“超人”等卡通形象在全世界风靡一时，国际传播在开拓国际市场方面的影响力可谓功不可没。

事实上，如果一个媒体在国际上拥有庞大的受众群，那么它就会在国际社会拥有强大的国际影响力，它的报道和言论就会对国际舆论产生深远影响。由于传播在国际社会不容忽视的影响力，因而，世界各国都十分重视通过国际传播阐释和宣传本国的外交政策和活动，充分利用国际传播为本国利益服务，塑造和维护良好的国家形象。“国际媒体的影响力目前也经常被理解为一个国家的综合实力的

---

① 关世杰著：《国际传播学》，北京大学出版社，2004 年 9 月第一版，第 230 页。

② 参见张君昌：《国际传播：在全球化语境下报道世界》，载于《中国广播电视学刊》，2004 年第 7 期。

③ 关世杰著：《国际传播学》，北京大学出版社，2004 年 9 月第一版，第 173 页。

体现。”① 一个国家的媒体在国际主流社会中声音的强弱，往往象征着一个国家国际地位的高低，越来越多的民族国家开始高度重视国际传媒的影响力。但是，就现阶段来说，世界各国的媒体发展水平并不平衡，西方国家在国际传播领域处于优势地位，一些弱小国家则无力在国际传播领域发出自己应有的声音。国际传播中的强势国家与弱势国家之间的互动关系随之演变成为了一种主动施加影响和被动接受影响的过程。

三、现代国际广播体系的大广播

构建现代国际广播体系，其中的广播应该是大广播概念，即是相对人际传播而言的“广为传播”或“广泛传播”，泛指及时而广泛的传播。在这一体系之中，广播与其他媒介之间不再完全区分开来，泾渭分明，而是与其他媒介共同服务于国际传播的需要。目前，报刊、广播、电视、网络、手机等五种媒体传播手段，都在国际传播中发挥了重要作用，共同构成了国际传播的有机组成部分。

报纸、期刊等传统印刷媒体，就从事国际传播所需条件的资金投入、技术难度而言，印刷媒体资金投入最少，技术难度最低。就受众的接收和感受能力而言，报刊的信息容易保存，阅读自由度较大，真实度方面较好。至今，印刷媒体在国际传播中仍然保持着较大影响力。“尤其是在一些国际政治和经济的重大问题上，报纸和杂志有较大的发言权，甚至能左右国际舆论。”② 其重要原因在于，政治和经济领域内的精英阶层大多拥有阅读报刊的习惯，成为某些颇具影响力的主流报刊的忠实消费者。一旦他们认可了报刊所传达的信息，就可能在决策中有所反映。正因如此，《华盛顿邮报》虽是地

① 郭可著：《国际传播学导论》，复旦大学出版社，2004 年 7 月第一版，第 112 页。
② 郭可著：《国际传播学导论》，复旦大学出版社，2004 年 7 月第一版，第 26 页。

方性报纸，却受到各国领导层的高度重视。报刊进行国际传播的弱点在于时效性差、对受众文化水平要求较高、跨国穿透能力差，传递速度慢。

国际广播是国际传播最主要的方式，它的优点是传播时效性强，跨境穿透能力较强，覆盖面积较大。收听国际广播不需要额外付费，接收成本几乎为零。此外，收听广播方便，不需要用眼、手，可以边听边做其他事情，不会影响手中的工作，这是其他国际传播方式所不具备的优势。国际广播的弱点是选择性差，按照时间顺序安排节目内容，受众不能任意选择时间和内容；保存性差，内容不能反复收听，声音转瞬即逝。一般来说，现有的国际广播手段有以下七种：一是传统的音频广播（Radio），包括中长波、短波以及调频、调幅广播。二是卫星音频直播，利用卫星直播技术，进行音频的直播，目前并不普及，只是在特殊状态下使用。三是直播卫星电视（STV），提供视频信号，并建立具有针对性的地方卫星电视网络。四是网络音、视频广播，在网络上提供音频直播以及部分内容的音频、视频下载，支持视频直播。五是多媒体数字广播（DMB），目前已经进入试验阶段，但未进入对外传播的应用领域。六是数字调幅广播（DRM），可用长波、中波和短波波段播出，适用于远距离、大面积的覆盖，被认为是替代传统短波广播的最有效手段，目前仍未大范围使用。七是综合性广播。目前有一种趋势，即利用第三代通信技术和互联网络将各种广播形态结合起来。

国际电视对受众的知识水平要求最低，即使是没有接受过教育的人也可以接收。电视中声音与画面同步传播，有助于提高受众的理解程度。电视能够吸引大量广告，因而经济效益较好。总体而言，国际电视对重大突发性事件的报道，最能体现电视媒体在国际传播中的作用。此外，作为电视媒介，它还具有一些优势，如综合性强，以视听合一奠定其优势基础；节目内容丰富，题材广泛，表现手段多样化；互动性强，可以进行面对面的人际交流与互动；具有较强的形象感、现场感、过程感，可以直接再现现实生活。国际电视传播的弱点是，建立和维持运转的费用较高，保存性差，国际法对电视节目的境外落地有着严格限制等。

国际互联网适于承载新闻、图片、数据资料等各类信息，在信息存储容量方面具有其他媒体不可比拟的优势。媒体的跨境传播能力中，国际互联网的传播速度最快，穿透力最强，最容易克服国际传播在国界限制、时空距离等方面的障碍。就受众的接收和感受而言，接收国际互联网的信息较为容易，参与程度最高，信息反馈最容易。由于这些天然的优势，网络媒体起步虽晚，却后来居上，很快成为国际传播中的佼佼者。网络传播的弱点是真实性差，信息的可信度需要受众仔细鉴别。

近年来，世界主要国际传播媒体都加速了由传统的国际广播平台向新型多媒体综合性传播平台的转变。中国国际广播电台作为构建现代国际广播体系的主体，国际广播当之无愧地成为国际传播事业的核心。然而，科学技术日新月异的发展使得国际传播的媒介呈现多元化趋势。除了短波、中波、调频和卫星的音频广播之外，电视、网络、报刊、新媒体业务等都成为国际传播的重要方式。它们在国际传播中各有特色，长期共存。总之，一切能够向国际受众传播信息的媒体都应该为我所用，通过资源整合和优势互补，最终形成一个以国际广播为核心、各种媒介共同参与的国际传播渠道。

四、现代国际广播体系的体系性

“体系”，即整体性。一个完整的体系，应该是一个有机体，能将一切有益的东西吸引到体系内部，将一切无益的东西抛弃到体系之外，从而确保组织内部各种资源有机融合并运行良好。就构建现代国际广播体系而言，一个高效运转的体系能够保证工作的持续性和稳定性。因此，一切有利于国际传播的媒体形态，都应当纳入现代国际广播体系之中；一切有利于国际传播的技术手段和传播方法，都应当积极采用；一切有利于国际传播的工作方式和运行机制，都应当进行尝试；一切有利于国际传播的发展领域，都应当积极开拓，最终形成一个优质系统。

稳定高效的组织体系是战略规划能否全面贯彻落实的制度保证。构建现代国际广播体系同样离不开相对稳定、运转高效的对外传播组织体系。目前，世界上大部分国家在对外传播工作中均采取广播电视一体化的经营管理体制，甚至进一步打通媒介平台，形成对外传播合力的发展趋势。西方国家的对外电视和对外广播都是为本国的外交政策服务，把它们整合在统一体系之中成为国际传播的重要发展趋势。为使对外电视发挥更大作用，在开办方针上和管理方法上，一般将其融入对外广播的格局和框架之中。1991 年 3 月，BBC 开办“世界电视台”，先后开始对欧洲和亚洲播出。BBC 环球广播部总经理约翰·图萨表示，BBC 的国际电视节目将把 BBC 办广播的技巧结合起来，有重点地报道全世界的新闻。

美国作为世界超级传媒帝国，其对外传播的组织机构也呈现出越来越集中的态势。1990 年，美国新闻署把世界电视网和美国之音合并成一个对全世界进行无线电广播和卫星电视广播的全能机构，以便美国对外宣传更好地适应美国政府对世界各国受众施加影响的需要。1999 年，作为美国对外传播主要组织的美国新闻署并入国务院，实现了对外传播各级组织体系全部归入国务院统一管辖的局面，实现了资源的优化整合，使美国在对外传播中的强势地位更加巩固。同样，德国之声也在对外传播媒介中采取广播和电视双轨制。德国国际广播电台主办的德国国际电视，一直受到政府当局的大力支持，他们认为“德国和其他国家一样，要实行对外广播和对外电视并举，即对外传媒中采取广播和电视的双轨制，而对外广播不办电视无异于一脚跛行。”①

西方国家对外传播一体化管理有利于集中广播、电视等各种媒介的优势，能更有效地影响他国受众。有学者指出，“应当承认，西方国家广播电视一体化的对外传播管理运营体制有利于形成强大的舆论力量。”②

在我国，进行国际传播的主要媒体分属不同机构管理，由中共中央对外传播领导小组进行总体协调，具体职能分属各个相关部委。由于各类的对外传播媒介长期以来各自运营，各部委之间的协调手续繁琐，困难较大，致使中国从事国际传播的机构显得庞杂而效率有待提高。近年来虽然已经逐渐形成“大外宣”格局，但与西方发达国家相比，在管理运营体制上仍然存在很多问题，没有形成真正意义上的集团式管理，无法形成合力；资源潜力尚未得到充分利用，优势尚未得到充分发挥；管理成本较高，等等。有学者业已指出，“当前这种管理运营体制，已妨碍了我国对外传播整体质量的提高，影响了我国对外传播内容在海外的实际覆盖效果和传播效果，在相当程度上阻碍着我国对外传播事业的进一步发展。”③ 因此，构建现代国际广播体系应该本着“优化结构、优势互补、增进效益、壮大实力”的原则，进行国际传播管理机制的改革与创新，逐步建立涵盖大众传媒对外传播、国际文化教育交流以及危机应急机制各部分的新型组织体系，为我国国际传播事业的发展提供强有力的组织体系保障。

综上所述，构建现代国际广播体系是一个内涵和外延都十分丰富的概念。它的提出，必将促进中国国际传播事业的发展更上新台阶。

---

① 关世杰著：《国际传播学》，北京大学出版社，2004 年 9 月第一版，第 82 页。
② 段鹏著：《国家形象建构中的传播策略》，中国传媒大学出版社，2007 年版，第 48 页。
③ 段鹏著：《国家形象建构中的传播策略》，中国传媒大学出版社，2007 年版，第 49 页。

第三节　现代国际广播体系的基本特点

一、体系的概念与基本特征

体系，又可称系统，是指由若干相互联系、相互作用的部分组成，在一定环境中具有特定功能的有机整体。就其本质来说，体系是“过程的复合体”。

体系具有三个基本特征。一是集合性。一个体系至少由两个或两个以上的子系统构成，构成体系的子系统称为要素，也就是说，体系是由各个要素结合而成的。二是层次性。体系的结构是有层次的，构成一个体系的子系统和子子系统分别处于不同的地位。从总体上看，系统都有宏观和微观之分，而微观上还有各种层次。三是相关性。体系内部各要素之间存在着相互依存、相互制约的关系。一方面表现为子系统同体系之间的关系，体系的存在和发展，是子系统存在和发展的前提，各子系统本身的发展，就要受到体系的制约。另一方面表现为体系内部子系统或要素之间的关系。某要素的变化会影响另一些要素的变化，各个要素之间关系的状态对子系统和整个系统的发展，都可能产生不同结果。

在管理学中，系统原理主要包括整体性原理、动态性原理、开放性原理、环境适应性原理、综合性原理①。

整体性原理，指系统要素之间相互关系及要素与系统之间的关系需以整体为主进行协调，局部服从整体，使整体效果为最优。实际上就是从整体着眼，部分着手，统筹考虑，各方协调，达到整体的最优化。

---

① 此处关于系统的定义及系统原理的论述，可参照周三多、陈传明、鲁明泓编著：《管理学—原理与方法》，复旦大学出版社，1999 年版，第 112－117 页。

动态性原理指的是，系统作为一个运动着的有机体，其稳定状态是相对的，运动状态则是绝对的。系统不仅作为一个功能实体而存在，而且作为一种运动而存在。系统内部的联系就是一种运动，系统与环境的相互作用也是一种运动。运动是系统的生命。掌握系统动态原理、研究系统的运动规律，可以使我们预见系统的发展趋势，树立起超前观念，减少偏差，掌握主动，使系统向期望的目标顺利发展。

开放性原理指的是，不存在一个与外部环境完全没有物质、能量、信息交换的系统。任何有机系统都是耗散结构系统，系统与外界不断交流物质、能量和信息，才能维持其生命，并且只有系统从外部获得的能量大于系统内部消耗散失的能量时，系统才能不断发展壮大。所以，对外开放是系统的生命。例如，工业企业系统必须通过投入和产出与外部社会进行交流，从而获取盈利，盈利则是企业生存发展的必要条件。

环境适应性原理指的是，系统不是孤立存在的，它要与周围事物发生各种联系。如果系统与环境进行物质、能量和信息的交流，能够保持最佳适应状态，则是说明这是一个有活力的理想系统。

所谓综合性原理，就是把系统的各部分、各方面和各种因素联系起来，考察其中的共同性和规律性。系统的综合性原理包括多方面的含义：一是系统目标的多样性与综合性，即系统最优化目标的确定，是从各种复杂的甚至对立的因素中综合的结果。由于大系统涉及一系列的复杂因素，如果对这些因素在分析的基础上能够综合得好，系统目标确定得恰当，各种关系能够协调一致，就能大大发挥系统的效益。二是系统实施方案选择的多样性与综合性。就是说同一问题，可以有不同的处理方案，为了达到同样一个目标，有各种各样的途径和方法。三是由综合而创造，即：系统整体看上去可能十分复杂，但如果将其分解到每个系统和单元，就可能变得简单而容易解决。

二、现代国际广播体系的基本特点

按照系统原理的特征分析，现代国际广播体系，应该具有整体性、动态性、开放性、综合性、可持续性等五大特点。

（一）现代国际广播体系的整体性

整体性是系统论的基本出发点。整体性原则即系统、要素和环境之间的辩证统一。它首先强调系统与要素、要素与要素、系统与环境之间存在着有机的联系，它们相互作用、相互影响，构成一个整体。其次，系统的性质和规律只有从整体上才能显示出来，整体可以出现部分未有的新功能，整体功能不是各部分功能的简单相加。再次，系统内部各要素或部分的性质和行为对其他要素或部分的性质和行为有依赖性，并对整体的性质和行为有影响。真正的整体性要求，人们在认识和处理系统对象时，都要从整体着手进行综合考察，以达到最佳效果，要着眼于各个领域之间的有机联系，研究它们怎样在发展过程中相互影响、相互制约，怎样将这些不同领域的发展有机地联结起来，从而真正有效地构成系统的统一进程。

构建现代国际广播体系是一项整体工程，包括空间或面上的整体性、时间维的动态整体性，涉及到中国国际广播事业的宣传、行政、人事、财务、技术、经营、组织文化等各子系统要素，需要按照系统论的思想和系统分析的方法去认识、处理建设中的问题，理顺各种错综复杂的关系。统筹规划、顾全大局、与时俱进，是这种整体性的具体表现。只有从整体出发，清楚地认识构成整体的各部分间的联系机理，才能协调和优化各种关系。从宏观上统筹规划现代国际广播体系建设，核心的要求是整合和开掘内部资源，使不同类型的优势资源科学重组、合理配置，实现共享互补，并可借此推进和实施管理理念和发展战略的创新。在此过程中，要注意业务系统的整体性，整合内部资源，构筑多元发展平台；注意管理系统的整体性，将管理理念、规范与管理者形成统一的组织体系，提升组织执行力；注意技术系统的整体性，搭建全台多媒体信息采编、制作、存储、传播平台，实现对音频、视频、文字稿件、图片的综合处理与新闻资源的有效增值。要处理好规划与实施的衔接，处理好继承与发展的关系，立足现有资源的价值，拓展国际广播的内涵和外延。

（二）现代国际广播体系的动态性

动态性即现实系统都是变化、发展的，应当在动态中协调系统各方面的关系，使系统达到最优化。

广播作为传媒之一，从来都不是孤立存在的。过去、现在和将来，它都存在于特定的传媒环境和社会环境中，而这两种环境都是动态的，而非静态的。因此，广播也是处于动态性发展变化中的。

近年来，随着国际局势及各国国家利益取向的变化，新媒体技术发展等因素的影响，国际广播领域呈现出新的发展动态：国际广播政治属性日益强化，传播手段历经调整，管理体制和运营机制不断创新，节目境外落地成为国际广播的核心业务，互联网在线广播发展方兴未艾，新媒体建设稳步推进，国际广播越来越注重以调查研究为基础，加强实效传播，等等。这其中，最显著的变化体现在：一是传播阵地向现代媒体方向发展。长期以来，国际广播的传播阵地主要集中在无线广播领域。无线广播以其价格便宜、操作简单、时效迅速、传播广泛等优势，成为国际受众获取信息的重要渠道。进入20世纪90年代，数字技术与卫星技术的发展为国际广播开辟了一番新天地。互联网使在线广播成为国际广播的新手段。随着信息技术的飞速发展，结合了第三代移动通讯技术和互联网技术优势的新媒体稳步发展，新的传播形式在国际广播领域不断涌现。世界主要国际广播媒体都在运用互联网等现代媒体手段，开拓新传播阵地，同时利用新媒体形态，增加对外传播形式，增强对外传播效果。

二是传播形态向多媒体方向转变。从20世纪90年代中后期开始，随着高新技术的快速发展，信息传播向快速、高效、多渠道、无国界方向发展，在全新的传播环境下，受众获取信息的手段日益多样化，单靠传统的广播形态是无法生存和赢得竞争的，国际广播的形态发生了革命性的变化。世界主要国际广播媒体投入较多的资金和技术力量，发展使用包括广播、电视、网络、新媒体等多种传播媒介在内的大平台，走向复合型的多媒体形态，使国际广播发展进入新阶段。三是传播理念向国际传播方向革新。在全球化浪潮下，跨文化传播已日益普遍。尽管主要发达国家的国际广播是为本国政治、经济利益服务的工具，但它们在冷战后更加强调以文化传播的形式出现。而进行文化传播就必须使节目满足受众的心理需求，符合对象国受众收听、收看习惯，适应对象国民族文化，进一步增强节目的贴近性和亲和力，使宣传效果最大化。为此，西方许多国际广播电台纷纷采取措施，实现了从对外广播向国际传播理念的转变。

针对国际传播环境的新变化，世界主要国际广播媒体，都对其发展战略和策略规划进行了动态性调整与改革，使其更加明晰、科学、重点突出、实践性强。对于我国国际广播而言，改革创新，应时而变，跟踪国际传媒发展动态，加快建立起用现代高科技武装的，采取多种形式、多种渠道、多种手段播出的，真正具有广泛影响力、竞争力的现代国际广播体系，是推动国际广播事业科学发展的必然要求。

（三）现代国际广播体系的开放性

系统开放性，是指系统与环境（或系统）发生交换关系的属性，亦即系统具有从环境输入物质、能量与信息的属性，也具有向环境输出物质、能量与信息的属性，输入与输出是系统开放性的两个方面。

构建现代国际广播体系，是国家对外宣传的重要组成部分，也是适应新时期中国外交工作发展的必然要求，还与国家的外事、外援、外联等涉外事务紧密相联。党的十六大以来，对外宣传工作在整体推进中实现重点突破，在改革创新中焕发新的活力，为促进改革开放和现代化建设、推动全面建设小康社会进程，为实现我国总体外交战略、提升国家良好形象，为扩大中华文化影响、提高国家文化软实力作出了重要贡献。但是，应该清醒地认识到，我国目前的广播外宣力量仍显不足，在国际舆论中的影响力仍然较弱，加强广播对外宣传工作，构建现代国际广播体系，形成强大的对外广播宣传实力，是中国在复杂激烈的国际竞争中赢得主动的需要，是国家对外宣传具有全局性、战略性的工作。改革开放以来，我国的外交工作取得了举世瞩目的成就，在国际活动中发挥着重要作用，我国已加入 130 多个政府间国际组织，加入 200 多个国际多边条约，在反恐、军控、防扩散、维和、经贸、发展、人权、司法和环境等方面积极参与国际合作。国际传播的发展，逐步丰富了外交资源的容量，扩大了各国的外交影响力，拓展了各国的外交阵地，逐步改变了各国的外交政策。让世界了解中国的发展道路和发展方向，成为对外交往和对外舆论宣传的当务之急。因此，通过构建现代国际广播体系，有力地配合我国外交工作，成为宣传中国发展道路和发展方向的有力工具。要牢固树立大外宣观念，把外宣与外交、外事、外援、外联有机地结合起来，把对外宣传与对内宣传结合起来，把政府公关工作与民间交流活动结合起来，充分发挥党、人大、政府、政协、地方、民间团体、军队以及经贸、科技、文化、教育、旅游、体育、港澳、对台、侨务等部门的作用，推动形成全方位、多层次、宽领域的大外宣格局。要加快实施“走出去”战略，进一步建立多媒体、跨平台、广覆盖的传播媒介网络，扩大国际广播在境外的影响力，加强与国外媒体的交流沟通，切实提高对外文化传播力。要借助运用中华优秀文化的独特优势，开展多种形式的对外文化交流，加大文化“走出去”的力度。

（四）现代国际广播体系的综合性

综合性指的是，系统最优化目标的确定，是各种子系统综合的结果。如果综合得好，系统目标确定恰当，各种关系协调一致，就能大大发挥系统的效益，实现组织的整体利益最大化，能够有效推动传播资源的优化配置，充分发挥各种传播手段的比较优势和组合效率。这一理论对于国际传播媒体的重要启示在于，传媒应该是多种媒体形态和传播手段发挥综合效能与协同效应的综合传播机构，在扩大自身业务范围和发展规模时，也应综合考虑外部环境的机遇与威胁，以及传媒组织内部所拥有的优势与劣势。

世界主要国际广播机构均以“全球”、“多媒体”、“服务”、“国际传播”、“机构”等表述其定位，涵盖面宽。英国 BBC 将其定位为囊括广播、电视和新媒体的国际新闻传播机构。美国广播管理委员会将其下属的国际广播体系定位为多语种的多媒体全球广播机构。其中，多媒体摆脱了单一广播媒体的束缚；全球广播机构摆脱了地域限制。美国在《2002－2007 对外广播战略计划》中提出：美国之音将“建立使用多媒体传播的国际广播体系，作为长期发展目标”。美国的对外传播，还始终是其对外战略的有机组成部分。有专家分析，美国的对外战略实际上分为四个部分：对外政治战略、对外经济战略、对外军事战略以及对外信息战略。前三个的基础是美国的硬实力，最后一个是美国软实力的体现。美国在对软实力的具体运用方面，主要的实践体系就是对外传播体系。因此，美国的对外传播，受到各届政府不同程度的重视。而对外传播也因身在战略体系之中，能够在战略资源等方面得到统一的协调，从而与其对外战略浑然一体，产生了良性循环。

目前，中国国际广播电台有三个不同的角色定位，即：党和政府的宣传机构、社会主义市场经济条件下媒介竞争的参与者、国际传播竞争的参与者。因此，中国国际广播电台面临三个不同的媒介竞争环境：社会主义宣传机构之间的竞争环境、国内激烈的媒介竞争环境、国际传播日趋激烈的竞争环境。由此，中国国际广播电台的事业应该兼顾如下几个方面：一是内外兼修，也就是在对外传播与对内传播界限日益模糊的今天，国际国内的事业均需要投入和发展；二是由单一媒体向多媒体发展，既要发展传统的国际广播，又要充分发展卫星电视，大力支持新媒体业务的发展。三是国有经营和市场充分结合，既要争取政策支持，又要积极参与市场竞争，两条腿走路，两条都要壮。要适应国家外宣外交政策的需要，积极调整对外传播的战略与策略，把现代国际广播体系建设与我国的“三和”战略——“和谐世界”、“和谐社会”、“和平发展”结合起来，早日把中国国际广播电台建设成“中国最大的，包含广播、电视、新媒体等多种业务在内的多媒体国际传播服务机构”。

（五）现代国际广播体系的可持续性

可持续性是指一种可以长久维持的过程或状态。人类社会的持续性由生态可持续性、经济可持续性和社会可持续性等三个相互联系不可分割的部分组成。现代国际广播体系的可持续性主要表现在两方面，即：战略目标的可持续性和竞争优势的可持续性。

战略目标是管理学术语。在企业管理中，战略目标是对企业战略经营活动预期取得主要成果的期望值。战略目标的设定，也是企业宗旨的展开和具体化，是企业宗旨中确认的企业经营目的、社会使命的进一步阐明和界定，也是企业在既定战略经营领域开展战略经营活动所要达到的水平的具体规定。

战略目标具有一些显著特点：一是宏观性。战略目标是从宏观角度对企业未来的一种较为理想的设定。它所提出的是企业整体发展的总任务和总要求，它所规定的是整体发展的根本方向。二是长期性。战略目标着眼点是未来和长远。其所规定的是一种长期发展方向，其所提出的是一种长期任务。三是相对稳定性。战略目标在其所规定的时间内是相对稳定的。战略目标既然是总方向、总任务，那么它就应该是相对不变的。但是，强调战略目标的稳定性，并不排斥根据客观需要和情况的发展而对战略目标作必要的修正。四是全面性。战略目标是一种整体性要求，着眼于未来，不抛弃现在；着眼于全局，不排斥局部。科学的战略目标，是对现实利益与长远利益，局部利益与整体利益的综合反映。科学的战略目标虽然总是概括的，但对人们行动的要求却又总是全面的，甚至是相当具体的。五是可分性。战略目标作为一种总目标、总任务和总要求，总是可以分解成某些具体目标、具体任务和具体要求的。在空间上，可以把总目标分解成一个方面又一个方面的具体目标和具体任务；在时间上，可以把长期目标分解成一个阶段又一个阶段的具体目标和具体任务。人们只有把战略目标分解，才能使其成为可操作的东西。可以说，因为战略目标是可分的，因此才是可实现的。六是可检验性。战略目标应该是具体的和可以检验的。战略目标必须明确，具体地说明将在何时达到何种结果。目标的定量化是使目标具有可检验性的最有效的方法。

随着全球媒体竞争越来越激烈，战略目标对媒体而言，日益凸显其重要地位。一个正确的、清晰的、科学的战略目标，是媒体实现可持续发展的重要基石。世界主要国际广播媒体都有相对稳定的、实践性强的战略目标，并在不同发展阶段，制定不同的发展规划。美国近年来根据国际形势的剧烈变化和其国家的战略利益，对其对外传播战略进行了两次较大调整。一次是在冷战之后，一次是在“9·11”事件之后。冷战之后的调整大约经历了十年的时间才完成。调整内容涉及到业务内容的转换、角色和基本任务的转换、管理机构的调整、目标受众的变化等。“9·11”事件后，美国对国际广播重点作了重新调整。英国 BBC 也根据形势变化和发展需要，进行了三次大规模的管理体制和运行机制改革。通过调整对外广播电视管理机构，实现了广播、电视、网络的一体化，优化了对外传播资源配置，形成了对外宣传合力，紧密配合了英国政府的全球战略和外交方针。

构建现代国际广播体系，要服从和服务于国家的和谐世界、和谐社会、和平发展战略，实现长远目标与现实目标、总体目标与阶段目标、预期性目标与约束性目标的结合，为提升中国国际传播的影响力，为改革开放和现代化建设营造良好的国际舆论环境，为提升国家文化软实力，做出更多更大的贡献。

竞争优势，指的是组织所处的这样一种市场位势：依托自身资源或组织能力为基础，能够提供被顾客认为是物有所值的产品或服务，能够比竞争对手更好地创造顾客价值。竞争优势的真正价值，体现在竞争者无法轻易模仿的方面。对传媒而言，竞争优势不是短期内就能形成的，而是来自传媒组织多年来的持续积累及深深根植于媒体内部——它的资源、文化、品牌、管理方式以及长时期的连续投资。从长期发展的角度看，竞争优势的关键在于能够动态地持续。可持续的竞争优势，应具有“带不走”、“不易学”、“不怕学”、“难取代”等特点。

“带不走”指的是竞争优势是根植于媒体组织内部的，具有组织性，不属于个人；“不易学”指媒体组织拥有独特的、稀缺的专用资源以及能力，这一竞争优势能够帮助本媒体建立起较高的行业进入障碍，这种障碍至少在一段时期内为其他竞争者都难突破；“不怕学”指传媒组织已占据市场先机，并培养了大批忠诚顾客，这使得后来进入者无论在市场规模、品牌建立还是在分销渠道、顾客培养上都处于劣势地位；“难取代”指的是传媒组织在市场各方面都能有效地建立起品牌优势，包括独特的内容定位、传输渠道等，以此建立起牢固的市场地位。依托组织资源为基础，传媒组织可以从五个方面建立竞争优势：一是低成本，指的是通过对运营过程中每一环节的精心管理，使整个传媒组织的运作更有效率；二是差异化，指的是信息产品或服务具有突出的特色优势，品牌是特色优势的物化；三是市场细分，指的是传媒组织通过选定一个特定的细分市场，然后集中力量以获得这一市场的优势；四是特殊技术，指传媒组织通过对某种技术的掌握，可以提供特殊服务从而获得优势；五是组织文化，指的是传媒组织文化、领导风格往往是获得竞争优势的根源。[①]

构建现代国际广播体系，需要以创新新闻宣传，推进管理改革，促进多媒体融合，拓展对外合作平台等为手段和方式，全面培育和提升国际广播的舆论影响力、品牌竞争力、媒体创新力，构筑可持续的竞争优势。

① 此处关于竞争优势的定义，可参见章平著：《分析框架与经典案例》，复旦大学出版社，2004年版，第156－158页。

第六章　现代国际广播体系的框架

现代国际广播体系的基本框架是：以无线广播为基础，以在线广播为支撑，以新媒体发展为方向，以多媒体传播为特征的现代、国际、综合传播体系。

第一节　现代国际广播体系的基础

无线广播是现代国际广播体系的基础。无线广播，指的是利用无线电波将广播、电视节目传播给广大用户的广播方式。无线广播的出现，对国际广播意义重大，意味着国际广播水平由此迈入现代化发展阶段。

一、国际广播始于无线广播

广播是在现代电子技术特别是有线电声技术和无线电通信技术的基础上产生和发展起来的。其中，无线电通信技术对于国际传播具有尤其重要的意义。早在1864年，英国科学家马克斯威尔就提出了存在无线电波的猜想。1873年，他在《电磁论》书中预言，由于电磁波的存在，人们可以在相距遥远的两地之间，建立起瞬时可达的通讯联络。1895年，意大利科学家马克尼和俄国科学家波波夫分别进行无线电传送信号的实验，均获得成功，无线电通信从此进入实用阶段。1920 年 11 月 2 日，美国西屋电气公司在匹兹堡建立了 KDKA 电台，以广播总统竞选中的得票数开始播音。KDKA 成为世界上首家正式办理了执照的广播电台。1920 年也被认为是无线电广播事业的奠基之年。此后，广播事业迅速发展。到 1925 年，正式创办广播电台的国家已有 20 多个。①

无线电广播技术中的短波对于国际传播具有特殊意义。短波广播主要利用电离层的反射进行传播，通过使用方向性强的天线并调整天线的发射方向和角度，短波可以传播到地球上的任何地区，这种异地传播功能非常适宜用来进行国际间的广播或是对边远地区的广播。由于短波广播具有远距离传播的特点，许多国家都利用短波来开办了专门向其他国家的听众传递信息的国际广播。

荷兰是世界上最早开始国际广播的国家，它从 1927 年起用荷兰语向其海外殖民地东印度等地广播，不久又增加了英语和印尼语。此后，苏联、法国、英国、德国、意大利、日本等国相继开办国际广播。到 1939 年，世界上共有 27 个国家开办了国际广播。这时期的国际广播虽然规模相对较小，广播时数较少，发射功率有限，但却掀开了国际传播史上新的一页。

二、国际无线广播在二战期间蓬勃发展

国际广播很快在各国政府中引起高度重视。各国围绕国际广播进行的政治、外交斗争也随之展开。1929 年，苏联主要用于对外广播的莫斯科之声开始播出德语、法语和英语节目，它的德语广播不久就受到德国电台的干扰。1933 年希特勒上台以后，国际广播被用于纳粹军国主义宣传，德国企图利用国际广播诱使奥地利加入第三

① 程曼丽著：《国际传播学教程》，北京大学出版社，2006 年版，第 26 页。

帝国，然而遭到了奥地利电台的干扰。

第二次世界大战爆发以后，交战双方除了使用各种军事武器进行阵地战以外，还竞相利用媒体展开了一场大规模的舆论战。国际广播凭借辐射面广、影响力强的优势脱颖而出，成为当时令人瞩目的强势媒体。

战争伊始，法西斯轴心国就向同盟国发起了电波攻势。希特勒的宣传部长戈培尔坚信“谎言重复千遍就会变成真理”，大力利用国际广播进行煽动性、欺骗性的宣传，蛊惑人心，为德国的军事行动服务。意大利和日本也急剧扩大国际广播的对象区域，通过进行法西斯的军国主义宣传来配合军事行动的进展。

针对法西斯国家的电波攻势，反法西斯阵营展开了有力反击。英国 BBC 的战时新闻广播以事实为依据，客观报道战场形势，在反法西斯斗争中起到了重要作用。BBC 还经常邀请著名政治家、领导人发表讲话，以激励士气。苏联的莫斯科电台根据广播的不同对象区域，有针对性地编播不同节目，经常激励法西斯国家的人们响应其国内共产党领袖的号召，参加抵抗运动。美国在参加二战以后，开始大力发展国际广播，1942 年 2 月 24 日成立了美国之音广播电台，首先用德语广播，一周之内又连续推出了法语、意大利和英语广播。美国还把国际广播的节目制成唱片，以便更好地对抗敌国的战争宣传。

二战期间，国际广播作为政府对外传播专门频道的地位得到普遍认可。无线广播被视为可以摧毁敌军战斗力的心理武器，其不受国界限制的功能在战争中被发挥到极致。越来越多的国家在战争期间开办了国际广播，语种不断增加，对象地区不断扩大。到 1945 年时，开办国际广播的国家已达 55 个。[①]

① 胡耀亭主编：《世界广播电视》，重庆出版社，1999 年版，第 11 页。

三、国际无线广播仍将持续发挥作用

二战结束以后，以美、苏为代表的两大阵营展开了旷日持久的对抗和较量，国际广播仍然处于舆论对峙的最前沿，发挥了远大于其他各种媒体的作用，直至冷战结束。冷战结束后，美国依然没有放松对外广播的投入，只是把对外广播的对象转移到了中国、伊朗、伊拉克等国家和地区。

无线广播在当今世界的发展步伐，并没有随着冷战的结束而有所迟缓。相反，随着国际竞争日益激烈，国际广播的发展更趋快速。到20世纪90年代中期，全球开办国际广播的国家和地区已增加到105个，国际广播电台已达到160多座。① 当今更是80%的国家和地区政府都创办了国际广播。其中，美国的国际广播仍是世界上规模最庞大、实力最雄厚的广播网。

随着电视的普及，国际广播的发展一度受到严重威胁。为了从困境中走出来，广播由过去的"广播"变成了面对特定受众的"窄播"，通过鲜明的节目特色来吸引受众。由于汽车在全球范围的广泛应用，广播在与汽车的结合中重获生机，甚至被视为装在汽车轱辘上的媒介。

至今，广播仍是世界最普及的媒介。以传媒业高度发达的美国为例，即使是在电视和互联网高度普及的今天，广播仍然是深受美国人钟爱的媒介。② 据统计，全美现有各种类型的收音机近6亿部，是美国人口数量的2倍多。数据显示，12岁以上的美国人中每周收听广播的人数超过94%，77%的人每天都要收听广播。③ 广播在美国的政治生活中发挥着不可忽视的作用。布什政府发动伊拉克战争

① 丛英民主编：《国际广播发展趋势研究》，中国国际广播出版社，1996年版，第14页。
② 明安香著：《美国：超级传媒帝国》，社会科学文献出版社，2005年9月第一版，第205页。
③ 明安香著：《美国：超级传媒帝国》，社会科学文献出版社，2005年9月第一版，第205页。

后，布什总统为了争取美国民众的理解和支持，缓解国内面临的巨大压力，多次通过广播而不是电视向全国发表讲话。广播在美国政治生活中的作用可见一斑。就全球范围来看，现在全球平均每两人就有一部收音机，无线电广播仍然是全球最普及的大众传媒之一。①

无线广播主要通过短波传送，短波接收质量受到诸多因素的限制，尤其是它无法摆脱或消除其他使用相同或相近频率的信号干扰，因而需要通过租用发射台、兴建转播站等方式加以改进。尽管如此，无线广播还是在国际传播中显示出了极大的优越性。“无线电广播是最便捷、最便宜的大众传播工具之一，是全球新闻传播格局和文化交流格局中的重要组成部分。”② 广播通过无线电波传递声音信号，无需任何中转就能把原始的声音信号传递到接收者耳中。由于没有信息传播的中间环节，信息失真的可能性减小，时效性大大增加。无线广播在传播中具有快捷高效、直接方便、穿透力强、覆盖面广等优点，使得国际传播障碍更小，速度更快，范围更广，接收更加简便。因此，国际广播在当今世界的竞争中，愈加受到各国政府的重视，成为其对外传播国内信息、树立国家形象、影响他国政府与民众的重要工具。

无线广播开辟了国际传播的新时代。时至今日，无线广播仍然是实现国际传播的重要手段。各国国际广播目前所使用的主要仍是以短波为主、中波为辅的传统型直播方式。这种方式所特有的快捷、方便、普及、便宜等优势，至今乃至今后相当长时期内，仍为其他新闻媒体所无法取代，仍是世界各国办国际广播特别是对广大第三世界广播的一种现实的、主要的、行之有效的方式。同时，由于频率资源有限，各国又竞相发展，无线广播仍是国家重要的战略资源，以致在许多对象地区互相干扰、以强压弱现象更趋严重。因而，为

① 明安香著：《美国：超级传媒帝国》，社会科学文献出版社，2005 年 9 月第一版，第 13 页。
② 明安香著：《美国：超级传媒帝国》，社会科学文献出版社，2005 年 9 月第一版，第 13 页。

了有效地开展国际政治和舆论斗争，适当增加配置大功率甚至特大功率的短波和中波发射机，更合理地在国内外部署发射台和转播台，仍是各国国际广播在新世纪竞争中，也是我国国际广播在新世纪与对手争夺各国听众的激烈竞争中不容忽视的重要方面。

四、无线广播是中国国际广播事业的根基

我国国际广播诞生于烽火硝烟的抗日战争，成长于欣欣向荣的新中国建设，发展于轰轰烈烈的改革开放新时期，见证了中国共产党领导的中国革命、社会主义建设和改革开放事业的主要历程。1941 年 12 月 3 日，延安新华广播电台开办了日语节目，标志着中国人民对外广播事业由此创建，中国国际广播电台诞生了。从那时起，无线广播作为中国国际广播电台传统的强势主干业务，经过几代国际广播人的辛勤努力，逐渐形成国内独一无二、国外有较大影响的外宣广播品牌。经过 60 多年的发展，中国国际广播电台的无线广播已经颇具规模。目前，中国国际广播电台使用 43 种语言（38 种外语和汉语普通话及 4 种方言）向全世界广播，每天累计播出节目超过 1200 多小时，每年收到受众反馈信件 200 多万件，遍布世界各地的听众组织达 3158 个。这充分表明，中国国际广播电台的无线广播具有雄厚实力，并在多年的工作中，已经摸索出了一套行之有效的对外广播模式，在世界范围内得到了广大听众的认可，无线广播始终是中国国际广播事业的根基所在。

构建现代国际广播体系，离不开无线广播的巩固和发展。要高度珍视、倍加爱护、充分利用、科学开发这个宝贵资源，进一步集中人力、物力和财力，提高无线广播的硬件建设和软件建设水平。利用国内新建和改建的发射台，通过在阿尔巴尼亚的发射基地，经由境外建台、租机和租时等手段，改善对外广播的覆盖效果。要积极创造条件，实现英语、华语和多语种的环球广播，力争尽快覆盖

全球。同时，应针对不同对象国情况，采取不同的传播手段，加强传播实效。对于南亚、东南亚、南美、西亚和非洲地区，由于短波听众仍然很多，可仍以短波为主，并积极寻求节目的中波和调频落地；对西欧、北美以及韩国、日本等互联网发达国家，则应以网上传播为主，中波能够覆盖的（阿尔巴尼亚发射基地中波信号可以覆盖部分欧洲国家，我国本土发射的中波信号可部分覆盖日本、韩国），争取加大中波覆盖效果，并在这些国家积极争取调频落地播出。要按照对外宣传的语言习惯、思维逻辑、表达方式，改进宣传内容和节目质量，增强节目的针对性、时效性和吸引力、感染力。

第二节　现代国际广播体系的支撑

在线广播是现代国际广播体系的支撑。在线广播依托互联网的飞速发展而出现。随着互联网的普及，在线广播的发展逐渐改变了无线广播的传播方式。世界主要国际广播媒体都已开辟互联网在线广播，将国际广播从传统的短波扩大到无地域限制的互联网，使得国际传播迈上了一个新的台阶。

一、网络媒体的出现

国际互联网是以地空合一的信息快速通道作为传输渠道，是一种高速度、大容量、开放式的传播媒体。信息传播一旦进入互联网，就将无视国界的存在，任何人都可以成为网络社会中的一员。互联网的出现使得人为控制、干预信息传播的可能性越来越小，将国际传播提升到了前所未有的水平。

国际互联网是冷战时期的产物。20 世纪 60 年代，以美、苏为首的两大政治集团尖锐对峙。美国国防部为了避免集中式的命令控制网络遭到敌方的攻击，研制、开发出一个新的计算机网络。它可以把信息分解为不同的部分，每一部分都经过不同路径发送，最后在终点组合成整体。到了 20 世纪 90 年代，计算机技术日益成熟，网络用户迅速增加。各国纷纷掀起建设数字化网络的高潮，国际互联网的规模迅速扩大，成为连接世界各国的一个高速率的通信网络。随着互联网的发展及其信息传播功能的不断强化，越来越多的人将它视为继报纸、广播、电视之后的一种新型媒体。联合国新闻委员会在 1998 年的年会上正式提出网络媒体为“第四媒体”的概念。如今，网络作为“第四媒体”已经被普遍接受，成为人们日常生活的重要组成部分。

互联网作为一种全新的媒体，可以阅读电子报刊、电子图书，收听网上广播，收看网上电视和电影，传递电子邮件，聊天，组织讨论等等。此外，互联网媒体除了报道新闻、提供娱乐以外，功能还迅速扩展到包括网上银行、网上证券、电子商务在内的各个方面。①

二、在线广播的优势

随着互联网媒体的快速发展，国际传播开始扩展到互联网领域。传统广播与互联网的结合，便出现了在线广播。在线广播集传统媒体与网络媒体的优点于一体，形成了传播中的独特优势。具体而言，主要体现在以下几个方面。

（一）多媒体性

传统媒体，无论报纸、广播还是电视，都只能传送较为单一的信息。然而，互联网强大的兼容能力，可以使不同媒体的异质功能得到集中体现。在线广播涵盖了文字、图片、图像、声音、动画等其他三种媒体的全部信息表现形式，形成多维的信息环境，受众可

① 张咏华著：《中外网络新闻业比较》，清华大学出版社，2004 年版，第 13 页。

全方位、多角度地获取信息。在线广播的这种多媒体特性，使其具有极强的信息表现力，特别适合用于对外传播，因为对外传播的传者和受者之间存在巨大的文化差异和信息不对称性，利用多媒体手段展示信息内容，可以方便受者对信息的理解和接受。

（二）交互性

传统媒体向受众传递信息基本是单向行为，受众无法利用同样的渠道反馈信息，这就使媒体与受众处于一种不平等的关系状态中：媒体主动传递信息，受众被动接受信息，传者和受者被严格区分开来。尽管受者可以通过电话、信件等方式与传者进行沟通，但是这类沟通具有迟缓性且很难实现广泛的信息互动。网络传播改变了大众传播中的传播—接受关系，加强和改进了传者与受者之间的双向交流。受众不仅享有信息的获知权，还享有信息的传播权，可以直接通过电子邮件、论坛、聊天室、个人网站等多种形式自由发表言论，实现与其他受众的信息分享。在线广播主体可以及时发现大众关注的热点问题，了解人们对重大事件的看法，并据此调整自己的传播行为，更好地满足各类受众的需要。这从根本上改变了传统媒体传播中发布手段与反馈手段相分离的情形，使受众在传播过程中发挥了更加积极、主动的作用。信息传递过程中的传者与受者之间建立起一种多向、即时的交互行为，形成了一种前所未有的平等关系。

（三）快捷性

在线广播在信息传播的快捷性方面明显优于传统媒体。传统媒体受到技术、流程的制约，时效性受到极大限制。报纸、杂志有出版周期，广播、电视栏目有时段限制，即便打破了节目编排，还有制作流程上的延迟。即使是在现代化的传播条件下，印刷媒体从制作到出版也要经历文字录入、图片扫描、计算机组版、制版印刷、发行等多个环节，广播、电视节目的制作、传输速度虽然快于印刷媒体，但也要经历前期拍摄、后期制作、播出等环节，从而对传播速度构成一定限制。相比之下，网络信息的制作与传输速度要快得多。信息制作、发布的流程很短，信息可以做到随时更新。网络传播的载体是光纤通讯线路，输入的信息瞬间就可以传递到世界各地。任何重大事件都可以在第一时间传播到地球的任何一个角落。事件的发生与报道完全可以同步进行，时间差几乎可以忽略不计，新闻传播速度达到了前所未有的水平。

（四）丰富性

传统媒体受到版面、播出时间的限制，传播的信息容量极为有限。网络超文本、超链接的技术手段，使互联网拥有了巨大的信息存储能力，可以为受众提供丰富而有序的海量信息。网络媒体的丰富性，还体现在信息的不断积累，通过相关资料的链接使历史信息处于可以随时查阅的活跃状态。这对于国际传播尤其意义重大。因为在对外传播过程中，只有积累起大量的背景资料和相关信息，才能方便境外受众随时随地地获取各种信息。此外，与传统媒体“点对面”的传播路径不同，网络传播的形式灵活多样。受众既可以自由选择信息内容，也可以自由选择信息的接收和发送方式。

（五）开放性

任何一种传统媒体都有特定的、有限的发行和覆盖区域。要扩大覆盖区域，就需要付出额外的投入。然而，基于互联网传播的在线广播天然具有全球传播特性。信息一旦上网，地球上任何一个角落的互联网用户都可以轻松获取。因此，在线广播让对外传播变得更加容易，具有更强的渗透力。

（六）理想受众

互联网用户主要集中在世界高收入国家和地区，尤其集中在西方发达国家，而在经济快速发展的国家和地区则呈现快速发展趋势。据统计，占世界人口 20% 的全球高收入国家，其网民总和占到了全球网民的 93%。截至 2005 年底，宽带用户绝对数量占世界前 10 位的国家分别是中国、美国、日本、韩国、法国、德国、英国、加拿大、意大利、西班牙。不难发现，在互联网普及程度较高的国家中，除了我国是发展中国家以外，其余基本上都是经济发达的国家，同时也是世界舆论中的强势国家，在国际传播领域占据主导地位。这些国家与我国对外传播的重点对象基本吻合。此外，互联网用户的受教育程度普遍较高，中青年比例较大，多为社会中间阶层，善于接受新鲜事物，能够宽容地对待不同观点，并在社会舆论中具有一定的话语权和影响力。这样的群体作为在线广播的潜在受众，无疑是理想的对外传播对象。

三、在线广播的发展趋势

（一）分众化窄播

目前，欧美国家发达的广播产业出现了类型化、分众化的发展趋势。分众化实质上就是细分受众的过程。在线广播在分众化方面比传统广播更具优势。传统广播根据年龄、性别、职业的差异将受众划分为不同类型，针对不同类型选择相应的广播内容。但是，总体来说，由于传统广播的频率有限，因而在很大程度上仍是面向大众的广播。节目内容具有综合型、大容量、大信息量等特点。然而，在线广播的受众已经不能再根据这种经验性的标准进行划分。在线广播是点对点的传播，听众可以不受时空的限制，分众化窄播的趋势非常明显。受众分属于更加复杂多变、有不同收听需求的众多小群体，例如动漫迷群体、明星粉丝群体或者某论坛社区成员，等等。在线广播面对的是划分更细致、需求更明确、口味更独特的受众。随着在线广播数量的迅速增加，各节目只有突出自己的特色和差异，才能吸引特定的受众群体。因此，在线广播的节目内容应该朝着更专业化、精细化、类型化的方向发展，以适应分众化窄播的发展趋势。

（二）受众成为节目源

在线广播与播客相结合成为在线广播发展的新方向。世界主要国际传播媒体的网站都开辟了播客服务，利用播客平台实现与网友的互动。国内几家知名的在线广播网站也已经在这方面进行了积极尝试。在传统广播中，电台作为主动传播者的形象出现，受众只能被动收听。在线广播与播客相结合以后，一方面，使得人人皆可成为内容的制作者和传播者，听众可以成为主持人，受众可以成为传播者，媒体与受众的关系变得更加透明和平等，交流变得更有效，信息反馈变得更通畅。另一方面，广播节目源得到极大丰富。在线广播开设播客频道，可以吸引播客受众转化为在线广播的受众，同时，利用在线广播的品牌优势吸引众多广播发烧友上传原创节目，打造网上音视频节目资源库。在线广播还可将适合的播客节目放入自己的节目中播出，受众成为节目制作者，可以为在线广播提供更丰富的节目资源。

（三）可视化

传统广播都是“只闻其声，不见其人。”互联网传播的多媒体特性具有丰富的信息表现方式，无论是声音、文字、图像还是影视资料，都可以在传播中并行不悖。在线广播将互联网媒体与传统广播媒体结合起来，同时将两种媒体形态的优势集于一身，在突出传统广播语音特点的同时实现可视化。在线广播的可视化，可以提供与节目内容相关的附加信息和广告，加强节目的交互性和参与度。例如，在节目播出过程中，网页上或者手机屏幕上可以伴随节目内容出现歌词、歌手、相关广告、竞猜题目、投票结果、排行榜、图片等丰富的信息。这些信息是对节目的补充，即使听众不看这些信息也不会影响到节目的收听。应该说，广播节目的可视化在插播信息方面比电视更有优势，因为插播信息在不影响节目正常播出的情况下为听众提供了额外的信息。相比之下，一旦电视在播放过程中插播内容，势必会打断或影响节目的连续收看。

总之，网络媒体作为大众传媒，有其鲜明的特性。当其应用于对外传播时，上述特性又让它成为最理想、最有潜力的传播工具。

由于在线广播在国际传播中发挥的巨大作用，构建现代国际广播体系离不开在线广播的支撑。近几年，中国国际广播电台在发展在线广播方面投入了很大精力，“国际在线”发展迅速，在全球同行业网站中始终保持领先地位，为网络外宣奠定了良好基础。今后，应该继续加大在线广播的发展力度，根据我国对外宣传的要求，推进“国际在线”各语种网站分层次发展；整合资源，办出特色，形成网站核心竞争力；加大品牌建设投入，打造各语种网站知名品牌栏目；利用与境外机构的合作，在当地建成若干合作网站；借助新技术，实现网络广播多元化，努力把“国际在线”打造成我国在线广播的对外传播中心，建设成具有较强竞争力、较高知名度的跨国网络传媒，成为对外宣传的新型媒体和重要手段。

第三节　现代国际广播体系的方向

新媒体发展是现代国际广播体系的方向。关于“新媒体”，目前，业界对其概念的界定，概括地说，主要存在着三类观点。

第一类观点认为，“新媒体”概念包括两层含义：首先，是基于技术进步引起的媒体型态的变革，尤其是基于无线通信技术和网络技术革命基础上出现的媒体型态，比如：数字电视、IPTV、手机、博客、电子杂志等等，也包括已经不算新的网络媒体。其次，是随着人们生活方式的转变，一些一直存在但长期未被社会发现传播价值的渠道、载体，由于营销理念的变革和泛商业化的运用而成为信息传播的新载体，从而被赋予了媒体的意义，比如：大量新兴的户外媒体，包括楼宇电视、车载移动电视，等等。尽管这些媒体型态的出现大多并非是由于技术进步引起的，但相较于成熟的传统四大媒体和传统的户外媒体，在消费者研究中，它们也是一种新的媒体型态。[1] 事实上，这种对新媒体的界定，是基于技术进步和营销理念变化角度来划分的。

第二类观点认为，新媒体是利用数字电视技术、网络技术，通过互联网、宽带局域网、无线通信网和卫星等渠道，以电视、电脑和手机为终端，向用户提供视频、音频、语音数据服务、连线游戏、远程教育等集成信息和娱乐服务的一种传播形式。[2] 目前，通常被归入新媒体之列的主要有七类媒体形态，即：移动数字电视（包括无线的、车载的、公共交通上的）、有线数字电视、IPTV（狭义上指基于 TV 终端的）、网络广播、网络电视、手机电视、楼宇电视。它们有些是传统媒体的数字化形态，比如楼宇电视，在传播方式与服务方式上并没有本质变化，也是以广播加广告的赢利模式来支撑运营；有些则是相对于传统媒体的数字电视的不同形态，如网络电视、手机电机等。

第三类观点则提出了相对概念。它认为，新媒体是一个相对的概念，“新”是相对“旧”而言的。在媒体发生和发展的过程中，可以看到新媒体是伴随着媒体发生和发展在不断变化的。广播相对报纸而言是新媒体，电视相对于广播来说是新媒体，网络相对电视也是新媒体。今天我们所指的新媒体，通常是指在计算机信息处理技术基础上出现和影响的媒体形态。值得注意的是，这里有两个概念，一个是出现，是指以前没有出现的；另一个是影响，所谓影响，就是受计算机信息技术影响而产生变化的，这两种媒体形态是我们现在说的新媒体。当然，这里所说的新媒体，并不是终结在数字媒体和网络媒体这样一个平台上。[3]

我们认为，上述关于“新媒体”概念的三类界定，从不同角度、

① 关于此类界定，可参见：http：//blog. sina. com. cn/u/4847721e01000528。

② 关于此类界定，可参见：http：//medianet. qianlong. com/7692/2006/06/30/2220@327637. htm。

③ 关于此类界定的具体描述，可参见：http：//media. people. com. cn/GB/35928/36353/3160168. html。

不同侧面，以不同的形式，丰富了“新媒体”概念的内涵和外延。结合这三类界定，我们可以对“新媒体”初步作出定义：所谓新媒体，指的就是基于计算机技术、网络技术、通信技术、数字广播等高新技术，通过互联网、无线通信网、数字广播电视网和卫星等先进渠道，以电脑、电视、手机、PDA、MP4 等设备为接收终端的媒体；是能够实现个性化、互动化、细分化的传播方式；是有别于传统媒体传播特性的，具有互动性、主动性、个性化、移动化等特征的媒体形态。

从传播技术角度看，新媒体传播的信息，主要以声音、文字、图形、影像等复合形式呈现，具有很高的科技含量，可以进行跨媒体、跨时空的信息传播。

从受众接受方式角度看，通过新媒体发布的信息，具有快捷、方便、影像兼备等优势，受众在接受新媒体信息时，大多不受时间、地点场所的制约，可以随时通过新媒体在电子信息覆盖的地方，接收地球上任何一个角落的信息。

从传播状态改变的角度来看，由传统媒体的一点对多点变为新媒体的多点对多点。传统媒体是编辑决定报道主题，记者收集事实，然后包装成新闻，以一张报纸或一档节目形式传播给受众，倾向于单向传播，而新媒体的互动性是其重要的传播方式。

依据传播媒介的不同，我们可以将新媒体主要划分为以下四种类型：第一类是基于互联网的，包括电子杂志、电子书、网络视频、博客、播客、视客、群组、其他类型的网络社区等。第二类是基于数字广播网络的，如：移动多媒体广播（也称广播式手机电视）、数字电视、车载公交电视、卫星直播电视等。第三类是基于无线网络的，如通信式手机电视、手机短信、手机 WAP 等。第四类是基于跨网络的 IPTV 等。

应该清醒地认识到，在信息多元化的今天，没有一种媒体像广播电台这样面临着众多的挑战。但是，传统的广播仍有发展机遇。

伴随着社会的发展和技术的进步，广播在不断迎接挑战的同时，也在不断进行自身的革新。一方面，广播对新技术具有很强的适应性。比如，进入 90 年代，互联网携“第四媒体”的强劲势头进入传媒界，使在线广播成为广播的新手段。随着信息技术的飞速发展，结合了第三代移动通讯技术和互联网技术优势的新媒体稳步发展，新的传播形式在广播领域不断涌现。事实证明，广播不但没有在新媒体面前趋于消亡，反而由于与新媒体很好地结合，焕发出勃勃生机。另一方面，广播的接听设备日渐呈现多样化趋势。就目前的接收设备而言，除了传统的收音机之外，手机、笔记本电脑、掌上电脑、车载收音机、网络音频乃至健身器材终端机，都可以用来收听广播电台的节目。可以预见，在未来，由于广播对新技术的适应性不断增强，收听广播的渠道日渐拓展，广播依然会有广阔的空间。

随着新媒体技术的逐渐成熟，国际广播领域对其越来越重视，并将其视为未来发展方向。世界主要国际广播机构都通过加大新媒体应用力度，有效地丰富了对外传播形式，增强了对外传播效果，提高了传播力量。

发展新媒体业务，也是构建现代国际广播体系的发展方向。从全球范围来看，新媒体业务刚刚起步，中国国际广播电台与西方发达国家尚且处于同一起跑线，尚未出现明显差距。中国国际广播电台传统媒体经过多年的发展，业已积累了丰富的内容及媒体品牌，并在此基础上，进行了新媒体业务的布局和拓展，使原有节目资源优势找到了新的传播平台，创造出更加符合用户需要的节目内容，形成了核心竞争力。因此，以新媒体为发展方向，不仅没有削弱国际广播的传统优势，还将进一步加强和发挥广播的优势。可见，加快新媒体的建设与应用，是构建现代国际广播体系的重要支撑力量，是我国应对日趋激烈的舆论斗争、改善舆论斗争环境的重要途径。

第四节　现代国际广播体系的特征

多媒体传播是现代国际广播体系的特征。所谓多媒体传播，就是将广播电台、电视台、报纸和互联网站等传统媒体和新媒体的采编作业融合在一起，资源共享，集中处理，衍生出不同形式的信息产品，然后通过不同的平台传播给不同的受众群体，包括听众、观众、读者、网民和手机用户等。多媒体融合作为新的媒体发展模式，是在国际传媒行业大整合的背景下发展起来的，并已经逐渐成为国际传媒行业的新潮流。多媒体传播成为构建现代国际广播体系的一个重要特征。

总体上讲，多媒体传播表现为两个方面，一是媒体同时利用报纸、广播、电视、网络等多种媒介进行传播，二是媒体将不同媒介有机融合，衍生新兴的传播方式。

一、不同媒介的多元并举

不同媒介之间的多元并举，是世界传媒发展的趋势。国际传媒公司之间通过收购、合并等手段，进行产权、运营和产品上的整合，形成了规模庞大的多媒体集团，从事具有规模效益的多媒体业务。例如，美国在线（AOL）收购了时代华纳（Time Warner）后成为一家巨大的多媒体集团，他们利用集团所拥有的庞大用户网络和各种平台的优势，采取多种媒体互相促销的方式，凭借多样化、内容丰富的信息以及娱乐产品占据了庞大市场。

同一个集团内不同媒体内容的互动和整合，发挥了协同效应，使媒体资源的用途更加多样化；同样的信息通过不同的形式，包装成适合不同媒体的产品，一物多用，扩大了市场，以相对节省的成本获取了较大收益。在这方面，领风气之先的是美国的《芝加哥论坛报》公司。早在1993年，该公司就开始朝此方向发展。《芝加哥论坛报》公司控制着1家电视台、4家广播公司和4家日报，同时还控制着芝加哥棒球队25%的电缆电视网，掌握了美国在线（AOL）的线上服务商的股份。该公司利用同一批编辑人员制作各种印刷品、电视和广播节目以及网上出版物等。该公司以下属的报纸作为主要的信息内容处理场，提供各类信息产品给本集团的各家网站、电视台、广播电台和电缆新闻网等。但是，真正落实多媒体融合的理念并将其发扬光大的却是美国佛罗里达州坦帕市的“媒体综合集团”。2000年，该集团投资4000万美元在坦帕市建造了一座传媒大厦，取名为“坦帕新闻中心”。大厦建成后，该集团将其旗下的报纸、电视台和互联网站全部集中在同一间专门为多媒体作业而设计的信息制作室中。各种媒体的采访人员互相配合、协调，合作采访信息产品，共享信息产品，甚至由同一名（组）记者同时采访报纸和电视新闻以及电子版的即时新闻。该集团的多媒体融合被业内人士评价为“进行得最为彻底”，到目前为止已运行了8年多。如果从整个国家的范围看，新加坡应该是世界上最早迈入多媒体融合时代的国家。2001年，新加坡最大的私营报业媒体——新加坡报业控股有限公司采用了类似坦帕媒体综合集团的模式，开始了多媒体融合的有益尝试。

当前，世界主要广播媒体大都是综合性媒体，很少有广播、电视、报纸等单一形式的媒体。各种媒体之间的多元并举可以很好地实现资料共享，降低传播成本，增强传播效力。纵观当今世界各大传媒巨头，无不是各种传播方式齐头并进。世界主要国际广播媒体也都投入了大量资金和技术力量，发展使用包括广播、电视、网络、新媒体等多种媒介于一体的传播平台，如BBC拥有广播、电视、报纸、互联网、DVD、杂志、书刊等多种传播媒介。尽管如此，BBC在其发展战略中还决定把对外传播从以短波为主调整为以短波、中波、调频、网络、卫星、有线广播、移动传输等多媒体共同发展，在原有10个对外电视频道的基础上继续推出新语种的国际电视频道，从单一的短波广播发展成集国际广播、国际电视、互联网、新媒体等于一体的综合性现代传媒集团。美国之音根据其“使用多媒体传播国际体系”的战略安排，快速实现了由以广播为主的单一媒体向广播、电视、互联网为主的多媒体转变，实现了数十种语言节目通过广播、卫星电视、互联网等多媒体手段的制作与联播。

二、不同媒介的融合形成新的传播方式

互联网的迅猛发展促成了传统媒体和网络媒体的融合。如今，各种媒介互相融合的趋势日益明显。多种媒体的融合可以实现资源整合，优势互补。传统媒体与新技术相结合，形成新型传播方式，极大地拓展了节目传输范围。它也可以被视为互联网这种新媒体衍生而来的新生事物。

大众媒体的融合出现了一些新的传播方式。在传播内容方面，初始时期的融合体现在一些报纸兴办电子版，也即是印刷媒体和网络媒体的融合。后来，电子报刊的兴起成为典型范例。出版发行者通过计算机网络传输、用户通过网络终端读取定期连续出版物。电子报刊时效性强，跨国界传播而且很廉价，读者选择性强，阅读方式灵活，保存性强。随着宽带网的日益普遍以及互动功能的日渐成熟，一些广播电台和电视台也加入了媒体融合的行列，即是广播电视媒体与网络媒体的融合。网络广播、网络电台将从根本上改变传统广播、电视的地域性、时限性和单向性的限制，使得传统的广播、电视具有了过去难得具有的全球性、实时性和交互性。

在传播手段方面，媒体硬件的日新月异以及无线传播技术的快速发展，各类信息的传播平台更多样化、更先进，计算机、收音机、电视机、电话机和手机已经逐渐融为一体，将多媒体融合向前推进一大步。例如，数字式广播为人们提供音质更好、接收效果更稳定

的高保真、立体声无线广播。多媒体融合所带来的新的节目形态，对于吸引受众、扩大市场、增强影响力具有明显的效果。

中国国际广播电台实施了以“建立全台多媒体信息采集、编辑、制作、存储、发布平台，实现全台信息资源共享”为基本思路的多媒体融合。目前，中国国际广播电台的多媒体发展已经初具规模，拥有了广播、电视、网络、报纸、期刊等多类型的媒体资质，一个结构齐全、配备合理、立足传统、面向未来的多媒体发展架构已具雏形。然而，相较于世界主要国际传媒各种媒介的发展齐头并进的强劲趋势，中国国际广播电台的报纸、杂志、电视的规模还相对较小，质量上还存在很多不足，在未来有着很大的发展空间。将来，中国国际广播电台要努力拓展多媒体业务，逐步形成“以广播业务为龙头，以新媒体业务为核心，以电视、报刊、出版、杂志等业务为依托”的多媒体发展格局，打造传媒旗舰，扩展传播空间，增强整体传播效应，这是加快构建现代国际广播体系过程中的重要一环。

第七章　现代国际广播体系的传播理念

长期以来，我国国际广播被定位为“对外宣传”机构，宣传意识的强化和传播理念的淡薄，导致传播实效难以彰显，在国际舆论竞争中处于不利地位。事实上，传播与宣传是有本质区别的。“宣传”这个概念，蕴含着单方面的表达和灌输，缺乏双向的交流，在传媒全球化和信息传播多元化、大众享有高度信息选择权的今天，它在某种意义上，已经是一个过时的概念。所谓传播，即信息的传递和共享，强调的是双边、多边的交流与沟通，本身不带有什么意识形态的色彩，具有较强的客观性。西方的经典理论认为，宣传和传播的重大区别，在于是操纵还是尊重受众的理解力和自由选择的权利。我国国际广播承担着国际传播的重要职责。国际传播是一门艺术，讲究策略，注重实效。要使传播信息迅速到达目标受众，使目标受众正确理解，并引起其态度行为上的转变，必须树立全新的传播理念，使传播报道符合其特有规律，才能收到切实效果。

近年来，中国国际广播电台围绕中央领导提出的“构建现代国际广播体系”的战略目标，认真研究新闻传播规律、传播现状和发展趋势，着力创新传播理念、内容、形式、方法和手段，在增强国际传播的针对性、实效性与感染力、吸引力等方面，取得了成效。本书拟以“中国立场”、“世界眼光”、“人类胸怀”理念的概念与内涵分析为基点，谈谈中国国际广播的传播理念。

第一节　中国立场

所谓中国立场，简单地说，就是以社会主义核心价值体系为传播内容，以文化扩散为主要手段，以精神道德诉求为重点策略，展现中华民族的优雅风度与文明气质，为提升我国文化的整体实力和国际竞争力，塑造良好的国家形象发挥积极作用。

党的十六届六中全会第一次明确提出“社会主义核心价值体系”的科学命题，指出“马克思主义指导思想，中国特色社会主义共同理想，以爱国主义为核心的民族精神和以改革创新为核心的时代精神，社会主义荣辱观，构成社会主义核心价值体系的基本内容。”这四个方面相互联系、相互贯通、辩证统一，既突出了我们党和国家的指导思想，又强调社会主义理想信念的重要作用；既继承吸收中国文化的优秀传统，又结合当今社会主义精神文明的本质特征，指明了社会主义和谐文化的发展方向和基础内容。社会主义核心价值体系是社会主义意识形态中最重要的部分，是社会主义制度的内在精神和生命之魂。深刻认识和正确把握社会主义核心价值体系，是在文化建设和意识形态建设中突出重点、抓住根本的本质要求。我国国际广播作为国家文化建设的重要组成部分，理应把社会主义核心价值体系体现到媒体宣传中，推进反映全社会共同理想目标、精神信念、文化底蕴、行为准则和生活方式等价值观念体系和群体意识的社会主义核心价值体系的建设。对外传播应有利于国家富强、民族振兴、人民幸福、社会和谐的思想和精神，为全面展示和塑造一个“历史悠久、不断进步、爱好和平的发展中国家”的良好国家形象服务。

当然，社会主义核心价值观的对外传播，不是通过生硬的对外宣传与教化，而是以中华文化为传播载体，通过生动形象、以小见大、寓教于乐的方式，使境外受众感知、认同和接受的。党的十七大报告从提高国家文化软实力战略高度，强调建设社会主义核心价值体系，增强社会主义意识形态的吸引力和凝聚力；强调弘扬中华文化，建设中华民族共有精神家园。十七大报告指出，“社会主义核心价值体系是社会主义意识形态的本质体现”，要“切实把社会主义核心价值体系融入国民教育和精神文明建设全过程”，“积极探索用社会主义核心价值体系引领社会思潮的有效途径”。十七大报告还强调，“当今时代，文化越来越成为民族凝聚力和创造力的重要源泉、越来越成为综合国力竞争的重要因素”，“中华文化是中华民族生生不息、团结奋进的不竭动力。要全面认识祖国传统文化，取其精华，去其糟粕，使之与当代社会相适应、与现代文明相协调，保持民族性，体现时代性。加强中华优秀文化传统教育，运用现代科技手段开发利用民族文化丰厚资源。”这就为媒体开掘中华传统文化传播当代核心价值理念提出了明确要求。

中华文化作为一种精神财富，对于社会主义意识形态而言，其核心价值主要表现为以爱国主义为核心的民族精神和以改革创新为核心的时代精神。民族精神是一个民族在漫长的繁衍生息过程中逐渐形成并渗透在思想文化、思维模式、伦理道德、风俗习惯、心理结构、语言文字中的共同价值观。五千年的中华民族发展史，形成了我国以爱国主义为核心的团结统一、爱好和平、勤劳勇敢、自强不息的民族精神。这既是中华民族赖以生存和发展的精神支撑，也是中国人民开拓创新的力量源泉。其中，爱国主义是民族振兴，国家昌盛的强大精神力量。任何一个国家，一个民族，要走向世界，走向现代化，离开爱国主义都是不可想象的。中国人民历来视国家利益至高至上，历代仁人志士信奉的“以国家之务为己任”、“公而忘私，国而忘家”、“先天下之忧而忧，后天下之乐而乐”、“国家兴亡，匹夫有责”等，均饱含着任重道远的历史责任感和对天下安乱兴衰的关切。我国的国际广播，要着力加强对中华民族历代爱国主义和历史文化的报道，向境外受众传递爱国家爱民族的价值观、文化观和生活观，以人类共有的价值理念，感染、鼓舞、陶冶受众，提升国际传播的向心力和辐射力。以改革创新为核心的时代精神，也有着深刻的文化内涵。在中国传统文化中，“天人合一”、“以人为本”、“刚健有为”、“以和为贵”等观念是相互联系、相辅相成的。“刚健有为”，强调人的主体性和能动作用，在人与自然天人合一，人与人和为贵、和谐相处的前提下，以人为本，发挥人的主观能动性，达到有为。这就是改革创新精神的文化渊源，讲的是在认识自然社会规律、顺应规律基础上的主体意识。这与当前在贯彻落实科学发展观大背景下强调改革创新的时代精神在逻辑上是一致的。科学发展观以人为本的思想中，也渗透了中国传统文化关于修身养性、教化为人的道理。“刚健有为”的前提是做人，成人尔后有为，有为与做人、与处理人际关系，人与自然的关系是一个有机的整体。这就说明了改革创新、奋发有为与构建和谐社会的必然联系，与弘扬民族文化的关系，也内在地包含了对外来文化、思想观念的态度。因此，改革创新更是一种继承、开放、包容、和谐的精神。

一个国家的文化能够对其他国家产生吸引力，得到普遍认同，甚至被吸纳或融合到其他国家的文化中去，这个国家与他国之间就会少几分敌意，多几分理解。我国的国际广播，要加大对中华文化的研究、开发、传承与弘扬：一方面，要介绍、传播我国优秀的传统文化，让世界人民领略中国文化的永恒魅力，展示中国光辉灿烂的文明古国形象；另一方面，要推陈出新、与时俱进，向世界展示我国当代的文化成果，反映当代中国的繁荣和进步，塑造改革开放的国家形象。在传播策略上，要以和风细雨、润物无声、滴水穿石式的精神道德诉求方式，灵活巧妙地传播中国特有的社会理念和价值观念，以中华民族文化中突出的民族特色和时代感走向世界，在差别中求同质，在异类中找个性，强调中华文化与全世界的共享性和共通性，强化相互影响，促进相互和谐，实现中华文化在全球范围内的“文化扩散”。要积极开展对外宣传和对外文化交流，立足我国国家和政府立场，宣传我国经济发展、民族团结、社会稳定、人民安居乐业的好形势，宣传我国坚持走和平发展道路、同世界各国人民一道构建和谐世界的主张，展示我国民主、开放、文明、友好的国家形象。

第二节 世界眼光

所谓世界眼光，简单地说，就是用开放、宽容、普世、贴近等视野，把中国的发展放到世界发展的框架下思考与展示，赢得国际社会对中国的理解和认同，同时，在全球化语境下，用世界通用语言报道世界。

所谓开放的视野，指的是适应新的传播形势，转变媒体报道理念，以开阔的视野、开放的胸襟、开明的态度，促进不同文化的平等对话，促进不同文明人民的和谐相处。当今的国际传播，由于本身蕴含丰富的文化内涵，实际上已成为各国各民族互为传受主体的文化行为，极大地推动了全球不同文化的碰撞与融合。但是，不可忽视的是，不同文化之间的确存在差异和矛盾，尽管各民族文化表层如衣食住行一样易于变化，但深层结构如伦理道德观念、宗教信仰、意识形态及价值观等不仅变化缓慢，甚至抗拒改变。国际间的信息交流，可以使文化表层变得越来越相通、越来越接近，但文化的深层结构却相对稳定。尽管如此，一种文化如果永远处于闭关自守、故步自封的状态，是必然要走向衰亡的，各种文化只有在不断的比较、竞争及融合中，才能获得发展的动力和得以持续的生命力，而国际传播在这方面起到了推动性作用。我国国际广播应该以开放的姿态，减少人类文明之间的误解，防止不同文明之间的敌视，为促进各国人民的相互理解、相互尊重、和睦相处，促进各国之间建立平等互利、互信合作的关系，促进国际关系的民主化和多边主义的发展，做出积极贡献。

所谓宽容的视野，指的是针对当前国际舆论中的“中国威胁论”、“中国崩溃论”等时有发生的不和谐论调，予以平和正视与理智应对。应该看到，持有这些论调的人，既有尚不了解中国情况的，又有对中国存在误解偏见的，还有对中国心存敌意的，这些都不利于为推进和谐社会建设营造有利的国际舆论环境。对此，我国国际广播应该因人制宜，讲究策略，注重实效，对于尚不了解中国情况的人，解疑释惑，加强沟通；对于对中国存在误解偏见的人，用事实说话，以理服人；对于对中国心存敌意的人，及时澄清是非，以正视听，通过有理、有利、有节的传播，赢得国际社会对我国的理解和认同。同时，应该清醒地认识到，国际传播是跨文化传播，不同文化间的误读是不可避免的，在跨文化传播中，应该宽容地看待这种现象，通过优化传播策略，增进不同文化之间的相互理解和包容。

所谓普世的视野，指的是发掘和提炼中国传统文化中与世界文明相通的精髓部分，形成系统的中国文化传播策略。中国传统文化最精华的理念，是“和”的观念。《中庸》说：“中也者，天下之大本也；和也者，天下之达道也；致中和，天地位焉，万物育焉。”中和之理非常深刻：“中”要把握“度”，“和”要关系和谐，关系协调；只有把握“度”，事物各就其位，各司其职，关系和谐，关系协调，世界才能美好。和谐也是全人类的普遍价值观，是世界各国人民共同追求的理想。中国传统文化历来注重和谐，在对外交往中主张“以和为贵”、“协和万邦”、“和而不同”，提倡“海纳百川，有容乃大”，主张追求和谐和美，主张和睦和解，和衷共济，和风细雨。在西方，古希腊哲学家柏拉图在《理想国》中勾画出一种社会秩序：“他们都从不同的方面互相配合，通力合作，从而产生出一个和谐有效的社会。这就是一个正义的国家。……每个成员各得其所，就像一个完美的交响乐团中每件乐器那样去履行自己恰当的职责。社会的正义，就像把诸多的行星按照井然有序的运动轨迹维系在一起的和谐关系。”可见，和谐是全人类的普遍价值观，是世界各国人民共同追求的理想。此外，中华文化尊崇仁爱、宽容、和谐、诚信、正义、民本、“己所不欲、勿施于人”的基本理念，不仅符合当代和平、发展、民主、合作的世界潮流，也符合人类文化或文明的共性要求，具有普世价值。我国的国际广播，应在坚持文明多样性基础上，立足和弘扬传统文化的优势，打通中外文化的结合点，大力宣传“和谐世界”、“共同发展、共同繁荣、共同安全”等理念，促进普世性文化的认同，展示中国文化的魅力，增强中国文化的国际影响力，建构和树立良好的国家形象。

所谓贴近的视野，指的是坚持国际传播中的贴近性策略，增强传播吸引力、亲和力与影响力。在国际传播中，要坚持贴近中国发展的实际、贴近国外受众对中国信息的需求、贴近国外受众的思维习惯。在传播手段上，要贴近听众习惯和覆盖对象地区的实际条件，最大限度地保证不同听众群能听到我们的节目；在传播语言和节目形式上，要采用符合听众收听习惯的方式来包装节目，消除语言障碍，拉近与听众的距离；在传播内容上，要针对听众和当地舆论关注的问题，及时开展相关报道，吸引听众和提高信息选择率，实现服务目标对象和中国视点传播相结合的原则。

坚持“世界眼光”，还要把中国发展放到世界发展的框架中思考和展示。当前，中国与世界的关系正在发生深刻变化，中国与世界的联系日益紧密，与各国相互依存和利益交融不断加深。国际问题中的中国因素日益增多，中国的国际角色与作用更为突出。在世界范围内，和平、发展、合作是时代潮流。世界多极化和经济全球化深入发展，科技进步日新月异，世界经济保持总体增长趋势，人类面临难得的发展机遇。同时，世界并不太平，传统的安全问题依然存在，恐怖主义、大规模杀伤性武器扩散、环境污染等非传统安全威胁更加突出。在国际上树立中国的国家形象，既面临着难得的历史机遇，也遇到严峻的挑战。在此情况下，中国主张加强国际合作，共同把握机遇、应对挑战，愿与各国人民一道，致力于建设一个持久和平、共同繁荣的和谐世界。我国的国际广播，应该服务于党和国家工作大局，宣传好我国高举和平、发展、合作旗帜，坚持走和平发展道路的政策和主张；宣传我国和平发展给世界各国发展带来的良好机遇和巨大市场以及对促进世界和平与稳定的积极贡献，为我国的改革开放和社会主义现代化建设营造有利的国际舆论环境。

我国国际广播还承担着“向世界报道世界”的重要职责。在当前信息全球化的背景下，以往的政治“硬”传播方式，已经不能适应新传播环境的需要。国际传播要实现由政治“硬”传播向文化“软”渗透的转变，用文化传播方式蕴含政治信息，潜移默化地影响受众。要变政治宣传为信息传播，变灌输型为亲和型，善于运用生动鲜活的事例说话，善于运用境外受众听得懂的话报道，在客观提供和呈现大量信息的同时，既满足观众的愉悦需求，又响应他们的审美期待。要尽可能淡化媒体的官方色彩，能就国际事件独立地表达自己的见解，树立公信力强的、可信赖的传播者形象。

第三节　人类胸怀

所谓人类胸怀，简单地说，就是遵循中华文化的整体观、发展观、本质观等哲学思维，在国际传播中，全面地看待问题，变化地看待事物，透过现象看本质，站在全人类的立场上，尊重和承认人类文化差异，在全球文化对话中相互借鉴、取长补短。

中华民族的文化具有三个重要的哲理特征：在空间上整体地看问题，即整体观；在时间上变化地看问题，即发展观；透过现象寻找本质，深入辩证地看问题，即本质观。首先，整体观是中华民族文化最大的哲理特点。中华文化强调“天人合一”，认为人同自然是一体的，或者说，客观世界是一体的，主观世界是一体的，主观世界和客观世界也是一体的，自然界的一切现象间都是相互影响，相互关系、相互依存而不是孤立的存在。其次，中华文化看待问题，不仅仅重视其全局、联系，而且认为这个联系是运动、变化的，不是静止、僵死的。这实质上是从时间发展这个全局来看问题，即变化地看问题。第三，中华文化不仅从空间上整体地、从时间上变化地看问题，而且不停留于表面现象，要深入到本质中去。联系是变化的，变化是万变不离其宗的。宗就是本质。中华文化一贯认为，事物是有层次的，不同层次有不同的本质，但归根结底最深的层次是同一个东西。而在不同层次上，也有不同的结构、不同的本质。《周易正义》讲，易有三个意思："简易"、"变易"、"不易"，"简易"跟整体观相关联，"变易"跟变化观相关联，"不易"则跟本质观相关联。

中华文化的哲学思维为做好国际传播工作提供了重要的启示。首先，要树立全局观念。在国际传播中，要从宏观上、全局上把握事实，注重从个别、具体事实中体现总体真实，在报道中讲究全面性、准确性和针对性，注重多角度、多侧面、多领域加强报道。遵守"平衡报道"原则，坚持真实、客观、全面的报道原则，对一件事情不能绝对化。如，正面报道不是报喜不报忧，报喜时注意不过度拔高，报忧时避免把局部问题夸大为全局问题，把个别现象当作普遍现象。其次，要树立发展观念。传播中国的信息，要包容中国的历史、现状和未来，使受众了解到不断改革、创新、变化、发展的中国，以求扭转被西方媒体歪曲的形象；对国际问题的报道，要及时、客观、真实、准确，权衡利弊得失要立足全局，立足长远，既不把暂时的局部利益当作永恒的整体利益，也不把暂时的局部弊害视为永恒的整体弊害。再次，要树立效果决定观。不能片面地陷入题材决定论，尤其不能简单地从题材的正面与负面、好事与坏事作为报道的标准，而应深刻理解到"正面"与"负面"的区别，关键不在于内容，而在于报道的立场、观点和表达方式，更在于报道产生的实际效果。

在国际传播中坚持“人类胸怀”理念，还要尊重倡导人类文明多样性的新文明观，致力于构建和谐的国际文化新秩序。应该认识到，文化的民族性，构筑了世界文化的多样性；世界文化的多样性，决定了人类文化交流的必然性。在我们生活的星球上，有60多亿人口，200多个国家，2500多个民族，6000多种语言，存在不同的信仰和价值观。这些不同文明的相互依存、相互交流、相互借鉴、相映生辉，构成了今天这个丰富多彩的世界。在多样性的文明形态中，不同的文明虽然存在着历史长短之分和发展阶段不同之别，但没有高低优劣的区分。所有文明都有自己产生、存在和发展的根据和理由，在人类文明的宝库里，都有自身的内在价值，都是平等的，都应该受到尊重。人类在其发展史中，创造了丰富多彩、各具特色的文化。每种文化都在历史长河中发挥了独特的作用。正因为人类文化的多样性，才使人类能够相互借鉴，取长补短，使各自的文化保持活力。每一个国家和民族的文化，都有自己的优势和长处，不同文化的相互学习和借鉴，是文化发展的必要条件。各民族的文化遗产都具有独特价值，是人类共同的精神动力和智力支持。承认、尊重、维护和发展人类文明的多样性，使各国能够根据自己的情况继承和发扬其文化传统，发展各自的独特文化，是我们在国际传播中应当秉承的方针。要尊重不同国家、不同民族、不同地区受众的价值观念、政治态度、宗教信仰、生活方式和思维习惯，在全面、及时、客观地向国际受众传播中华文化的同时，尊重和传播其他国家和民族的文化价值观念，向世界介绍我国一直致力于倡导承认、尊重和维护世界文明的多样性，呼吁不同文明的平等对话，促进人类文明共同发展的主张，为实现世界文明、文化的平等对话、兼容并蓄、共存共赢和普遍繁荣，做出更多更大的贡献。

第八章　现代国际广播体系的发展思路

通过对国际广播发展历史的经验总结和近几年对国际广播发展路子的探索，中国国际广播电台逐渐明晰了现代国际广播体系的发展思路，可以概括为：围绕一个中心、贯通两个机制、实现三个转变、坚持四个并重，创新五个系统。

第一节　贯通两个机制

贯通事业发展与产业经营两个运行机制，是中国国际广播电台构建现代国际广播体系的必由之路，既能为中国国际广播电台开展产业经营提供科学管理平台，也能为促进中国国际广播事业全面、协调、可持续发展提供坚实保障。

一、贯通事业和产业机制

广播电视的事业和产业是相对而言的。事业，是由国家财政拨款，不核算利润的采编、制作、播出、传输广播节目的业务活动。发展事业，就是通过国家的政策支持，巩固和扩大宣传阵地，发挥传媒在现代化建设和社会稳定，以及维护国家文化主权和文化信息安全方面的重要作用。产业，则是指在市场机制下从事广播电视产品的生产、流通、信息服务，以及以广播电视为内涵的各种服务活动和部门的集合，强调的是广播电视活动具有的经济特性。发展产业，就是在中央政策允许的范围内，在确保导向、确保文化安全的前提下，将事业发展中蕴藏的人才、信息、品牌优势，通过市场的基础性作用，形成文化产业和文化生产力，产生经济效益。两者关系上，发展事业是根本目标，发展产业是必要手段。只有将事业发展与产业发展两个机制相互贯通，才能实现广播电视的全面、协调和可持续发展。

经过几年的思考和实践，中国国际广播电台对“贯通两个机制”形成了比较清晰的认识，所谓贯通两个机制，就是：将国家给予中国国际广播电台的事业经费，全部足额科学有效地用于对外宣传事业。通过对外宣传事业的做大做强，壮大实力，扩大影响，打造品牌。然后将中国国际广播电台事业发展中蕴藏的品牌、信息、人才等优势，通过市场的基础性作用，进行产业化开发，形成文化生产力。在确保文化安全的前提下，通过引入市场机制，盘活中国国际广播电台文化产业的有形和无形资产，使之产生经济效益。当国家财政拨款比较充盈时，产业经营实现的收益主要用于自身发展；当事业发展较快而国家事业拨款不能满足事业发展全部资金需求时，可将产业经营实现的收益反哺事业发展。这就是贯通事业和产业两个机制的“蓄水池理论”或“船闸理论”。

二、贯通两个机制的必要性

贯通事业和产业两个发展机制，是体现媒体宣传和产业双重属性的内在要求。广播电视的事业发展与产业经营问题，是传媒公共性和产业化的关系问题。一方面，传媒作为国家的战略性资源，具有很强的公益性，在世界经济一体化、政治多极化进程中，传媒不仅在国家的经济、社会发展中具有重要的信息传播和舆论引导作用，而且作为国家的“软实力”，在国际竞争和维护国家文化主权、文化信息安全方面，具有重要的战略地位。同时，传媒具有产业化的特点，能够通过市场化、产业化运营，产生巨大的经济效益，这已被国际经验所证明。在一些发达国家，如美、英、法、德、日、韩等国，传媒作为重要的产业部门，已经成为新的经济增长点和支柱产业。事实上，除了极少数具有纯公益文化产品和服务性质的媒体不能进行产业化经营外，就绝大多数作为准公益文化产品和服务性质的媒体而言，其公益性和产业化几乎是一个硬币的两面，不可分割。因此，单纯强调传媒的公益性，强调其意识形态的功能和社会效益而忽视其产业性质是片面的；把传媒等同于一般商品，只强调其产业特征和经济效益而忽视其公益性和社会责任也是不可取的。如何根据传媒的性质和特点来科学、合理地安排其体制模式，使之既充分发挥“社会公器”的重要作用，又通过市场化、产业化运作得到足够的发展空间，取得应有的经济收益，是当前文化体制改革面临的新课题。

党中央、国务院深化文化体制改革的重要目标之一，是坚持文化事业和文化产业协调发展。2005 年，中共中央 14 号文件、国务院 10 号文件都明确提出：新闻媒体中的广告、印刷、发行、传输网络部分，以及影视剧等节目制作与销售部门，可从事业体制中剥离出来，转变为企业，进行市场运作，为主业服务。国家广电总局《2007 年广播影视工作要点》也明确提出：“电台电视台的影视剧等节目制作与销售单位，可逐步转制为企业。”我国目前已经组建的几十家传媒集团，大多按照“事业体制、企业化运营”的二元体制结构在运行，其在推行文化体制改革和创新中，呈现出一些共性做法：在发展战略目标定位方面，力求打破条块分割，探索跨媒体、跨区域一体化经营，构造新的产业链和价值链，培育新的经济增长点和利润来源；在管理体制转型方面，大多将经营性业务与非经营性业务分离，实行“分别核算，统分结合”管理体制；在所有制结构方面，一般以股份制形式在经营性业务中吸收相关社会资本，探索以国有资本为主体、多元资本结构的产权体制；在管理运行机制上，积极探索党委和法人治理结构相结合的领导决策机制。

统计表明，2007 年，全国广播电视总收入为 1314. 40 亿元，其中，财政收入 174. 50 亿元，仅占 13. 26%；广告收入 600. 56 亿元，占 45. 62%；网络收入 306. 71 亿元，占 23. 30%；其他收入 234. 63 亿元，占 17. 82%。[①] 可见，产业经营收入已经成为媒体收入的重要组成部分，贯通传媒的事业发展与产业经营两个运行机制，符合中央关于文化体制改革的整体思路和国家广电总局的政策规定。

贯通事业发展与产业经营两个机制，是国内外实力强劲的广播电视媒体发展壮大的重要法宝。综观当今西方著名媒体及国内实力较强的广播电视媒体，没有一家完全靠国家全额财政拨款而发展壮大。它们的成功，往往得益于采用多层次的发展战略，通过收购、兼并等资本运作，构筑综合性广播电视产业集团，加速资本的聚集与集中，从而迅速做大做强。尤其是在近年来，随着经济全球化和信息技术的迅速发展，世界传媒产业形成了专业化、集团化、国际化和跨媒体运营的发展趋势。国际大型传媒企业如时代华纳、新闻集团、贝塔斯曼等，都经历了一个由小到大，从单一企业向集团化发展，从某一传媒行业向跨媒体运营发展，从区域性的传媒集团向国际化的跨国公司发展的过程。以跨国大型传媒集团为中心，各类中小传媒企业与之形成了专业化、国际化的配套生产和服务的分工格局。大型跨国传媒集团在登陆资本市场以后，依托国际资本市场的投融资平台，通过投资、收购、兼并等市场化方式，实现了规模扩张和国际化跨媒体运营。以新闻集团为例，默多克于 1980 年组建的新闻集团，净资产达 440 亿美元，年收入达 140 亿美元，在全球 52 个国家拥有 789 个企业，在全世界出售 150 多种报刊和杂志，每周的发行量超过 6000 万份，形成了一个全球性的新闻媒介帝国。默

① 国家广播电影电视总局发展研究中心编：《2008 年中国广播电影电视发展报告》，新华出版社，2008 年版。

多克对传媒市场化、商业化的运作手法及产业化运营策略的娴熟运用，无疑是促使这个跨国传媒集团在国际大市场中不断发展壮大的根本动因。高效运转的公司制的现代企业治理结构，是默多克的产业化运营策略的基础；灵活、有效的资本运营策略，是默多克的产业化运营成功的关键；完善的产业结构、合理的媒体资源配置、多元化的媒介经营策略，是默多克的产业化发展的核心；高度成熟的市场化、商业化运作手法，是默多克的产业化运营的摇钱树。国内传媒中，上海文广集团通过广泛联合，打造跨地区、跨行业的综合性传媒集团，培育国际品牌的发展模式，取得了明显成效。上海文广明确提出了实现两个转变的战略方针：一是由为播出而制作转变成为市场而制作；二是从地方播出机构转变为面向全国乃至全球华语世界的内容提供商和发行商。为此，上海文广在盘活内容和版权资源存量的同时，和《北京青年报》、广州日报报业集团等强势媒体广泛联合，投资创办《第一财经日报》，《第一财经报道》、《第一财经网》，进入平面媒体和宽频网络电视、手机电视、数字多媒体电视等新媒体领域，初步形成了跨地区、跨行业的综合性传媒文化产业集团的雏形。

在广播领域，世界主要国际广播媒体的经费，都来源于多个渠道，既有国家资助，也有市场经营所得，其经营范围比较广泛，手段灵活多样。如，英国 BBC 从 20 世纪 80 年代以后，面对商业广播的激烈竞争，加快了商业步伐，努力扩展国内外市场，在管理层面引入企业化管理机制，在走上企业化管理道路的同时，大刀阔斧地进行商业化改革，取得了比较明显的成效。2003 年度，BBC 的商业经营收入占到其总收入的 18%。[1] 2004－2005 年，BBC 的收视执照费收入为 29.40 亿英镑，比上一年增加了 1.42 亿英镑；

---

① 《NHK 2005 World Broadcasting》，日本广播协会出版社，第 125 页。转引自张彩：《世界广播发展研究》，中国传媒大学出版社，2007 年版，第 50 页。

经营收入为 1.51 亿英镑，比上一年增加了 1600 万英镑。目前，BBC 的事业按照资金来源和播出目的可划分为三大块：一块是国际广播，89% 以上的经费由政府资助，其余来自 BBC 的经营收入；一块是对内广播电视和艺术团体，主要来自执照费运营，小部分来自政府拨款和商业经营；第三块是赢利性的对外电视频道和公司，是根据政府商业交易规定建立的独立商业实体，所获收益用于支助 BBC 的公共广播。在产业经营方面，BBC 拥有 10 多家产业经营实体，经营范围十分广泛，经营收益用于支持资助其对内、对外公共广播电视事业等。BBC 还开办了电子商务网站，面向国内、欧洲、北美销售软件、玩具、时装、游戏、录像带、DVD、CD、卡带、图书等。BBC 从商业活动中获取的资金，完全用于设备的更新和节目质量的提高，以缓解日益严重的财政压力，弥补收视费的不足。德国之声也逐渐将市场原则作为经营管理的基本准则之一，广告经营或企业赞助为市场化打开了空间。俄罗斯《全俄公共广播电视法》也规定，其经费除了取自联邦预算和消费者订费以外，还可以进行广告经营和收取企业赞助及接受各类捐款[①]。2002 年，美国的广播广告收入高达 200 亿美元，占整个美国媒体广告市场的 14%，而且这个数字还在逐年增长[②]。韩国广播公司 KBS 广告收入在收入总量中所占比重更是在 50% 以上[③]。事实证明，贯通事业发展和产业经营两个机制，可以有效增加媒体的经济效益，并为媒体更好地承担社会责任，更好地服务社会公众奠定雄厚的物质基础。

贯通两个机制，也是中国国际广播电台构建现代国际广播体系的必然选择。与国际著名同行相比，中国国际广播电台在资金总量、产业成分、经营理念等方面还相对滞后，主要体现在：一是资金总

---

① 张勉之：《世界广播趋势》，中国广播电视出版社，2005 年版，第 25 页。

② 张彩：《世界广播发展研究》，中国传媒大学出版社，2007 年版，第 7 页。

③ 张勉之：《世界广播趋势》，中国广播电视出版社，2005 年版，第 4 页。

量差距巨大。一方面，国际广播作为一种特殊公共产品，其社会效益远大于经济效益，而社会效益的实现往往需要一个缓慢过程，致使中国国际广播电台等承担国际广播的媒体，很难在事前以预测效益方式为申请经费提供明确依据。另一方面，由于国家财力有限，中国国际广播电台乃至我国广播电视与西方媒体在收入方面存在巨大差距。目前，中国国际广播电台创收收入仅占年度财政拨款的5%左右，这与构建现代国际广播体系的巨大资金需求还存在很大的缺口。二是创收渠道成分单一。在我国新闻媒体的全部收入中，广告收入约占70%，发行或节目收入约21%，多元经营仅占8%，其他占2%。而美国许多媒体集团的广告、发行或节目收入往往只占其全部经营收入的1/3左右，其余2/3是多元经营收入。中国国际广播电台的创收收入，主要包括广告收入、节目交换收入、合作合拍收入，以及台属企业经营收入等，其中广告收入占据相当大的比重。正因创收渠道相对单一，资源和成本消耗过大，产业经营在整个经济活动中带来的收入比例较小，没有形成以核心业务为龙头的经营机制和以内容产业为重点的产业链条。三是经营理念相对落后。西方国家的广播电台正利用一切可能的市场机制，进行广泛的经济活动，其经营方式灵活，收入渠道不断拓宽，资本运营手段日臻成熟。中国国际广播电台的资金主要来源于国家财政拨款，在使用方面要受到国家财政法规诸多的制约，媒体经营理念相对落后。

中国国际广播电台属于全额拨款事业单位，其经费来源和人员编制都经过国家严格核定。事业的快速发展与人力资源不足之间的矛盾已日益凸显，得不到有效解决，将会制约现代国际广播体系建设的进程。中国国际广播电台的人员编制，是20世纪90年代初期核定的。目前，国际广播事业呈现出快速发展的趋势，规模不断扩大，但是中国国际广播电台的人员编制却没有进行相应调整，致使编播人员和技术人员超负荷运转，尤其是语言部门和技术部门人员严重短缺。这种状况如不能有效改善，势必削弱国际广播事业全面、协调、可持续发展的动力和基础。中国国际广播电台一方面要积极向国家申请人员编制，另一方面应该通过发展产业增加收益，从社会上选聘事业发展的急需人才。实践证明，贯通两个机制，是缓解中国国际广播电台事业发展面临的许多问题的有效办法。

三、贯通两个机制的主要措施

贯通两个运行机制的基本原则，是既能确保党的领导和正确的舆论导向，又有利于产业化运营。确保党的领导和正确的舆论导向，就是要通过一系列规范的特别制度安排，努力探索一套“频率管理与节目管理相区别、宣传管理与产业经营相剥离、社会效益与经济效益相统一”的管理体制和运行机制，发挥好党和国家重要舆论阵地的职责，确保导向正确；有利于产业化运营，就是要大胆借鉴国际传媒跨国公司的运营经验和管理经验，遵循文化市场的经济规律，充分释放中国国际广播电台的内部能量，为统筹规划内部资源整合，扩大对外合作交流，塑造有特色的节目品牌、频率品牌，提供有力的资金支持。

贯通两个机制，要依托中国国际广播电台多年积累来的丰富内容资源、人才资源，向新媒体和其他相关文化产业领域延伸，在专业化的基础上，构造新的产业链和价值链，形成以核心业务为支撑，多种业务互为依托的新的发展模式和利润来源。一方面，要重点保护好无形资产，强化内部管理，推行成本核算，提高国家财政拨款资金的使用效益；另一方面，要盘活有形资产，挖掘市场潜力，发挥品牌和节目资源优势，释放广播文化产业功能，合理利用可经营性资源，开展产业化经营，优化创收结构。

具体而言，贯通两个机制要重点从如下几个方面来推动和实践。

（一）拓宽经营渠道，充分发挥广播电视产业功能

广播电视媒体拥有巨大的可待开发的产业功能，如不涉及新闻

宣传的文化、体育节目，音视频节目生产的专业化设施，广告发布的节目时间段，传输信号和无线网络等，都是广电媒体的有价资产。因此，应尽可能地将中国国际广播电台广播产业具有的节目交换和销售功能、技术服务功能、多种经营功能、研究开发等多种功能释放出来，以节目质量为依托，强化节目交换和销售功能，通过广播、网络利用电子技术向公众传递信息，开发技术服务功能，形成中国国际广播电台产业经营新的经济增长点。

（二）优化经营结构，增加多种经营效益

国内外许多广播电台、电视台的实践证明，多种经营既开拓了经营范围，提高了竞争能力，又减少了经营风险，对传媒产业自身运作机制的良性发展有重要的促进作用。中国国际广播电台应根据市场需要和国家有关政策，不断拓宽经营范围，树立品牌形象。在产业、产品定位方面，依托现存的内容制作、节目及出版物发行、广告经营、版权服务、品牌开发与推广、文化产业开发、商业开发、服务性质的媒介定位与策划、媒介包装、人才培训与资讯服务等传媒业务和产品服务领域，紧紧追踪高新技术的发展，向新媒体和其他关联领域拓展，力争实现跨媒体运营。在产品价值链的构造方面，努力形成内容提供商、播出和出版平台及发行商的完整产品链、价值链。在地理空间布局和品牌运营方面，立足既有基础，向全球发展延伸。做好市场细分和受众定位，对市场营销渠道进行科学的规划、开发和管理，以节目内容为龙头，充分挖掘节目资源潜力，通过有特色的频率和栏目品牌，逐步形成强大的内容产业群，最大限度地发挥节目的有形价值和无形价值，打造在国内乃至全球有影响力的品牌。

（三）引进媒资经营理念，寻求新的经济增长点

广播电视的数字化发展，带来了技术的升级、经营理念和经营业务等方面的突破，使广播电视的重要资源——有线网络、节目资源和广告资源得到重新盘活。广播电视数字化经营的过程，其实就

是我国广电业核心竞争力梳理和整合的过程。在这一过程中，媒资包括技术（人才）、内容、受众（用户的调查与研究）扮演着举足轻重的角色。广播电视媒资运营的根本理念是数字化平台集成，这种平台集成就是要在技术、内容、推广和用户的开发方面形成一个产业链，通过专业化的分工，用全社会的力量推动媒资经营的进程。中国国际广播电台正在适时开展媒资经营，推动产业经营的升级，寻求新的经济增长点、探索新的经营突破口，提高竞争力。

（四）加强资产管理，盘活存量资产

随着中国国际广播电台宣传业务的快速发展，资产规模不断增长，质量逐渐提高，资产结构发生相应变化。加强资产管理，盘活有形资产，对于贯通两个运行机制就显得尤为重要。首先，要统一调剂资产，提高资产使用效率。建立资产的统一调剂制度，根据资产清查盘点的有关资料，对闲置不用的资产在部门之间进行调拨，实现资源的重新配置，盘活国有资产。其次，要规范非经营性资产转经营性资产的管理。对非经营性资产转经营性资产，应坚持有偿使用的原则，严格遵守国家不准转作经营性资产的范围要求，如实登记非经营性资产，同时对投出资产的经营和收益情况进行严格考核和监督。第三，要加强资产使用管理责任制。要逐步建立与宣传业务实际挂钩的财产利用效率评价机制和责任人制度，把资产完好率与责任人工作业绩挂钩。第四，要重视对无形资产的保护。我国传媒产业无形资产的构成非常丰富，除了一般企业所罗列的专利权、商标权、著作权、土地使用权、特许权外，还包括直播网络、无线传输、法权特许、节目创意、受众群体、专有人才等传媒产业自身所特有的无形资源。要有效保护中国国际广播电台的无形资产，充分发挥其资源潜力。

（五）推行内部成本核算，提高资金使用效益

推行内部成本核算是贯通两个运行机制的必要环节，可以为中国国际广播电台提供客观的成本信息。通过准确、及时、全面地核

算中国国际广播电台在节目制播过程中发生的各项成本费用，为中国国际广播电台计划预算提供依据，为合理配置资源提供参考，为制定节目销售价格提供可靠的数据。推行内部成本核算的实质，是将在节目制播过程中发生的费用消耗，按照一定的对象进行归集和分配，合理地利用人力、物力、财力，降低成本，提高经济效益，这是中国国际广播电台发展产业经营、强化经济管理、提高资金使用效益的客观需要。

在中国国际广播电台推行内部成本核算，要重点推行“全成本核算”，将语言中心、频率、技术中心等编播部门发生的与节目制作和播出有关的支出计入成本，包括人员支出、业务支出、日常公用支出、专用小型设备等，分步骤有序地进行内部成本核算。第一步是摸清总况，对近几年节目制播过程中成本费用的支出，按照部门（频率）、支出种类进行归类统计；第二步是试行阶段，以会计核算数据和财务报表为依据，对涉及成本的支出按期编制成本报告，提供成本资料；第三步即有序过渡，在内部成本核算试行一定时期后，总结经验和规律，按照国家相关规定，调整和设置核算科目，逐步通过成本核算反映成本数据。

（六）加强制度建设，完善财务保障体系

贯通两个运行机制，还需要以科学的理论作指导，以严密的制度为依托。在制度建设层面，应做到：一是制定经营创收和实绩考核制度。鼓励利用合法、合规的手段增加创收，在促进创收收入稳步增长的同时，加强对创收收入分配的管理，制定经营创收和实绩考核制度，提高创收人员的积极性。二是完善资产管理制度。制定资产管理责任制，细化资产调剂、处置和报废制度，区别经营性资产和非经营性资产的管理办法，在保护非经营性资源与寻求可经营性资源相结合的前提下，盘活有形和无形资产。三是健全财务预算和核算管理制度。通过制定财政拨款项目经费管理办法、节目制作经费测算标准、财务管理的内部控制制度，促进事业经费稳步增长

和有效使用，实现财务管理规范化、业务处理流程化。

第二节 实现三个转变

一、实现由传统媒体向现代媒体转变

（一）实现由传统媒体向现代媒体转变，是适应媒体传播模式发展的客观需要

与报纸、广播、电视等传统媒体相比，以互联网为代表的现代媒体，日渐呈现出不可比拟的传播优势。

首先，是传播时间上的自由性。报纸传播新闻，通常以日为单位，明显受到出版与发行时间的制约；广播和电视播报新闻，也受到播出时段的制约。以网络为代表的现代媒体，在传播时间上具有明显的自由、快捷特点，可做到随时发布、即时滚动发布各类新闻。近年来，在国内外许多重大新闻特别是突发性新闻报道上打响第一枪的，已经不再是电视、广播，更不是报纸，而是互联网站。在第一时间发布后随即进行实时滚动报道，做得最频繁、最成功的，也是互联网站。传播时间上的自由性，还表现在传播本身的可往复性。广播、电视的听众、观众错过了收听、收看时间，很难回过头来再听再看；报纸的情况好一些，但与网络易于检索、特别是大时间跨度的检索相比，也不可同日而语。

其次，是传播空间上的无限性。网络等现代媒体的传播空间不分地域、没有疆界，可以说，全球互通互联的电子网络有多大，网络媒体的传播空间就有多大。传播空间的无限广阔，是报纸等传统媒体望尘莫及的。同时，网络媒体本身在新闻和信息容量上也是无限的，它所具有的海量信息，是任何传统媒体所无法比拟的。由于信息存储空间的优势，借助于搜索和链接功能，网站做新闻传播，可以比任何传统媒体做得更丰富、更饱满、更精彩。

第三，是传播方式上的多样性。比之传统媒体，网络等现代媒体更大的特性，在于其传播方式的灵活多样。这是其最富魅力的。主要体现在：一是交互传播。传统媒体传播方式通常是单向的，传播者与受众双方无法随时随地进行双向沟通。而网络等现代媒体既可以单向传播，也可以双向甚至多向传播，信息的传播具有很强交互性。二是多媒体传播。可以集文字、图片、音频、视频于一体，制作类似报纸的专题，也有文字直播、视频直播，还有 flash 动画，更有用户交互的论坛，堪称集各家传统媒体之所长，是地地道道的多媒体。这些全方位、立体式、无疆界的信息轰炸，所造成的传播效果，是传统媒体无法实现的。三是个性化传播。传统媒体传播只注重为受众提供同一层面上的、同一种程式化的信息产品和信息传播，传播中突出共性的一面，而忽视个性的另一面。如，报纸不可能为单个受众出版，电台和电视台不可能播送只供单个受众收听、收看的节目，这种传播带有较大的“模糊性”或“不确定性”。网络等现代媒体却可以提供各种真正个性化的服务，增强对受众传播的针对性。比如，在网上，网民可以依己所好，订阅自己喜欢看的新闻类别、邮件列表，订制自己喜爱的页面风格等。

以互联网为代表的现代媒体海量、快捷、互动、无界、多媒体等特点，以及其内容价值、传播模式、传播效果等方面的优势，决定了其具有强大的生命力，也受到了国内外传播媒体的青睐。

（二）实现由传统媒体向现代媒体转变，是适应国内外传播媒体发展要求的必然选择

从国内来看，在网络媒体的冲击下，传统媒体被迫转型，寻求新的出路。报纸和杂志等传统媒体在建立自己的网站的同时，纷纷投资开发新媒体，其中最为人们所熟知的是手机报。手机报已经成为传统报业继创办网络版、兴办网站之后，跻身电子媒体的又一举措。此外，报纸在满足读者需求的同时，还积极与门户网站和搜索引擎进行合作，以建立跨媒体平台，获得最大的收益。广播和电视

媒体也不甘示弱，纷纷加快迈向互联网的步伐。如，香港凤凰卫视于 1998 年就建立了自己的网站——凤凰网，2006 年，中国移动入股凤凰卫视，标志着凤凰卫视开始从传统电视平台向多元化发展。2008 年，凤凰网又谋求独立上市，标志着凤凰网在互联网的道路上越走越远。2007 年 10 月，国内最大的视频分享网站之一的 56. com 与香港无线电视台达成了共同发展新媒体平台的长期合作，双方合创的国内首个网络频道也已正式上线。NBC 环球与新闻集团建立合资在线视频网站，二者将把电视界面和电影带到互联网。而在国内，不论是新浪、搜狐和腾讯等门户网站，还是视频直播类网站如 PP-Stream 等也都在积极与上海文广以及凤凰卫视等内容提供商建立合作关系。

长期以来，在国际广播领域，世界国际广播媒体的传播形态是无线广播。随着数字、卫星、互联网等新技术的快速发展，世界主要国际广播机构纷纷进行媒体形态转型，从传统的无线广播向以互联网为代表的现代媒体转变，实现由传统媒体向现代媒体重点发展的战略转移。其主要措施为：

一是大力发展互联网在线广播。英国 BBC、美国之音、德国之声、法国国际广播电台、日本 NHK 国际广播电台、韩国 KBS 国际广播电台等世界主要国际广播电台，都已根据其国家对外传播的总体战略，先后推出了母语和多语种网站。在线广播已经成为世界各大国际广播发布信息、增强实力，开展国际舆论斗争的重要手段和新型传输工具。

二是大力发展新媒体业务。新媒体技术的发展，使得新的对外传播形式不断涌现。当前，世界主要国际广播媒体已经投入测试或运营的新媒体形态主要包括三大类：基于传统和新的广播电视网络、卫星直播网络的新媒体形态，包括数字广播、数字电视、多媒体数字广播、卫星广播、直播卫星电视等；基于互联网和第三代移动通信技术的新媒体形态，包括网络音频与视频广播、移动电视、手机电视等；传统的广播电视网络与第三代移动通信技术的结合形成的网络互动电视等形态。数字化是当前世界上各项新媒体技术发展和运用的基础。英国 BBC 正致力于扩展新媒体业务，把更多资金投入高新领域，建设新闻平台，增加互动性和优先语种视频，保持在可携带、可点播等数字新媒体时代的领先地位，其数字广播和数字电视已占据全球最新传播科技的制高点。从组织框架、运行机制、节目制作和播出及传播技术改造等方面，BBC 已进行了调整和变革，计划到 2010 年终止模拟广播电视播出，所有频道频率的节目都将实现数字化，在交互式、网络化、移动电视等领域开拓新的集成平台，并为移动电话提供高质量的视频内容。NHK 作为日本新媒体的排头兵，已经运用了高清晰数字电视、手机与网络电视、服务器广播电视、个性化电视服务等，并计划到 2011 年，停止模拟电视播出，实现地面广播数字化，实现广播电视与通讯技术的融合，将数字电视机变成家庭中的综合信息终端。韩国 KBS 在全球首次开发了 DMB 加密系统和以互联网为基础的双向数字广播服务模式，并积极研发和利用卫星直播、数字调幅广播技术等。

（三）实现传统媒体向现代媒体的转变，是提升中国国际传播能力的需要

应该清醒地认识到，中国国际广播电台作为我国国际传播的主要阵地，在传统媒体发展领域，与英国 BBC、美国之音等世界主要传播媒体相比，还有很大的实力差距，集中表现为：全球化程度不高、综合化水平不够、现代化特征不显著、本土化能力不强。尤其在境外发射转播台、主要业务构成、人力资源状况、资金保障、技术保障、全球落地覆盖、驻外机构分布等重要指标方面，还存在着不小的差距，且在短期内还无法根本改变。但是，高新技术的迅速发展，为国际广播创新了传播手段，丰富了传播渠道，拓展了传播阵地。应该看到，世界范围内的多数新媒体业务，正处于技术试验与运营试验阶段，中国国际广播电台与世界主要国际广播媒体的差

距还不明显。因此，在媒体发展的新一轮周期中，要想在国际舆论竞争中有所作为，迎头赶上，就要积极抢占新媒体技术制高点，推动传统媒体与互联网、移动通信的互动融合，积极发展卫星、网络、手机广播电视等新媒体业务。

对中国国际广播电台来说，实现传统媒体向现代媒体的转变，也具有坚实的基础和广阔的空间。2006 年，中国国际广播电台获得了以电视机为接收终端的视频点播业务资质和以计算机和手机等移动设备为接收终端的点播、自办频道、集成运营业务资质，为推进新媒体业务提供了平台。2007 年 3 月 16 日，中国国际广播电台正式推出网络电视平台，整合了全台新闻资源和技术优势，实现 24 小时滚动直播；4 月 6 日和 8 月 30 日，中国国际广播电台手机广播电视业务分别在中国联通和中国移动两个平台上启动。该业务集成了全台广播、电视、互联网等多媒体、多语种以及丰富的社会信息资源，为手机用户提供直播、点播和下载服务，标志着中国国际广播电台以“国际在线”为基础，以网络广播电视、环球网络电台、手机广播电视为依托的新媒体业务格局已经基本形成。中国国际广播电台自身特有的多语种、多媒体、多渠道优势，也为新媒体发展积淀了相应的内容资源和技术条件。在此基础上，准确把握新机遇，积极发展新媒体，占领宣传新阵地，将为国际广播事业拓展出越来越广阔的空间。因此，一方面，要统筹协调好传统媒体和现代媒体的发展，发挥现代媒体整合平台的功能，使用和依靠传统媒体资源，扩大传统媒体影响力，善于利用现代媒体从传统媒体获取信息，进行二次传播，扩大传播范围，分担传统媒体的采编成本，同时，运用高新技术，尤其是数字技术、网络技术，提升传统媒体。另一方面，要以新媒体为方向，从在占领文化传播制高点、掌握信息化条件下宣传思想工作主动权的高度，大力发展以网络广播、网络电视、手机广播、手机电视为代表的新媒体业务，使广播成为可听、可看、可查阅的“超级媒体”。要加大新媒体节目内容的开发与制作，打造全台统一的多媒体资讯平台，加快构建传输快捷、覆盖广泛的文化传播体系，积极拓展外宣新阵地，增强新媒体外宣实效。

二、实现由单一媒体向综合媒体转变

（一）实现由单一媒体向综合媒体转变的必要性

实现由单一媒体向综合媒体的转变，适应了文化大发展时期满足群众多样化精神文化的需求，适应了多媒体时代信息传播和市场竞争的要求，适应了数字化浪潮高速发展阶段丰富生产制作及传输平台的趋势。

随着中国经济社会全面发展和人们物质生活水平的提高，人民群众的精神文化需求也在迅速增长，并呈现出多方面、多层次、多样性的特点。群众精神文化需求的复杂，需要传播形式与其相适应。目前，任何一种单一的媒体形态均不足以在社会上形成广泛影响力，更不足以满足大部分群众的文化需求，因此，通过不同的媒体形态向群众传播文化信息成为迫切需要。

随着传媒科技的进步，传媒的种类与数量日益增长。尽管如此，我国的传播机构绝大多数依然以单一媒介为背景，或以报纸、杂志等平面媒介为主，或以广播、电视等电子媒介为主，这明显已经远远不能适应多媒体时代信息传播和市场竞争的要求。特别是随着网络新媒体的崛起，传统媒体的受众被严重分流，其直接的结果是，传统媒体影响力下降，经营效益增长放缓。经过几年的磨合，传统媒体与新媒体也由最开始的敌对、竞争状态转为融合、相互依托发展，用多种传播形态增强媒体整体传播能力成为传媒业的共识。近几年来，绝大多数传统媒体都兴起了创办网站的热潮，网络媒体整合传统媒体的例子也不鲜见。在此背景下，将报业与广播、电视、网络、出版等媒介形式整合在一起，走综合媒体的发展道路，成为传媒业发展的内在趋势。

数字化浪潮的高速发展，也在日益模糊着原本清晰的媒体界线，“泛媒体化”、“多媒体化”成为媒体新旧融合趋势的鲜明特征。随着受众的分化聚合，以及网络技术、传统媒体生产内容技术的进步，“尊重本体需求下的吸引”模式替代了针对受众“围攻轰炸”的传播方法，媒体的平台化趋势也越发明显，由单向传播工具变为资讯汇集平台。与此同时，传播技术的革命性进步，使得传播渠道的数量、规模和品种都有了爆炸式增长，加之信息技术的渗透，使现代传媒业早已突破了传统的广播、电影、电视、报纸等传播手段的局限，单一媒体形态的生产制作及传输平台已明显不能顺应媒体发展趋势，“多媒体融合”开始成为潮流。

在科技进步特别是数字化和产业大融合的背景下，西方主流传播媒体大多走上了多媒体融合的道路。它们大多以综合媒体形态存在，很少有广播、电视、报纸等单打一的媒体，即在一个媒体集团内，既有报纸、杂志、书籍等印刷媒体，也有广播、电视、电影、网络等电子媒体，甚至还有文化、娱乐、教育、旅游、房地产等媒体之外的业务，其经营范围无所不包，资源可以共享。默多克的新闻集团从澳大利亚的一份小报起家，陆续涉足杂志、广播电视、出版、电影、电脑光盘制作、数字卫星电视和有线电视、互联网开发等领域，成为当今世界规模最大、国际化程度最高的综合性全球传媒集团。德国贝塔斯曼集团根据其“将传统非网上业务转移到互联网”的目标，制定了“多媒体战略”，指导其全球业务的发展。它将图书俱乐部、音乐俱乐部与电视商务进行资源整合，用最直接的方式把客户引入贝塔斯曼所有的产品和服务平台。

（二）国内外传媒的多媒体发展战略

在国际广播领域，随着信息传播技术的飞速发展和广泛应用，受众获取信息的手段日益多样化，国际广播传播形态正在发生革命性变化。鉴于此，世界主要国际广播媒体，都在投入大量资金和技术力量，积极发展复合型传播媒介，不仅建立了多媒体信息共享平台，发展包括广播、电视、网络、新媒体等多种媒介于一体的综合性传播平台，而且通过各种媒体形态的融合并举，很好地降低了传播成本，整合了传播资源，实现了优势互补，提升了整体实力。其具体举措包括，建立多媒体信息共享平台，大力发展多媒体业务，实施管理体制和运行机制的改革等。如，英国BBC早在2002年就对其资源进行了整合，建立起集对外广播、对外电视和互联网等三位一体的多媒体传播平台，完成了从单一的短波广播到综合性传媒的转变。美国国际广播委员会2008－2013年战略计划纲要中明确指出，“媒体竞争日益激烈，广播和电脑技术飞速发展。听众将更多的使用移动手机、播客和其他手段接受新闻和信息。我们不能仅满足跟进新兴的技术，还要努力占领新技术制高点，目的在于完成传播事实性新闻和信息这一核心任务的同时，根据当地环境和听众的要求，运用最佳传输方式扩大听众到达率”。[①] 实践表明，这种发展模式，既有效整合了传播资源，又满足了受众个性需求，受到媒体的广泛青睐。

在我国，伴随着传媒业的进一步发展，不少媒体开始直接采用“内部孵化”的方式，创办不同类型的媒体形态，实现向综合媒体的转变。其主要形式表现为：一是出版杂志。如南方日报报业集团创办《南方人物周刊》和《南方青年参考》，深圳特区报业集团出版《本色生活》，浙江日报报业集团创办《浙商》，成都日报报业集团出版《天府成都》，北京日报报业集团出版《大学生双周刊》等等。二是创办网站和手机报。国内传统的报刊与广电媒体兴办自己的网站已成潮流，开办手机报则成为新的时尚。如，重庆日报报业集团的《重庆晨报》、《重庆晚报》与重庆联通公司联办手机上网版；河南日报报业集团的《大河报》与中国移动合作，推出了14个专栏的手机版。据有关部门统计，目前创办手机报的媒体已近百家。三是

① 中国国际广播电台主办：《世界广播电视参考》，2007年第6期，第7页。

申办出版社。2004 年，深圳报业集团积极申办出版社得以初步认可，利用媒体资源延伸了产业链。目前，相当一部分传媒集团已经开始拥有了自己的出版社。四是进军影视业。如，上海文广新闻传媒集团拼力抢得作家王安忆的小说《长恨歌》的改编权，拍摄同名电影、电视剧。五是开拓传媒网络技术业务。许多媒体已经纷纷将触角伸向了网络，这与网站是两个天渊之别的概念。如，天津日报报业集团下属的每日新传媒公司，与瑞典两家公司及北京、上海两家公司合作，共同出资创建了我国规模最大的报业发行管理软件公司。以上种种，由母媒体孵化创办产生的多种媒介形式，为加快传媒的综合化提供了基础和条件。①

（三）中国国际广播电台向综合媒体转变的策略

中国国际广播电台目前已拥有音、视、网、报、刊等齐全的媒体资质，初步形成了涵盖广播、网络、电视、报纸、新媒体等从第一到第五媒体手段的综合媒体形态。

在广播方面。中国国际广播电台使用46 种语言向全世界广播，分别为：英语、日语、朝鲜语、蒙古语、印地语、尼泊尔语、乌尔都语、泰米尔语、僧伽罗语、孟加拉语、越南语、老挝语、柬埔寨语、印尼语、菲律宾语、缅甸语、马来语、泰语、土耳其语、普什图语、阿拉伯语、波斯语、豪萨语、斯瓦希里语、俄语、捷克语、塞尔维亚语、罗马尼亚语、阿尔巴尼亚语、保加利亚语、匈牙利语、波兰语、德语、西班牙语、法语、世界语、意大利语、葡萄牙语、芬兰语、丹麦语、瑞典语和汉语普通话及广州话、客家话、闽南话和潮州话 4 种方言。中国国际广播电台还开办有 5 套对国内广播外宣节目，分别是“环球资讯广播”、“英语综合广播”（轻松调频 EASY FM）、“国际流行音乐广播”（劲曲调频 HIT FM）、外语教学广播，以及由 9 种语言构成的“奥运广播”

---

① 关于我国媒体采用“内部孵化”方式创办不同媒体形态的实例，可参见：周志懿、杨春兰《起航：自中国传媒集团一线跨媒体改革的调研报告》，载于《传媒》，2007 年 11 月刊封面文章。

（CRI OLYMPIC RADIO）。每天制作节目 120 小时，分别在北京、上海、广州、拉萨、厦门、烟台等国内大中城市播出。

在网络方面。中国国际广播电台的“国际在线”网站由 43 种文字、53 种语言音频节目组成，是全球语种最多的网络媒体平台。除 43 种本土发射的对外广播语言拥有在线广播外，中国国际广播电台还与新疆人民广播电台合作，增加了哈萨克语、维吾尔语和柯尔克兹语 3 种外宣语言；与西藏人民广播电台合作，共同推出了包括藏语拉萨方言和藏语康巴方言的藏语广播网；与芬兰公司合作，由我方提供节目素材，对方制作节目和网站，以本土制作、本土发布的方式，推出 Radio86 网络电台，增加了瑞典语、芬兰语和丹麦语 3 种网络外宣语言。同时，中国国际广播电台与境外主流媒体合作，开通了乌克兰文网和克罗地亚文网。

在电视业务方面。中国国际广播电台电视中心成立于 1999 年 8 月，经国家广电总局授权，从 1999 年 10 月 6 日起，制作并通过亚洲二号卫星，向全国各地电视台传送电视国际新闻节目。目前，这些节目在全国各地的 100 多个频道播出。电视中心以全台 1600 人的专业新闻队伍和 32 个海外记者站为依托，与世界主要国际通讯社合作，将新闻触角伸向全球每一个角落，对发生在世界各地的重大新闻事件进行快速、准确、真实和全面的报道。目前，中国国际广播电台电视中心已成为国内发布国际资讯最大、最权威的平台，每天以最快速度，为用户电视台提供导向鲜明、质量稳定、内容丰富的国际资讯节目，内容涉及政治、经济、军事、社会、文化、科技、教育、环保、旅游、健康等众多领域，数十档节目时长达每天 200 多分钟。此外，中国国际广播电台电视中心拥有数字收费频道《环球奇观》，每天播出节目有《中华奇观》、《传奇人物》、《网罗奇谈》、《环宇搜奇》、《传奇故事》等，已成为国内较受欢迎的收费频道。中国国际广播电台电视中心还拥有一支高水平的外语专业队伍，近年来完成了近千部（集）电视剧及大量对外节目的译制、配音制作。

在报刊出版方面，中国国际广播电台拥有《世界新闻报》、《国际广播影视》杂志、中国国际广播出版社、中国国际广播音像出版社等业务。

《世界新闻报》由国家广电总局主管、中国国际广播电台主办，创刊于1992年，原名《世界信息报》，2000年8月改用现名。《世界新闻报》遵循“一样的视角，不一样的新闻”理念，旨在以中国视角报道全球新闻，对热点事件、新闻人物和背景进行及时报道、深度报道与权威分析。其主要开办栏目有：“热点追踪”、“国际人物”、“台湾传真”、“社会写真”、“军情观察”、“走出国门”、“观点争锋”、“行走天下”、“世说新语”、“轻松花园”、“文娱体坛”、“天下专刊”等。该报依靠中国国际广播电台32个驻外记者站提供丰富信息，并在全球60多个国家和地区拥有自己的特约记者和撰稿人。目前，该报除了在北京印刷外，在上海、广州、成都、沈阳、西安、杭州、长春、武汉等多个城市也设有分印点，发行网络遍布中国各大省会城市、地级城市，全国发行量约30万份，已成为国内对国际新闻报道的权威纸质媒体之一。

《国际广播影视》由中国国际广播电台中国国际广播学会主办，创办于20世纪80年代，国内外公开发行。该杂志是全国唯一专门对国际传播进行研究的学术期刊，以前瞻、务实、创新为宗旨，为全国广播电视学术界之间学术交流提供平台，反映我国国际广播影视传播研究与改革的最新成果。

中国国际广播出版社创办于1985年3月7日，是国家综合级综合类社科出版社。主要业务是结合中国国际广播电台对外广播业务，发挥外语优势，以出版介绍中国各方面国情的多种外文图书为主，兼顾翻译出版对中国有借鉴意义的各国经济、文化图书，以及教外国人学汉语、教中国人学外语的教科书、工具书和录音带等，现已累计出版图书4000余种，音像制品200余种，并组织了多场有较大影响的大型文化活动。中国国际广播音像出版社成立于1989年5

月，主要从事音像制品的出版发行、广播电视节目和电视剧的制作以及影视产业开发和国际间文化交流等业务。成立近20年来，已经出版了大量质量优秀的DVD、VCD光盘，合作拍摄和出版发行了几十部电视剧。从2004年起，出版社还大胆探索，尝试生产以游戏为主的电子网络出版物，收到了较好的社会效益和经济效益。

在新媒体方面。CRI手机电视是中国国际广播电台与中国移动合作，为广大中国移动手机电视用户提供的流媒体业务，用户可以用手机，在线收看中国国际广播电台提供的视频直播节目，并点播、下载观看其他精彩节目内容。CRI手机电视将为手机用户提供实时新闻信息、播客影片观赏、原创短剧剧场、数字音乐下载、地方卫视直播、特色节目播出等信息服务。

但是，中国国际广播电台的这些媒体资源，除了办广播以外，其他方面还没有机会得以很好发挥，报纸、杂志、电视的综合影响力和竞争力，也还有待增强。要实现从单一媒体向综合媒体的转变，须借鉴世界主要国际广播的发展方向，发挥语言和人才优势，整合对外传播资源，改变计划经济时代单一媒体的配置方式，建设多途径、广覆盖的对外传播网络，打造多媒体平台，拓展多媒体业务，逐步形成多媒体发展格局，通过实施规模化经营，在激烈的国际传播竞争中占据优势。在发展策略上，应该做到：以无线广播为主体，尽快完成英语、华语和多语种的环球广播，实现全球化传播；以在线广播为支撑，把“国际在线”打造成我国国际传播的中心；以多媒体传播为方向，有效整合传播资源，扩大传送覆盖范围，满足受众个性需求，发挥整体传播效应。

三、实现由对外广播向国际传播转变

（一）对外广播与国际传播的区别

这里的“对外广播”与“国际传播”，并不指传播机构，而是指国际广播媒体秉承的传播模式或传播理念。

对外广播又称对外宣传，是指在一定的环境下，由传播主体利用广播媒介，向目标国家特定对象进行的说服或宣传活动。在这种说服活动中，宣传者始终处于主导地位，出自宣传者的信息始终是宣传过程的主流。这种模式是以自我为主导的传播模式。

国际传播是以受众为主导的传播模式，其定位很大程度上取决于国际新闻传播的属性。新闻性、全球性、跨文化性和大众传播性，是国际传播最主要的特征。它要求所传播的新闻事实具有国际认知水平，传播的价值取向代表人类的共同利益，传播的目的在于加强不同文化体系间的沟通和理解，传播的方式通过全球性媒体进行，并能在国际社会引起广泛响应。①

（二）世界主要国际广播媒体从对外广播走向国际传播的策略

全球化趋势凸显出世界文化的多样性和差异性。在全球化浪潮下，跨文化传播已经日益普遍。尽管英国、美国、日本、德国、法国等主要发达国家的国际广播是为本国政治、经济利益服务的工具，但它们在冷战后更加强调以文化传播的形式出现。而进行文化传播，就必须使节目满足受众的心理需求，符合对象国受众收听、收看习惯，适应对象国民族文化，进一步增强节目的贴近性和亲和力，使宣传效果最大化。为此，西方许多国际广播电台纷纷采取措施，实现了从对外广播向国际传播理念的转变。

纵观世界主要国际广播媒体从对外广播走向国际传播的策略，主要集中在：注意对外传播技巧，改进对外传播手法，在“无宣传”中实现宣传意图；积极开发和利用先进传播技术，根据对象国受众使用的传播手段，有针对性地调整传播手段和语言，影响最多的受众；大力推行节目“本土化”策略、“人本化”策略和文化包装策

---

① 此种观点的表述，可参见张君昌：《中国媒体怎样才能走向世界——漫谈国际传播》，载《北方传媒研究》，2006 年第 6 期。

略，提高节目针对性、贴近性、可听性和渗透性；加大目标管理和绩效管理力度，完善健全节目评估机制，从制度上促进国际广播媒体提高传播实效。

以英国 BBC 为例，首先，BBC 坚持新闻报道用事实说话，力求“客观、真实、公正、不偏不倚”，在平和、中立的态度下，不动声色地传达英国政府的立场、观点，引导受众不知不觉做出想要得出的结论。其提供的资讯产品，或者以新颖的方式提供了新闻信息，或者以隐蔽的方式有效地传达 BBC 的态度和意见，是非常符合传播意图的高效内容产品。在“无宣传”中进行宣传，成为它的显著特点，效果也相当突出。其次，BBC 针对不同国家和地区的传播环境和受众变化的实际情况，采用了不同的传播手段，对电视不普及的发展中国家，仍以短波为主，对发达国家则以中波、调频台和网上传播为主，对中国、俄罗斯、古巴等重点国家，采用广播、电视、报刊、卫星和因特网等手段同步传播。BBC 还极其重视充分利用新型媒体的交互性，大力推广广播和网上的讨论与对话节目，特别是促进伊斯兰国家和西方国家之间、穆斯林国家之间的对话，从而使更多的听众参与 BBC 的节目，达到大规模的、全球交谈的目标，同时增进与听众的联系，提高广播和网上节目的针对性和贴近性。再次，BBC 在报道中根据受众的关注点、兴趣点安排和调整节目，明确提出“提供受众喜欢的节目”的口号，确保实现宣传目的。BBC 国际电台对其环球英语广播节目做出重新定位后，改为两套全天 24 小时播出的节目，一方面仍为其核心听众——短波广播听众服务，也可使世界各地的调频转播台为听众专门选取编辑好的本土化节目。第四，BBC 有专门的评估机制，于 1996 年成立了顾问小组，每年对各语言广播依次进行评估。BBC 还委托独立的国际调查机构对其进行评估，内容包括：听众规模、节目质量、听众喜爱程度、受众信任程度，以及每周到达率、认知度、客观度、实用度等。通过这些评估活动，BBC 形成了有效的整改意见，直接促使了其传播实效的不断增强。

（三）中国国际广播电台由对外广播向国际传播转变的策略

国际传播面对的是不同国家、不同民族、不同文化和不同信仰以及不同意识形态构成的复合式传播环境，单一的传播内容或传播形式是不受欢迎的。在当前的国际舆论中，由于中国国际广播电台在节目的针对性、贴近性、时效性方面，与世界主要国际广播媒体还有明显差距，导致传播实效不明显，舆论影响力有待加强。这就要求我们创新传播理念，尊重国际传播规律，在传播内容、传播方法、传播风格等方面，做到因地制宜、因人制宜，讲究艺术、注重实效，坚持三个理念，树立三项策略，尽快实现由对外广播向国际传播的转变。

首先，树立主动性策略。成功的国际传播，要以受众为本位，尽量淡化政治性的、宣传教化的色彩，摆脱明显的主观倾向性。我们在传播中要通过灵活、巧妙的报道方式，在受众中树立权威，以广泛争取人心。在传播策略上，应该主动根据国外受众的需求，从遵循国外受众的思维方式和认知模式出发，选择具有中国特色的传播内容，运用国际通用的手段去表现。简言之，就是用外国文化能够信赖和接受的语言，用国外受众能够听懂并能理解的语言，解释和宣扬中国的政策。

其次，树立贴近性策略。国际传播的重要任务是要促进各国人民的交流，增进相互间的理解，这就要求国际传播具有很强的贴近性，要做到外宣“三贴近”原则：坚持贴近中国发展的实际、贴近国外受众对中国信息的需求、贴近国外受众的思维习惯。我们的传播要做到：在传播手段上，贴近听众习惯和覆盖对象地区的实际条件，最大限度地保证不同听众群能听到我们的节目；在传播语言和节目形式上，采用符合听众收听习惯的方式来包装节目，消除语言障碍，拉近与听众的距离；在传播内容上，针对听众和当地舆论关注的问题，及时开展相关报道，吸引听众和提高信息选择率，实现服务目标对象和中国视点传播相结合的原则。

第三，树立文化传播策略。当前，世界主要国际广播媒体都强调以文化传播的形式进行国际传播，这也应当成为我们进行传播的重要策略。汉语拥有世界上五分之一的人口，除了两岸三地，还包括分布全球的华人华侨。有学者提出“大中华圈”的概念，这给我们国际传播提供了很好的思路：我们把对外传播的内容制作精当，其影响将不仅限于华语地区，还会在世界范围内产生影响。同时，中华文化源远流长，丰富多样，为我们进行国际传播提供了取之不尽、用之不竭的优秀题材和资源。因此，我们要以文化传播为外包装，以意识形态为隐形内核，借助汉语国际推广为载体的文化外宣形式，弘扬中华民族优秀传统文化。一方面，通过传播，主动积极地吸收人类所创造的一切优秀文化成果，把它熔铸于有本国特色的文化中。另一方面，突出中国文化的特色，加强本国优秀节目的制作力度，以具有竞争力的传播内容赢得受众，拓展传播阵地，增强传播的渗透力、影响力、吸引力和辐射力。

第三节　坚持四个并重

一、无线广播与在线广播并重

（一）无线广播的特点与传播优势

无线广播是指利用无线电波传送广播节目的一种广播方式，具有快速及时、先声夺人、穿透力强、覆盖面广、对象性强、具体形象、感染力强等优点。与报纸、杂志相比，它还具有声音的优势，不仅能拉近媒体与受众的距离，具有亲近感、现场感、可信度，也能为各种人所接受，其中包括文盲和失去视觉能力的人。因此，时至今日，无线广播仍是人们获取信息的重要来源。

在未来，无线广播也是大有可为的。一方面，其本身具有许多其他媒体形态不可替代的独特优势。比如，它生产成本低、操作简单、接收方便、时效迅速、高度口语化、普及率高、传播广泛、不受地域限制，与消费者具有天然的亲和力，是所有电子传媒中最为大众化的媒介。这是无线广播生命力的本原，不管未来技术发展如何，它在传播方面具有的这些独特优势是不容置疑的。另一方面，无线广播适应了经济全球化时代人们获取海量信息的需求。广播在广大发展中国家，特别是一些不发达的国家，仍然是主要的信息来源。而在发达国家，由于城市化进程的推进，收听广播开始成为越来越多的城市居民获取信息和娱乐消遣的重要渠道，将会拥有大量的听众，可以预见，广播的发展前景依然广阔。

在国际广播领域，无线广播既是各国宝贵的战略资源，也是实现全球化传播的重要手段。目前，全球有 113 个国家和地区开办有国际广播，无线广播都是其主要传播手段之一。世界主要国际广播媒体，早在 20 世纪 80 至 90 年代，就已兴办了环球广播，以短波广播为主要传播手段，以英语等通用语及母语广播作为发展重点。如，英国 BBC 国际电台开办有二套环球英语节目，分别实现了 24 小时不间断播出。BBC 国际电台的短波信号基本覆盖全球，其覆盖范围可划分为西非和中非地区、北非地区、东非地区、南非地区、东亚地区、东南亚地区、南亚地区、中东和海湾地区、阿富汗、伊朗和中亚地区、西欧和西南欧地区、中欧和东南欧地区、东欧和 FSU、加勒比地区等 14 个区域。美国之音面向非洲、美洲、亚太地区、欧洲和中东等地区，开办了两套环球英语广播，24 小时不间断播出；法国国际广播电台、俄罗斯之声分别面向欧洲、北美、非洲、中近东、东南亚和远东地区的法语、英语环球广播，每天播出 15 小时以上；日本 NHK 国际广播电台，面向亚太、欧洲、美洲和非洲等九个地区，用英语和日语滚动播出环球广播。环球广播的开办，使这些国际广播媒体实现了不分时间、不分地域、昼夜广播、全球覆盖，影响遍及全球。

近年来，在一些新兴的发达国家和一些处在经济转型期的发展中国家，面对着电视业、互联网等媒体的巨大挑战，广播的听众、尤其是国际电台的听众，在许多国家都呈现急剧下降趋势。包括BBC在内的一些广播机构都大幅消减了对北美、欧洲和亚洲部分地区的短波节目。但是，短波广播作为长距离广播的理想方式，在传播中仍具有独特的优势。许多专业媒体人士认为，国际短波广播的多数电台、播出语言及相对便宜的收音机，是永远不会消亡的。BBC国际电台台长奈杰尔·查普曼认为，尽管听众数量在下降，但仍有66%的听众通过短波收听广播。美国国际广播局Kim Andrew Elliott博士则将短波广播描述为“杀手锏式的媒体”。他说，现代意义上的国际传播因滥用而造成封堵、相互干扰，最后陷于困境。一个全球性的国际短波网将成为自动保护装置。忽略短波广播我们就等于在自取灭亡。[①]

（二）在线广播的优势与发展现状

必须承认，当前，在电视普及的国家，广播的优势遇到了不小的挑战。广播传统的落地方式需要改进，尤其是短波发射这一传统手段，随着短波受众的减少，其生存与发展问题更显得迫在眉睫。而且，由于短波广播的效果取决于电台发射功率的强弱、收音机性能的好坏，以及接收地点等环境因素，收听效果难以得到有效保证，国际广播媒体在开发和利用卫星及数字技术以推动自身发展的同时，也在纷纷开辟新的传播渠道，以实现更有效的广播节目落地。

互联网的兴起，掀起了传媒领域的第四次革命。截至2008年6月，全球互联网用户总数已突破14.6亿，在过去8年间增长了305.5％。[②] 预计到2010年，全球互联网用户总数将达到18亿。据中国互联网络中心2008年7月发布的第22次《中国互联网络发展

---

① 《忽略短波广播等于自取灭亡》，载于《世界广播电视参考》，2007年第10期，中国国际广播电台主办。

② 数据来自“互联网世界统计”网站，http：//www.internetworldstats.com。

状况统计报告》显示，2008 年年底，中国网民总人数达到2.9 亿人，网民规模跃居世界第一位。

同无线广播相比，在线广播在国际传播方面有独特优势。首先，作为唯一一种全世界统一标准的技术方式，它突破了国别和地域的政策限制，任何一种语言内容，都可能被世界任何角落的受众获取。其次，它突破了传播时间的限制，信息内容可以被客户长期保存并反复使用，扩大了宣传效果。第三，在线广播改变了广播传统的播出形态，拓展出这一声音媒体文字化、视觉化的新功能，使网上用户不仅可以听广播，也可以看文字和图像。这种听觉与视觉的结合，进一步拉近了电台与受众的距离，缩小了声音媒体与文字媒体的差异。第四，在线广播的多媒体特性，正日益成为一种事实上的全媒体，是整合资源、形成大外宣格局的理想平台。第五，从总体上看，在线广播的用户教育程度和社会地位较高，其中不乏目前和未来的世界各国政要、商界骄子、传媒精英、白领阶层。他们具有很强的信息消费能力和舆论影响能力，是理想的外宣对象。第六，在线广播扩展了受众的选择空间。传统无线广播的受众，是一种被动性较强的受众群体，他们接收广播信息往往要按照准确的时间来进行，否则信号转瞬即逝，错过了时间，信息就难以再次捕捉。在线广播的受众可以先通过文字了解广播节目内容，再根据自身需要和兴趣选择要看或要听的内容，这在很大程度上改变了过去“电台播什么，受众听什么”的状况，形成了我想听什么、看什么，就选听什么、选看什么的互动传播。第七，互联网的开放性特性，有利于我们的国际传播进入西方主流社会，有利于我们及时将大量的真实信息传播到世界各地，让世界正确地了解中国，也能使我们的国际传播在激烈的国际舆论竞争中占有一席之地。因此，互联网成为广播媒体以高科技求发展的选择之一。

世界主要国家的国际广播媒体，都开辟了互联网在线广播，将国际广播从传统的短波扩大到无地域限制的互联网上。美国之音于

1994 年 1 月，英国 BBC 于 1997 年 11 月，韩国 KBS 国际广播电台于 1997 年 11 月，法国国际广播电台于 1998 年 9 月，日本 NHK 广播电台于 2000 年 2 月，先后推出了各自的多语种、多媒体网站。目前，这些国际广播媒体的全部广播语言都已上网，通过文字、图片、音频、视频，向全世界网民发布信息、提供服务。总体来看，其内容构成体现出几个鲜明特点：一是定位于新闻网站。内容以各类新闻为主，大多是本国和对象国的时政新闻，以及国际、科技、财经、体育、文化等方面的新闻。二是内容贴近性强，趋向“本土化”，其网站人员专职化程度比较高，员工绝大多数来自对象国家，内容贴近受众兴趣，信息“本土化”特征非常突出。三是娱乐和互动功能突出，能将娱乐性、互动性、实用性和服务性有机结合，赢得更多的受众。四是音频节目丰富，均提供了各自广播节目的在线直播和点播收听服务，网民访问这些媒体网站可以随时收听新闻和各类专题节目。德国之声、美国之音推出了手机广播服务，力图通过多种方式，向网民最大限度地传递信息。五是新技术应用程度广泛。博客、播客、RSS 聚合等基于 Web2. 0 的个性化服务已经在这些媒体网站得到应用，一些网站正在向网络电台和手机广播迈进，BBC 和德国之声走在了前面。德国之声网站早在 2005 年 2 月就推出了德语、英语、西班牙语、葡萄牙语、俄语、中文和阿拉伯语七个语种的移动频道。BBC 于 2005 年开始推出播客（Podcasting）业务，用户可以借助“iPodder”等软件自动从网络上下载所订制的广播节目，把这些节目复制到便携终端，如 MP3 播放器、手机等，就可以随时随地收听了。同时，用户还可以把自己制作的节目上传到网站上与其他网民共享。①

（三）中国国际广播电台坚持无线广播与在线广播并重的举措

构建现代国际广播体系，要坚持无线广播与在线广播并重，利

① 关于世界主要国际广播媒体网站内容特点的论述，可参见：王庚年主编：《国际传播发展战略研究》，中国国际广播出版社，2006 年版。

用在线广播通达性强、个性化突出等特点，与传统的无线广播结合成组合形态，以取得国际传播的规模效应。

无线广播是中国国际广播电台的立台之本。中国国际广播电台本部43种语言和众多高端外语人才，都是依据无线广播的需求，发展和聚集起来的；国家给予中国国际广播电台的政策支持，在很大程度上，也是依据无线广播的需要而提供的；社会各界对中国国际广播电台的认可，在相当程度上，也是无线广播带来的。经过60多年的发展，中国国际广播电台的无线广播已具有相当规模，取得了辉煌成绩，目前，43种语言的无线广播累计每天播出节目1400多小时，2008年的受众反馈数量达270多万封（件）。调查显示，在农村，随着“村村通”工程的推进，受众获取信息和娱乐的主要渠道是看电视；在城市，由于城市化进程和生活节奏加快，特别是人口流动性的增加，收听广播又开始成为越来越多的城市居民获取信息和娱乐消遣的重要渠道。这种情况在国外也大致相同。因此，无线广播作为中国国际广播电台的传家宝，不仅不能丢，还应当随着社会发展的需求，不断做强做大。

但与世界主要国际广播媒体相比，中国国际广播电台的无线广播还存在不小的差距，不仅没有实现主要语种的环球广播，在硬件实力方面的差距也很明显。世界各大广播媒体的播出系统与境外媒体有节目的互换播出、频道的租赁播出，能覆盖本地的一定区域，收听质量好，受众多，并能进入主流社会。而中国国际广播电台利用对象国媒体播出的节目较少，总体上仍以国内发射为主。因此，要继续巩固已有的无线广播阵地，积极创造条件，加大发射功率，增加播出频率，延长播出时间，完善信息采编、制作、播出、发布功能，实现音频、视频和网络节目生产规模化和多语种译制体系，尽快完成英语环球广播、华语环球广播和多语种环球广播工程，在全球的重点国家和地区，实现华语、英语和当地官方语言的有效收听。

中国国际广播电台的在线广播，即国际在线网站，创办于1998年，是我国政府重点新闻网站。目前，“国际在线”用43种文字和53种语言发布，旨在介绍中国的政治、经济、体育和文化等各个方面，主要提供新闻、文化和经济类信息，并以丰富的音频节目为特色，现已发展成囊括环球网络电台、网络电视和播客平台等新媒体在内的多媒体集群网站，能使用受众的母语覆盖全球90%以上网民。除浏览网站图文外，访问者还可以登陆北京、华盛顿、伦敦、东京、柏林、开罗、莫斯科、悉尼、安卡拉、首尔、布宜诺斯艾利斯、里约热内卢等12个城市的环球网络电台，欣赏“国际在线”专门为网友制作的精彩节目，或制作自己的个性播客，也可登陆网络电视收看视频节目。“国际在线”依靠自身的资源优势、外语优势和品牌优势，培育了高学历、高层次的受众群体，其访问者来自美国、日本、加拿大、法国、英国、德国等180多个国家和地区。2005年以来，中国国际广播电台在发展在线广播方面投入了很大精力，也取得了显著成效。

中国国际广播电台将坚持无线广播与在线广播并重并有所侧重战略，抢先发展、创新发展，强化优势、强化实效，提升外宣实效。

1. 完成业务结构调整，实现传播手段的合理布局

面对短波广播受众群体不断减少、中波和调频广播无法实现全球覆盖、节目境外直接落地存在诸多障碍等严峻现实，中国国际广播电台将紧紧抓住“网络和多语种”优势，根据对象国的不同情况，重新确定传统无线语言广播的工作重心和业务结构。对网络发达的对象语言包括日语、朝语、马来语、印尼语、菲律宾语、土耳其语、波斯语、捷克语、保加利亚语、罗马尼亚语、阿尔巴尼亚语、波兰语、匈牙利语、塞尔维亚语、法语、德语、意大利语、西班牙语、葡萄牙语、世界语等20个语种的现有业务结构进行调整，即由以无线广播为主，调整为以在线广播为主；对具有网络条件的、无线广播效果也较好的蒙古语、印地语、孟加拉语、尼泊尔语、泰米尔语、越南语、老挝语、泰语、阿拉伯语、斯瓦希里语、豪萨语、普什图语、俄语等 13 个语种，在保持无线广播与在线广播并重的同时，进一步丰富其网站内容，增强互动性、服务性和贴近性，不断提升节目质量，增强网站整体实力和国际竞争力；对暂时不具备网络条件的柬埔寨语、僧伽罗语、缅甸语、乌尔都语等 4 个语种，重点办好无线广播，同时及时更新静态页面；对无线广播和在线广播都已经进入快速发展期的英语以及繁体和简体的汉语普通话、广州话、客家话、闽南话、潮州话等 6 个语种，在实现无线广播全球立体覆盖的同时，继续加大在线广播发展力度。

2. 在确保现有多语言网络平台有效运行的基础上，适时增加新语种

由于国际政治版图变化等原因，在我国对外传播中，还有一些比较重要的国家和地区没有实现母语覆盖。中国国际广播电台将在确保现有语言网站稳定有效运行的基础上，采取灵活务实的方式，适时再增加至少 5 种语言，重点是北欧、中亚、东欧地区的语言。

3. 加快推进移动国际在线发展，提高高端受众覆盖能力

“国际在线”已经针对手持终端，推出了“移动国际在线”英文网和中文网。经过一段时间运行，英文网访问者不断增加，目前受众遍布 69 个国家的 761 个城市，访问量居前十位的国家和地区是：美国、加拿大、英国、法国、德国、香港、荷兰、西班牙、澳大利亚和意大利。整个英文网境外访问量超过 60%。从总体上看，移动用户素质较高，社会话语权和舆论影响力更强，是理想的外宣对象。中国国际广播电台将加快推进“移动国际在线”建设，提高已上线的英文网和中文网的针对性和贴近性，做出移动特点，适时增加法语、德语、日语和朝语等语种，扩大境外移动用户的覆盖范围。

4. 加大网站境外推广力度，开拓对外合作新平台

中国国际广播电台将以与境外同类网站相互链接等方式，通过海外平面媒体、电视媒体、广播媒体，或通过专题推介活动，扩大“国际在线”总体品牌和各语种子网站在海内外的知名度。

目前，“国际在线”已通过内容互换、内容授权、合办节目、共办活动等方式，与40多家境外媒体和网站建立了合作关系。将来，“国际在线”将重点在提高对外合作的多样化和有效性上下功夫，使境外合作媒体和网站的数量增加一倍，实现多语种信息的“二次传播”，扩大“国际在线”的渗透力和影响力。

5. 创新工作模式，建立海外工作站

近年来，“国际在线”许多外语网站分别推出了“穆斯林指南”、“我盼奥运”等形式多样的网络对话活动和互动访谈节目，取得了很好的传播效果。下一步，将围绕互动服务，建立一套以互动服务为特征，以汉语教学、旅游信息、中国文化等特色服务为内容的全新网络工作模式，吸引境外网民更广范围的参与。以互动交流为特征的新型节目形态，将成为“国际在线”多数语种网站的常态方式。

根据新时期外宣工作和在线广播发展的需要，中国国际广播电台将对现有驻外记者站的职能进行调整。驻外记者站应具备无线和在线节目本土制作、本地推广和本土发布的功能，强化记者站的新媒体功能，使其成为海外工作站。工作站的主要工作职能包括：建立当地的制作团队；开拓与当地媒体和机构的合作；增强对当地媒体的影响力；建立海外发布点等。

二、传统媒体与现代媒体并重

（一）传统媒体的传播优势

所谓传统媒体是相对于以互联网为基础的新媒体而言的，指传统的媒介和传统的互动方式的媒体，包括广播、电视、唱片（各类碟片、磁带等）、图书、报刊和其他印刷类出版物。

应该看到，报纸、广播、电视等传统媒体在经过多年的发展后，已处于相对饱和期，但在多年的发展中已经培养出了一批忠实的受众，有着相对独立的生存空间，而其政治属性与政策环境、机构组织与人才网络等方面的特质与优势，在当前社会政治、经济发展中，也在呈现不断增强态势，并将随着社会信息传播进一步走向多元化凸显出来。

首先，在政治属性与政策环境方面。传统媒体的政治属性，决定了其在履行必要政治义务的前提下，拥有主导新闻的政治优先权利。这个权利，既包括从政治层面获取重要新闻信息的优先，也包括在新闻传播发展方面得到国家政策支持的优先，而且社会信息化程度越高，社会媒体形态越丰富，主流色彩相对明显的传统媒体，越是能优先占有重要新闻信息资源，优先成为重大政治、经济事件或发展变化进程的见证人与记录者。

其次，在组织机构与人才网络方面。传统媒体完备的新闻采编组织机构、充裕的业务人才和广泛的通讯网络，会在未来更加现代化的社会信息系统中，焕发更加巨大的信息生产力。

第三，在组织形式和运行机制方面。传统媒体正在顺应时代发展趋势，推行深层次改革：一方面，促进了组织内部不同分工新闻采编部门的相互协作，使其在信息与人才综合开发中实现了优势组合；另一方面，促进了资金、技术、后勤服务等各类支持新闻生产的要素的优化配置。传统媒体在推进其总体资源的现代化运作中，尤其注意对从业人员进行现代化的管理与培训，这将不断提升媒体新闻队伍的战斗力。

第四，在宏观管理和舆论引导方面。在信息传播多元化、社会舆论纷繁复杂的背景中，传统媒体在整合社会良性舆论方面，承担着充当主角的重要使命，在宏观管理与社会道德的双重约束下，表现出普遍的自律能力和社会责任感，能够通过较完备的新闻采编把关体系，整合社会良性舆论，实现自己的引导功能。

第五，传统媒体新闻传播业务层面的变革演进，形成了对新闻传播的多维度主导。社会、经济、政治、文化、科技、体育等新闻内容的界分，老年、青年、妇女、儿童等受众群体的细化，早、中、晚、周末等新闻传播时段的区别，新闻报道与信息服务的双向强化，让传统媒体不同类型的受众都体会到了阅读、收听、收看新闻前所未有的快乐，极大地丰富了受众的需求。因此，对传统媒体的发展不可偏废。

（二）现代媒体的传播优势

这里所指的现代媒体，主要是以互联网为代表的新媒体。互联网可以把文字、声音、图像等多种信息形式融为一体，传递信息具有大容量和快捷性等特点，更重要的是，它使得信息传播从单向流动变成了双向流动。“传统媒体向受众传递信息基本上是单向的，受众无法利用同样的渠道反馈信息。这就使媒体与受众处在一种不平等的关系状态中：媒体是主动的一方，受众是被动的一方。”[①] 然而，以互联网为代表的新媒体，改变了大众传播中的传播——接受关系，传播过程中实现了前所未有的平等，受众可以发挥更加积极主动的作用。因此，互联网具有传统媒体不可比拟的吸引力。

在国际传播领域，以互联网为代表的新媒体，正日渐显示其独特的优势和潜力：

传播的全球性。新媒体融合了传统媒体的优势，同时，与传统媒体相比，新媒体几乎是没有边界、不受地域限制的，具有与生俱来的全球性传播特性，能以开放、融合的姿态，满足受众表达和接受信息的需求，这使国际传播变得更加容易，具有更强的渗透力。

传播的快捷性。技术的发展使得新媒体可以实现实时的传播，不再需要复杂的剪辑和烦琐的后期制作与排版，新媒体的周期、版面、时段、时长等，不存在任何限制，信息的制作、发布的流程很

① 程曼丽著：《国际传播学教程》，北京大学出版社，2006年版，第41页。

短，信息可以做到随时更新、即时更新，在国际传播中，来自于任何角落的信息，都可以瞬间传播到世界其他任何一个角落。

传播的交互性。利用新媒体进行国际传播，可以为受众带来个性化和多元化的信息服务，加强和改进传者与受者之间的双向交流。受众既可以在极大范围内选择信息，也可以参与信息的传播，并与其他受众实现信息共享，这种多向、即时的互动和共享，有利于提升国际传播的向心力。

内容的丰富性。新媒体形式多样，各形式的表现过程比较丰富；其“多媒体化”可融文字、广播、画面为一体，通过“超链接”技术，做到即时的、无限的扩展内容，使其内容变成“活物”。同时，由于容量巨大，新媒体可以通过专题形式，整合大量资料，一步步把内容做深入。

受众的针对性。新媒体用户的受教育程度普遍比较高，中青年比例较大，多为社会中间阶层，在社会舆论中具有一定的话语权和影响力，这样的受众是理想的国际传播对象，是国际传播的目标受众。

反馈的准确性。利用新媒体进行国际传播，可以准确掌握受众数量、受众获取的信息量、受欢迎的信息类别、特定信息被获取的次数、信息的确切传播范围等数据，加强国际传播的针对性和实效性。

（三）坚持传统媒体与现代媒体并重的必要性与举措

构建现代国际广播体系，要坚持传统媒体与现代媒体并重的战略。这是因为，传统媒体和现代媒体各有自己的优势和不足，社会需要是多种多样的，各种传媒并存将是长期现象。一方面，新媒体的出现，并没有改变内容制作本身，而只是改变了内容的表现形式和传播方式。内容生产到目前为止还是传统媒体的强项，新媒体的传播，只是站在了巨人的肩膀之上。另一方面，传统媒体也需要借助新媒体拓展内容发行渠道，以谋求新的发展。因此，传统媒体与新媒体的发展出路，就是优势互补、新旧融合。传统媒体应该抓住技术革命的契机，在数字化转型道路上积极探索，按照新的媒介产业发展逻辑打造新运作体制、运作架构。新媒体应积极与传统媒体进行多平台、多方位、多渠道的深层合作与互动，使其在自身领域有所发展，并形成集约化运作模式和宣传优势。

中国国际广播电台新媒体业务的推进，应该始终与以无线广播等传统媒体形态为依托，使丰富的内容资源在新媒体的技术平台上，能够多次发布、复合使用，实现内容的增值服务，实现两种不同形态媒体的相互渗透。要坚持一手抓新媒体数字化，拓展新领域、开发新业务、发展新兴媒体；一手抓传统媒体改造，重视用新的机制、新的技术，改造、加强和提升传统媒体，使传统媒体的优势得到巩固和强化。

一方面，要大力发展新媒体。在做大做强“国际在线”现有业务的同时，实施“两个延伸”战略，即：从单一的新闻频道向社区论坛、博客、播客延伸，从单一的网站平台向移动通讯、即时通讯、搜索引擎延伸。“国际在线”将选择内外条件比较成熟的子网站，推出博客、播客等服务，并在国内、国外两个市场，启动基于3G移动通讯平台的手机广播、手机报纸、信息服务和手机购物等业务。在新业务拓展方面，“国际在线”将依靠特色资源和优势，大力发展多媒体服务，从在线收听向离线收听拓展，在做好数字授权的基础上，提供下载服务，在必要时采用PtoP技术，提高发布能力；积极做好主题播客平台，形成固定、忠实的用户群体；重点推进基于移动互联网和移动通讯网的视听业务。同时，对传统广播节目进行二次开发，开辟手机广播电视外宣业务，与境外手机广播电视运营商合作，开辟境外新媒体业务。

另一方面，要兼顾传统媒体的发展。发挥无线广播、报纸等传统媒体形态迅速快捷、信息丰富、权威负责的特质，实现主导信息发布与引导社会舆论的统一。要加强无线广播的软件和硬件建设，力争到2010年，全面实现英语、华语和多语种环球无线广播。要提升《世界新闻报》的内容品质，完善市场化运作，打造有影响力的平面媒体。加大中国国际广播出版社的品牌建设，力争在业内占有重要一席。提高《国际广播影视》的办刊水准，把握好专业化方向，紧密跟踪国际学术前沿，在现代传播学的宏观视野下，以广播电视传播为主要选题方向进行学术研究和探讨，成为广播影视领域的权威期刊。加快影视业务的发展步伐，改变电视中心只能简单加工国际资讯的状况，通过引进社会合作，扩大影视节目制作能力和水准，办好《环球奇观》电视频道，力争在影视制作领域争得一席之地。同时，积极推动传统媒体与互联网、移动通讯等现代媒体的融合，依托传统媒体新闻多维度、大时空、及时性特征，拓展传统媒体传播空间和传播形态，实现各种媒介的优势互补，增强我国国际传播的竞争能力。

三、内容创新与技术进步并重

（一）媒体内容创新的重要性

内容为王，是传媒业永远的主题。权威、原创、新颖、有市场、独家拥有的内容，已成为媒体核心竞争力的重要组成部分。尤其是在当今传播渠道日益增多、传播载体越来越多元化的趋势下，内容创新越来越成为媒体发展的制胜法宝和竞争的关键因素。一方面，在现实生活中，只要能获得最新的信息、获得充分的娱乐，人们就会选择这种媒体，而不管它是广播、电视，还是报纸、网络。因此，除了传播手段的差异，媒体的竞争归根结底是内容的竞争。另一方面，随着数字技术的发展，当今媒体已进入“资源过剩时期”，将来的频道资源和网络资源是无限的，也就是说媒体资源是无限的。面对媒介过剩的状况，受众选择的空间将越来越大，媒介被选择的几率趋于平均化。传媒过去依靠垄断而获取巨额利润的时代一去不复返了。报纸、电台、电视台，纷纷把经营的核心转移到内容制作上来，希望依托高品质的内容战胜竞争对手，高质量的内容成为传媒业的动力。这就要求媒体不断挖掘内容产品的文化内涵，创新其表现形式，增强内容上的主导权，巩固和强化舆论宣传阵地的作用。

纵观近几年国内广播事业发展的历程，不少电台遵循“内容为王”理念，着力打造品牌节目，取得了可喜成绩。比如，中央人民广播电台的“新闻联播”、“新闻纵横”等，都是全国叫得响的好节目，堪称品牌节目。陕西人民广播电台这几年在品牌建设中进行了很多有益的探索和尝试，确定品牌建设年，着力打造频率品牌、节目品牌和主持人品牌，取得了较好的社会效益和经济效益，涌现出“新闻早报”、“午间播报”、“长安夜话”、“一品长安”、“爱美戏缘”、“晨光晚霞”等一批知名度很高或受到听众欢迎的名牌栏目和节目。

世界主要国际广播媒体也十分注重内容创新。英国 BBC 为确保节目的高品质内容，制定了《节目制作人准则》，对编辑业务提出明确要求，其中包括：提供优质的信息、教育和娱乐节目；提供“全面、准确、公正”的新闻与信息服务；将英国文化展现在节目中，反映英国各方面广泛利益和不同的文化；向少数民族提供适合其特殊兴趣的节目；保持传统优秀节目，创造新的节目，在电视黄金时间多播出时事节目，向观众提供高品位的艺术类节目等。为了尽量全面、科学地评估每年的传播绩效，BBC 还配套设定了系列“两个管理”（即：目标管理和绩效管理）的量化指数，据此考核和评估 BBC 全年业绩。2004 年，BBC 对节目制作理念进行了调整，实施有效的差异化战略，从“用一套节目来满足所有受众的需要”到“不同定位的观众多样的选择”，针对不同阶层和年龄的受众群，对节目内容进行调整和多元化创意，以适应数字化需要，更好地满足受众需求。[①] BBC 国际电台也有自己专门的评估机制。早在 1996 年便成

① 张彩：《世界广播发展研究》，中国传媒大学出版社，2007 年版，第 49 页。

立了顾问小组，每年对各语言广播依次进行评估，三年一轮，通过评估提出整改意见。BBC 国际电台还委托独立的国际调查机构，对其节目质量进行评估，评估内容包括：听众规模、节目质量、听众喜爱程度、受众信任程度，以及每周到达率、认知度、客观度、实用度等等。这些措施，体现了 BBC 战略部署向增强节目内容“软实力”方向倾斜。

美国之音根据节目意图与设计、战略评估、节目管理、节目实效等四部分，实行节目评估等级工具，监察节目质量，推进内容创新。其节目实效建立在内容和播出两个主要标准上。内容标准包括对准确性、可信性、权威性、客观性、综合性和其他变量（如使命不同的各电台节目间的差异）的评估；播出标准包括对各个节目制作的次标准（如播音、语速、语调）等。

日本 NHK 追求节目的高质量，重视以优秀节目提高日本国民的文化素养，NHK 国际广播电台的日语广播扮演着向在海外的日本人提供信息生命线的重要角色。

韩国 KBS 通过可信而公正的报道，赢得了全体韩国人民的青睐。民意调查显示，2001 年以来，KBS 连续 6 年被公认为在韩国报社和广播电视台当中最具影响力的机构。每当重要事件发生时，韩国人不论在国内或世界其他地方，都会及时收听或收看 KBS 的新闻节目。

（二）媒体技术进步的重要性

技术进步是媒体发展的重要推动力。媒体的发展，天然与新技术的诞生相关联。事实证明，每一项新技术的产生与在媒体领域的运用，都将极大地提高媒体的传播能力。如，网络诞生后，其海量信息的储备功能与随机浏览、即时搜索的特点，使报纸与电视、广播等媒体的传播方式相形见绌；手机媒体的开发，随时将信息到达庞大的拥有具体精细数据库的海量资源，使企业主趋之若鹜，等等。从电视的模拟信号到数字信号的更新，以及手机上网功能日新月异的强化，无一不给单个媒体传播能力带来历史性提升。

广播电视是现代科学技术发展的产物。迄今为止，每一种新型媒体的诞生，都是技术进步的产物。活字印刷术使纸质媒体的广泛流传成为可能，无线电技术奠定了无线广播和无线电视的基础，网络技术让在线广播大行其道。每一次科技进步，都极大地推动了广播行业的发展。当前，数字化作为信息时代科技发展的大趋势，正以锐不可当之势，给广播行业带来巨大深刻的变革。数字技术的应用，彻底改变了广播的传统模式，使广播这种传统媒体拥有了现代特质，创造了崭新的发展空间。数字技术有效提高了广播节目声音的质量，增加了广播频率资源，拓展了广播信息服务功能，不仅为广播宣传提供了新手段和阵地，还极大地推动了广播生产力的解放和发展。数字化广播具有智能化、高清晰度、双向互动性的特点，开辟了广播电视节目的新纪元。数字化的广播信号既可通过无线电、卫星向全球播出，也可通过计算机网络在全球播出，大大扩大了广播原有的影响力。

世界各国特别是西方发达国家的媒体，正在纷纷抢占科技制高点，抓紧数字技术和标准的研发，加快推进广播影视数字化。英国BBC是世界上最早进行全国性数字广播的公司之一，早在1995年便率先推出了DAB数字化广播服务，开播了4套数字广播节目，开始其数字化改革的进程。与传统的模拟式广播相比，BBC的数字化广播无需重新调谐，可以提供CD质量的声音效果，在广播的同时可向听众提供文字信息，解决了一直困扰模拟广播的信号干扰问题，并为听众提供更多选择。1998年即英国“数字化元年”，BBC开通其数字电视频道BBC Choice，并积极搭建平台与各种运营商合作，开拓数字电视市场。目前，BBC在数字广播和电视的播出这两个领域都已发展得比较成熟，占据着全球最新传播科技的制高点。BBC计划到2010年终止模拟电视播出，实现所有频道节目的数字化。BBC认为，数字化是其1922年成立以来面临的最大变革，在数字化时代，受众的选择越来越宽泛，传统媒体如果不及时调整，作用和影响将会越来越小，所以必须把满足受众的需求作为最重要的任务。为此，BBC 调整内部结构，发挥节目内容优势，卖掉了传输网，加快实现台内数字化、网络化，建立了广播、电视、国内、国际共享的 1500 个终端的新闻制作播出网；开办了个性化、对象化的数字频道，以吸引受众，留住受众。

在中国，作为国家信息产业重要组成部分的电信业已实现了模拟向数字转换，具备了提供视音频业务的网络基础和技术条件。同时，各种新型数字媒体业务还在不断出现，信息行业的其他相关产业也处于快速发展期。

相比较而言，我国广电系统还处在模拟技术时代，没有充分发挥资源优势，也不能完全满足人民群众精神文化和资讯信息的新需求。2007 年 3 月 12 日，国家广电总局发布了《电视台数字化网络化建设白皮书（2006）》（广发［2007］0020 号）和《广播电台数字化网络化建设白皮书（2006）》（广发［2007］0021 号），提出电台、电视台进行台内资源整合、生产方式转型、业务流程再造的规范化思路。这两项白皮书的发布，标志着我国全面推进广播电台和电视台数字化网络化工作的开始。面对数字技术带来的发展机遇，广播影视必须时刻关注传媒科技的发展，把坚持发展和依靠科技进步紧密结合起来，把数字化作为推动广播影视发展的强大动力和工作的重中之重，抢占阵地、拓展业务，拓宽领域、增强实力，推动广播影视升级换代。

（三）中国国际广播电台内容创新与技术进步并重的主要措施

构建现代国际广播体系，要坚持内容创新与技术并重的举措。

首先，要牢固树立“内容为王”理念，不断创新宣传内容。广播影视的数字化，为内容的传播提供了多种多样的手段。广播影视内容的提供方式，正从固定、单向朝移动、交互、全业务发展。面对这种趋势，中国国际广播电台要进一步强化外宣意识，突出重点，体现特色，强化载体，研究报道新视角，掌握受众新特点，研发节目新形态，满足受众多样化、专业化、个性化需求。要进一步强化广播意识，发挥和开掘广播优势和特点，遵循广播媒体的传播和收听规律，结合播出窗口需求，制作精良的广播节目。要加大节目中的国际、财经、奥运和双边多边报道力度，突出现场报道观念。要立足语种、人才和资源优势，成为音视频产品富有竞争力的内容供应商。同时，要有效推动广播电台的发展，应将内容生产和资源管理紧密结合，对内容资源进行充分挖掘和利用，将资源管理贯穿到广播电台内容生产的整个流程，在广播内部形成一个以内容资源为核心，满足广播电台各类内容发布业务需求的内容资源管理系统。

其次，要抓住数字化、网络化技术给媒体改变自我的良好机遇，促进技术的升级换代。当前，传统的短波广播，仍然是除卫星传输外中国国际广播最主要的传输覆盖手段。面对飞速发展的传播技术、显示技术和介质技术，传统媒体可以进行产业升级，开辟新的盈利模式，获得更大的市场空间。要牢牢把握传媒技术创新，主动运用数字化、网络化等技术，加强对新技术、新手段的跟踪、研究、开发和利用，推动传统媒体与新型媒体的融合，创造出更多的细分市场和盈利模式，推动国际广播的产业升级和发展壮大，为媒体宣传大局服务，为国家文化安全服务。要加快推进台内数字化、网络化建设力度，推动全台节目制播的互联互通和资源共享，改变传统生产方式，再造台内业务流程，为我国国际广播从单一传统业务模式向为多种终端提供多种业务模式的转变提供技术支撑。要顺应数字化，网络化影响下的内容产业发展趋势，拓展行业内涵和外延，发展数字化内容产品，开拓增殖服务业务，重组运营方式和业务流程，调整产业经营结构。

四、国际市场与国内市场并重

这里的市场，只是借用的词语，主要借指受众，而不是讲经营。

国际市场，指的是以境外受众为主体进行的对外宣传；国内市场，指的是以国内受众为主体进行的对内外宣。简单地说，国际市场与国内市场的关系，就是外宣与内宣的关系。

（一）国际市场与国内市场并重的必要性

近年来，随着科技进步与经济发展，传播早已突破了疆界的限制，传统意义上的内宣、外宣界限已经越来越难划分。很多学者意识到，当今时代是一个“内外宣模糊”的时代。[①] 虽然就传播范围和对象而言，国际传播有别于国内传播，但从根本上说，二者是不可分割的。“国际传播依托于国内传播而存在，是国内传播的向外延伸部分。”[②] 如果说在进入信息时代之前，国际传播只是特指一国信息的对外传播，每个国家都有主要侧重国内传播的媒体和专事对外传播的外宣媒体，那么，信息时代则使得这个界线趋于模糊。[③] 由于通信手段的高度发达和信息在全球范围内的广泛流通，任何国内消息都可能在短时间内变成全世界共知的信息。国际舆论与国内舆论的界限也越来越难划分，国内舆论很快可以成为国际舆论，国际舆论也很快可以成为国内舆论。国内市场与国际市场的信息传播，具有了同样重要的意义。近几年来，中央领导同志反复强调，要把对内宣传和对外宣传统筹起来，不断提高我国对外传播能力。在2008年初的全国宣传思想工作会议上，胡锦涛总书记明确要求，必须统筹国内国际两个大局，把加强对外宣传作为关系国家发展全局的战略任务抓紧抓好。刘云山同志2004年在纪念新华社英语对外新闻开播六十周年讲话中指出，“只有把外宣与内宣统一起来，以国家的长远利益和根本利益为最高准则，牢牢把握正确舆论导向，才能更好地为全党全国工作大局服务”。“要牢固树立内宣与外宣相结合的观

① 刘继南、何辉等著：《中国形象：中国国家形象的国际传播现状与对策》，中国传媒大学出版社，2006年版，第44页。

② 程曼丽著：《国际传播学教程》，北京大学出版社，2006年版，第5页。

③ 程曼丽著：《国际传播学教程》，北京大学出版社，2006年版，第38页。

念，从事内宣的同志要有外宣意识，从事外宣的同志要熟悉国内情况，外宣部门和内宣部门要加强合作、沟通协调、互相支持，实现信息共享、资源共用”。中央多次提出，要努力形成全方位、多层次、宽领域的大外宣格局，并将其当作我国对外宣传工作的重大工程。坚持外宣与内宣并重，则是实现这一工程的重要现实途径。

随着中国经济快速发展和国际化程度的提高，来中国工作、学习、访问、贸易、旅游甚至定居的外国人越来越多，特别是在大中城市和沿海发达地区尤为明显。如何满足在中国内地境外人士的信息需求，成为媒体对外宣传的重要任务。一个时期以来，我国的一些城市和媒体，对于来到中国的境外人士的宣传工作，做得不太够，以至于他们身在中国却得不到适合的资讯，如同“灯下黑”一般。为有效破解这一难题，国务院新闻办公室启动了“灯下亮工程”，旨在以适合的内容、形式和传播方式，对来到中国内地的外国人、港澳台同胞充分、有效的信息覆盖，让来华的境外人士方便、快捷地了解中国社会文化等各种信息，让世界更好地了解中国，让中国更快地走向世界。[①] 在“灯下亮”工程的推进中，广播媒体能传播最及时的新闻资讯，是应当借助的资源，理应发挥重要作用。与此同时，中国人希望了解世界各国政治、经济、文化的愿望越来越强烈，中国人民尤其是年轻人渴望走出国门、了解世界的愿望日益强烈，学习外语、出国旅游的人不断增加。为了满足在华外国人的信息需求，更好地推进“灯下亮”工程的实施，更好地满足中国人自身对外国文化信息的需求，加强对外传播媒体的对内外宣，成为不容忽视的迫切问题。

（二）世界主要国际广播媒体内外宣并重的实践

坚持外宣与内宣并重，也是世界主要国际广播媒体的发展实践。

---

① 参见赵顺国：“灯下亮工程背景资料”，http：//www.scio.gov.cn/gzzg/dxl/bjzl/200609/t100005_1.htm。

英国 BBC 拥有对内、对外播出机构。其对外宣传业务主要通过国际广播、国际电视、互联网等多种手段，在世界范围内具有广泛的影响力。在英国国内，BBC 拥有 9 个电视频道、10 个广播频道和 4 个专门对英格兰、苏格兰、威尔士和北爱尔兰地区播出的区域性电视频道。英国 BBC 对内、对外两项业务名义上分开，实际上有着千丝万缕的联系。首先，其对外的英语广播，可以通过数字收音机在国内收听；其次，其对内、对外广播电视，在节目、信息、人员等方面均可以实现资源共享。[①] 在巩固对外宣传阵地方面，BBC 对外传播活动，根据传播技术的发展、受众的需求变化进行战略调整，同时配合英国政府外交政策，按英国地缘政治的变化需求，确定从目标市场到节目策略等方面的宣传重点，最终达到宣传目的。近年来，BBC 对外宣传活动作出了战略调整，其主要举措包括：加大对广播电视外宣的投入；整合重组所有对外广播电视资源，构建强大的多媒体对外传播体系；持续推进节目境外落地，抢占全球传播领域制高点；加大对热点和重点区域的投入，大力发展国际电视；根据对象国情况和受众调查结果，调整传播语言和手段等。在提升对内宣传影响力方面，BBC 积极推行“频率专业化”，分众化特色鲜明。各广播频率不再追求节目的“高、大、全”，而是将频率定位于某一类节目，使频率细化，充分体现个性特色，从而吸引特定受众，以高度的“分众化”打造频率品牌。此外，BBC 还构建了中央与地方并重的节目体系，在制作节目时，充分考虑到各地区情况的差异，播出具有地方特色、为当地听众所喜爱的节目，从而使自身的服务范围和社会影响更为深广，在英国广播业中的领军地位更为牢固。[②]

日本 NHK 面向海外提供 3 套广播电视节目的播出服务，其中 2 个是国际电视频道（NHK 环球广播网 TV 和 NHK 环球广播网收费电

---

① 王庚年著：《国际传播发展战略研究》，中国国际广播出版社，2006 年版，第 17 页。

② 参见张彩：《世界广播发展研究》，中国传媒大学出版社，2007 年版，第 37－38 页。

视频道），1 个是国际广播电台。在日本国内，NHK 拥有 5 个电视频道和 3 个广播频道。NHK 通过电视综合频道、教育频道及 3 个广播频道播出以新闻、教育和家庭娱乐为主的综艺节目。其中，电视综合频道与教育频道通过作为其核心媒体的地面电视播出。另外 3 个卫星频道也在提供题材广泛的各种电视节目。

韩国 KBS 也是集对内、对外广播，电视，网络传播与节目制作推广于一体，拥有 4 个电视频道和 7 个广播频道，其频率专业化特征也比较明显。在所属电视频道中，电视 1 台以新闻、时事报道为主，被定位为韩国“国家基干频道”，电视 2 台以家庭文化、娱乐为主，卫星电视 KBS Korea 是韩国文化专业频道，KBS World 是国际卫星频道。其所属广播频道包括“新闻频道”（广播 1 台）、“家庭、娱乐频道”（广播 2 台）、“爱之声——残疾人专业频道”（广播 3 台）、“古典音乐、国乐专业频道”（1FM）、“大众音乐专业频道”（2FM）、“社会教育频道”（肩负对朝鲜广播任务）以及由 11 种语言构成的国际广播（KBS World Radio）。

（三）中国国际广播电台国际市场与国内市场并重的举措

在国际传播中，面向他国进行传播是主战场，宣传对象和竞争对手主要在境外，因此，中国国际广播电台必须把巩固和发展国际外宣阵地作为首要任务，常抓不懈。要服务国家的整体需要，大力发展对周边邻国的广播，做好针对欧美发达国家的广播工作，重视在阿拉伯地区、非洲地区和南美地区的广播工作，尽力争夺与西方国家在上述地区的舆论主导权。要坚持“贴近中国发展的实际，贴近国外受众对中国信息的需求，贴近国外受众的思维习惯”的外宣“三贴近”原则，做好对象国受众调查和分类研究，强化和提高对外传播能力和对外报道质量，增强国际舆论竞争力和影响力。

经过 20 多年的发展，中国国际广播电台对内宣传水平和影响力得到提升。目前，已经拥有英语综合广播（FM91.5）、国际流行音乐广播（FM88.7）、环球资讯广播（FM90.5）、多语种奥运广播（AM900）、外语教学广播等5套对内广播节目，拥有6个调频、4个中波共10个对内外宣广播频率，每天制作节目120小时，初步形成了与我国对外开放格局相适应的对内外宣广播频率群。中国国际广播电台的每个专业频率，从传播理念、目标受众、节目定位、表现形式、风格特征、市场预测等基本要素入手，依据受众市场调查，找准对象受众，根据市场需求构建节目平台；要科学论证，准确定位，推行“差异化策略”，从繁杂的节目竞争格局中，找到品牌节目与目标消费群之间的独特联系。要在实行“频道专业化、栏目个性化、节目精品化、主持风格化”的过程中，不断深化频道定位，加强频道协调，统筹安排各类节目的播出时段，增强节目的整体实力和播出效应，提高收听率，达到社会效益和经济效益的最大化。要加大对内外宣节目在国内城市的落地和频率推介力度，提高对内外宣的影响力和公信力。探索和建立对内外宣广播频率管理和节目管理相剥离、事业和产业机制相贯通的运行模式，建立以竞争为核心的目标管理机制，建立与经营业绩挂钩的节目考核激励机制，健全重点突出、推广有序的品牌战略和推介机制。

第四节 创新五个系统

一、创新宣传管理系统

（一）宣传管理系统的内涵

宣传是广播媒体的核心业务。广播媒体既是党和政府的宣传喉舌，也是满足广大人民群众对于信息、教育和娱乐消费需求等精神文化产品的生产部门。所谓宣传管理，是广播媒体为了实现宣传的目标，采用计划、组织、领导、监督、协调、控制等措施和手段，对媒体所传播的节目内容进行系列管理活动的总称。

中国国际广播电台的宣传管理系统，指的是履行宣传指挥、报道策划、节目运行、受众服务、对策研究、舆情分析、版权管理等集宏观宣传管理、服务、组织、协调于一体的综合职能，其主要职责体现在：

1. 宣传规划管理

主要包括：研究、制定、组织和监督实施全台重大宣传报道计划和方案；统筹策划、协调和管理重点报道工作；研究、起草和制定宣传管理文件和汇报材料；承办上级宣传主管部门交办的有关工作；对各语言广播重点报道工作进行协调、指导和监督；编制和协调全台重大宣传报道经费登记；审理记者国内外采访报道计划。

2. 节目运行管理

主要包括：对全台各类广播电视报刊及在线节目的内容、口径、重点宣传及安全制播执行情况进行检查、监督、管理；组织全台性节目改版，审批各语言无线和在线广播节目方案及播出运行方案；对各语言无线、在线、落地广播节目进行考评；审批全台直播类节目播出方案；编制和管理节目制作经费；研究、起草和制定规范节目制作与运行管理文件；对外广播频率管理等。

3. 听众工作服务

主要包括：统一管理全台受众联络工作；对各语言无线、在线、落地节目传播效果进行调研和评估；协调管理全台各部门海外监听员工作；统筹规划与管理各语言无线和在线广播举办的各类知识竞赛活动；对各语言广播部开展的听众联络工作进行指导和管理；负责全台受众反馈信息的汇总和分析工作；管理全台各语言部开播周年庆典经费；管理全台听联工作所需宣传品和奖品等。

4. 信息版权管理

主要包括：为全台编播业务提供各类信息及资料服务；对境外广播电视机构涉华舆情与国际舆论热点及时跟踪分析；管理宣传业务所需信息资料、纸质和电子宣传档案以及重大事件音频节目档案；

牵头处理节目版权事宜；对全台中外文报刊订阅与处置进行管理。

5. 对策研究参考

主要包括：跟踪研究世界广播电视发展变革和多媒体业务；跟踪研究国际传播发展规律和境外媒体发展态势；承办全台性重大课题调研工作；定期提供决策参考。为了提升对策研究的系统性、行为性，国际广播电台已决定成立国际传播研究中心。

（二）中国国际广播电台创新宣传管理系统的举措

1. 改进宣传决策模式

广播宣传战略的贯彻落实，需要从组织上建立健全配套的管理机制。目前，中国国际广播电台实施台分党组领导下的台长负责制，台长兼任总编辑承担着确保舆论宣传导向正确的政治使命，对宣传工作实行全面领导。分管宣传的副台长协助台长分管宣传工作。各中心（室）、主任在台长（总编辑）的领导下，直接管理本中心的宣传工作。

编委会是中国国际广播电台宣传工作的最高决策和指挥机构，是由台长（总编辑）或台长（总编辑）委托的副台长、副总编辑主持召开，由台编委会成员参加的会议，负责全台节目规划的制定、审查、频率栏目设置、重大选题的立项审批、重要节目的审查、重大宣传战役的部署等。具体任务是：传达党中央、国务院以及中宣部、外宣办、广电总局有关宣传工作的重要指示，研究贯彻的办法和措施；研究、组织、协调全台重大宣传活动，批准重大宣传活动报道方案和频率调整、节目改版方案；对全台宣传工作做出安排和部署，通报近期宣传重点，布置阶段性宣传工作任务；研究全台宣传工作中存在的问题，提出改进宣传工作的意见；通报全台安全播出情况；研究通过全台各语言广播节目、落地节目、网站和新闻中心发稿考核结果。

编前会是宣传部署的执行机构。编前会的主要任务是：传达党中央、国务院以及中宣部、外宣办、广电总局和其他有关部门重要宣传精神和报道要求；部署当天宣传工作；通报与宣传情况和安全播出有关的事项。

各地区广播中心及下属各语言部门是贯彻落实对外广播宣传方针，完成中国国际广播电台宣传任务，制作播出多语种节目的结构实体。各编播中心设有中心编委会，对本中心的重要宣传业务工作进行研究和决策，其主要职责是：研究讨论本中心的重点宣传工作规划；制定本中心的重大宣传报道方案，并负责监督、检查、落实；对所属语言部无线、在线广播节目改版方案和节目设置方案进行研究和初步审定；制定本中心宣传管理方面的规章制度，并负责监督、检查、落实等。

改进宣传指挥模式，就是要创新编委会和编前会机制，形成台编委会、编前会和各编播中心编委会相互配合、协调统一的宣传管理体系。要动态性调整台编委会职能定位和人员构成，加强决策指挥、宣传研究和重点策划职能；完善台编前会制度，强化工作落实、任务部署和信息沟通功能；健全各地区语言广播中心编委会，强化宏观综合管理职能，提高节目自主策划、地区节目编排和宣传业务执行力。

2. 创新宣传策划机制

核心是建立健全重大宣传报道策划机制。一是建立统一指挥的策划机制，指挥、协调宣传任务，策划、实施报道选题和方案，为全台媒资平台和各个窗口提供及时、准确、权威的新闻报道；形成包括日策划机制、周策划机制和即时策划机制在内的成熟策划机制，对日常宣传、重大报道、突发事件等进行及时策划报道。二是建立突发事件应急报道机制。建立突发事件发生后的应急报道机制，及时调整节目内容，策划大型活动和精品节目，打破发稿在时间和数量上的限制，增强宣传报道的时效性。三是建立大型报道联动机制。建立以新闻中心新闻采集、编辑为主干，各语言部采集双边活动为特色，国内记者站及城市台特约记者为补充的国内新闻采编机制，形成以新闻中心编辑为指挥，驻外记者采集为骨干，各语言部编译为依托，海外报道员为补充的新闻采编系统，进一步整合全台各类新闻资源。

3. 创新节目评价机制

世界主要国际广播媒体经过多年探索，纷纷建立了自己的节目评价机制。

BBC 国际电台有自己专门的评估机制。1996 年成立了顾问小组，每年对各语言广播依次进行评估，三年一轮，通过评估提出整改意见。BBC 国际电台还委托独立的国际调查机构进行评估，评估的内容包括：听众规模、节目质量、听众喜爱程度、受众信任程度，以及每周到达率、认知度、客观度、实用度等能够反映宣传效果的指标。

美国则定期对对外传播项目的实效进行总体评估。根据美国政府 1993 年通过并实施的《政府运作和业绩法》、1994 年公布《国际广播法》，美国国际广播电台必须设定战略目标和年度目标，在一个财政年度结束时，进行和接受年度检查和评估，考核节目质量、传播实效和完成使命的情况等，并根据绩效考核的结果调整年度战略规划和资金、人力、频率、技术设备等资源的分配。如，美国广播管理委员会在 2004 年度报告中，除对照当年制订的年度目标，列出完成的实际情况外，还列出了其国际广播电台和电视台的受众数量，发射台、转播台、境外落地合作电台数量，节目质量、广播信号强度指数、卫星效力指数和发射网消耗性支出数量等。

创新宣传管理系统的一个重要措施是创新节目评价机制。主要包括：完善考评内容，通过听众反馈、总局监测中心和聘用境外监听员，对节目播出效果进行评估，逐步由“软考评”向“硬指标”转变。考评内容方面，以节目部门的主体业务为重点，实行分类考评，对同时拥有几种广播形态的语言部门，选其最重要的进行考评；考评标准方面，实行以专家、领导为主体的定性考评，与以收听率、点击率和受众反馈为主要指标的定量考评相结合；考评周期方面，适当缩短频次，降低成本，提高效率；考评方式方面，实行定期考评与日常抽查相结合，强化日常抽查的监管作用；考评范围方面，将无线广播、在线广播、新媒体广播、对内外宣广播、境外网络电台、境外落地节目等，列入全台统一考评范畴；对广播、电视、报刊、出版及其广告、发行进行整体规划和统筹，建立分类实施、运行顺畅的目标管理、内容监督、业绩考核、行政服务等机制。要创新节目规划机制，调整节目构成，增加文化、娱乐、服务类节目比例；创新节目形态，鼓励制播有自主产权的原创个性化节目；改革节目编排，重大节日及周六、周日等，实行特殊节目编排，压缩缺乏针对性和贴近性的新闻类节目，增加具有中国文化特色的节目；明确境外整频率节目管理主体，改革境外落地节目设置，突出地域针对性和本土化特色；加强节目规划和资源共享，将各编播中心策划制作的重点报道、系列报道及境外落地节目等，列入全台统一的宣传规划范畴。

4. 完善受众服务机制

在西方国家，受众的角色和地位，得到广播电视媒体、大学传播研究机构和市场调查公司的高度重视，形成了立体式和交叉式的受众研究格局，建立了完整的现代化信息反馈系统，拥有一大批包括社会学家、心理学家、统计专家在内的受众研究专门人才。

西方各大广播公司每年都投入几百万以致上千万美元用于受众调查研究工作。如，英国 BBC 十分重视受众调研工作，每年委托专业调查公司搞 4－5 次听众调查。2005 年，BBC 国际电台委托一个独立的市场研究机构进行了听众调查。这次调查运用了当今国际上最先进的听众研究技术，样本数据来自 42 个国家，是 BBC 历史上规模最大的一次调查活动。调查结果使 BBC 决定加大对高质量节目传输的投资。当年，BBC 还单独组织了对另外 16 个重点广播市场的调查，其中包括埃及、印度尼西亚、尼日利亚、巴基斯坦、俄罗斯和美国。到目前为止，BBC 已在 60 多个国家和地区进行了听众调研。

美国对外传播也特别注意进行受众研究，美国国务院一般是雇佣专业调查机构，在全球范围内对美国形象、国际广播的受众对象等进行调查，并根据调查的结果，及时调整对外传播的内容和形式，同时对传播资源、策略和手法进行调整，根据受众的不同情况、不同特点，确定对外传播的具体语言、传播手段，甚至表述和表达方式。

在我国外宣实践体系中，受众研究是一个十分薄弱的环节。虽然中国国际广播电台也有自己的受众研究机构和手段，但仍在沿用着统计听众来信的方式，进行受众调查和服务受众。因此，要按照多媒体要求，加强受众研究和服务工作。首先，要确定“目标受众”和“重点市场”，细化节目方针和编播规程。其次，要建立健全各语言广播主要受众的信息数据库，深度加工受众反馈，培养拓展忠实受众群。再次，要采取向高校借能人、找市场聘高手、向同行请专业人员等方式，组建专业的受众工作团队，在全球范围内进行有针对性的、科学系统的受众调查和分析，了解和掌握中国国际广播电台受众在全球范围的具体分布。在受众调查公司提供的各种数据的基础上，进行广泛的观众、市场和舆论等方面的分析与研究，整理出书面报告，为广播电台内部各部门提供参考，向管理、决策和销售部门提供对内对外传播的重大进展和发展趋势意见。第四，要适应新媒体时代的发展需求，着力加强对新媒体目标受众定位的研究，尽快建立听联工作信息平台，健全现代化信息反馈系统，为听联工作提供技术保障，同时比较全面地掌握中国国际广播电台听众和听众俱乐部的分布及详细资料，实现对语言部听联工作的管理，语言部也可以实现与听众的互动。

5. 完善考评奖惩机制

要加强节目考评研判和节目评奖工作，把评奖的结果作为节目设置、节目资源配置、节目编排、节目评价、节目改进等宣传工作的重要依据，发挥其在提高节目质量中的特殊引导作用。加强宣传研究，通过专题调研、受众分析、舆情研判等为编播部门提供智力服务。加强对境外主流媒体重要舆情信息的分析研判，依据国际舆论关注焦点，优化传播策略、艺术和技巧，增强传播实效。

6. 加强节目版权管理

节目版权管理包括对自制节目和外来节目（外购节目、交换提供节目）的版权管理。节目版权管理的主要功能是：指导节目制作部门处理与相关著作权人或其他权利人的关系，保留完整的版权记录，并据此确定节目的制作和播出需采取的版权处理措施。按节目的不同形态、特点、再利用的可能性、开发价值等因素，确定节目版权的等级。维护节目版权的可再次利用性和可开发性。[①]

加强节目版权管理，要做好播出节目的审查把关工作，建立健全管理制度，规范节目播出行为，认真落实节目“三审制”和重播重审制度，确保节目内容导向正确。要严格按照《广播电视管理条例》和总局有关规定，认真审核所播节目的《许可证》手续或批准文件，确保所播节目具备合法《广播电视节目制作经营许可证》。要充分利用现有监播手段，加强对所播节目的监看工作和节目备案及抽查工作。

二、创新人事管理系统

（一）人事管理系统的内涵

在传媒技术日益融合的21世纪，大众媒体之间的竞争，归根结底是人才的竞争。国际广播是知识密集型和科技密集型行业，要实现它的全面、协调、可持续发展，需要一支适应国际广播事业的优秀复合人才的支撑。

---

① 参见黎斌、李怀亮主编：《中国电视媒体运营管理实务》，中国国际广播出版社，2007年版，第79页。

但是，长期以来，由于我国国际广播身处事业编制序列，经费来源主要依靠财政拨款，国际广播媒体在用人机制上的决策依据，一直是行政计划或行政权力，这种运作模式历经从计划到审批的漫长周期，增加了媒体和优秀人才的机会成本，导致了诸多计划体制下传统人事管理弊端的产生，如：论资排辈现象比较突出、优秀人才难以脱颖而出、激励机制不够完善、对人力资源的重视和维护不够等。如何不断创新用人机制、激发国际广播工作者的创新活力，成为保持国际广播发展活力的关键。计划经济体制下的人事管理，也必须向市场经济体制下的人力资源管理转变。

传统人事管理的特点是以“事”为中心，强调“事”的单一方面的静态控制和管理，在完成“事”的过程中，把人当作“工具”，随意使用和控制。1954 年，美国管理学家彼得·德鲁克在《管理的实践》中首次提出“人力资源”一词，从此，人力资源管理逐渐成为世界各国、各领域高度重视的竞争机构性力量。资料显示，在美国 1929 年到 1959 年 30 年间的生产力增长中，13% 是靠资金和设备取得，87% 是靠人力资源的进步取得的。人们已经认识到，“人”是生产力中最活跃、最容易流动的资本，是最有创造力的资源。现代人力资源管理以“人”为核心，管理的根本出发点是“着眼于人”，强调一种动态的、心理、意识的调节和开发，特别是把人作为一种“资源”，认真加以保护、引导和开发。

所谓人力资源管理，就是指运用现代的科学方法，对与一定物力相结合的人力进行合理的培训、组织和调配，使人力、物力经常保持最佳比例，同时，对人的思想、心理和行为进行恰当的引导、控制和协调，充分发挥人的主观能动性，使人尽其才，事得其人，人事相宜，以实现组织目标。具体来说，中国国际广播电台的人力资源管理系统，应当承担制定人力资源规划、人力资源成本核算、岗位分析与工作设计、人力资源的招聘与选拔、雇用管理与劳资关系、工作绩效考核、员工工资报酬与福利保障设计、入台教育培训、员工职业生涯规划、员工档案保管等多项综合职能。人力资源管理系统的构建，日益成为一个横跨组织内各部门、纵联生产全流程的系统工程。

（二）创新人事管理系统的重要性

纵观世界主要传播媒体，无不十分重视人才的价值。“BBC 的成功主要依赖于它与两个关键公众群体的关系：那些收看和收听我们的节目的人——观众；那些制作节目的人——具有创造力的人才。”① BBC 把人才与被视为上帝的观众并列，其对人才的重视可见一斑。世界主要国际广播媒体，大都拥有门类齐全、数量充足、结构合理的优秀人才队伍，在人员管理方面多采用聘用制，实行公司化管理，用人方式灵活自由，能最大限度做到人尽其才。

近年来，中国国际广播电台人才队伍日益壮大，人才结构得到优化，但与构建现代国际广播体系的要求相比，与国外先进同行相比，还存在着很大差距，主要体现在四个方面：

一是人才总体存量不足。英国广播公司（BBC）有员工约 2.7 万人，仅对外广播电视机构就有 2300 多人。日本广播协会（NHK）员工总数约 1.2 万人。韩国广播公司（KBS）员工总数为 5200 多名。比较之下，中国国际广播电台的人力资源存量与 BBC 等主要国际广播媒体在绝对值上有较大的差距，与 43 种语言的机构设置也不太协调。

二是人才梯次不尽合理。随着近几年职工退休高峰期的到来，一大批专家级人才离开工作岗位，人才队伍中 56% 是 35 岁以下的年轻人，有的语言部门是一老带多新，50 多岁老同志以下，就几乎是 20 多岁、入台几年的应届大学生，中年干部严重欠缺，人才的新老衔接明显不够。

---

① ［英］露西·金－尚克尔曼著，彭泰权译：《透视 BBC 与 CNN：媒介组织管理》，清华大学出版社，2004 年版，第 100 页。

三是人才结构不够齐全。首先，中国国际广播电台的“专业型人才”相对较多，“复合型人才”相对较少。在专业技术人才中，又存在着高端人才稀缺、中层骨干人才不足、基础型人才占据绝大多数的缺陷，这一点在非通用语部门体现尤为突出。其次，在翻译、编辑、记者、播音等主体人才队伍中，中层人才占据大多数，高层次的，具有代表性的编、译、播人才和管理、技术、研究性人才缺乏。按照外语宣传人才成长规律及国际广播的需要，对外广播人才队伍应以高水平的专家级人才为主，而中国国际广播电台具有专业技术职务的只占20%。中、初级专业技术职务占80%，部分语言部初级专业技术职务占到85%以上。第三，外籍工作人员规模较小，聘用和运行模式不灵活。全台近1700名干部职工中，仅有外籍工作人员120多名。聘用外籍雇员模式上，沿用的是50年代的模式，语言部的工作主要依靠学习外语的中国人，在播音、节目主持方面与对象国人员还存在着较大差距，外籍专家只是负责修辞定稿。世界主要国际广播媒体语言部门的本国员工极少，主要以该语言对象国籍员工为主，有的语言部门甚至全部是对象国籍员工。如：日本NHK国际广播电台的400名员工中，有200名左右的外籍员工。德国之声有250名左右外籍员工，电台实行用母语人员生产该语言广播节目的策略，各语言部工作人员大多是母语国家人员，或已获得德国居留权的外裔第二代，或未取得居留权的母语人员。

四是人才工作体制机制不完善。由于计划经济体制弊端的影响，中国国际广播电台用人机制不尽合理、薪酬评价体系尚不科学、人才培养和流动体系还不完善。多年来，基本上是重引入，轻培养，仅注重把好人才入口关，注重对新进人才的综合素质、业务水平的审核，入台后基本是靠职工个人自觉，通过自身努力成长，台里在建立有利于人才成长的良性机制，为人才职业生涯进行规划、引导方面还很欠缺。在人才培养上存在重业务人才，轻管理人才的情况，对编播部门的领导重选拔，忽视了对他们的培养，导致部分编播部门管理干部管理能力相对欠缺，有的甚至已经影响到语言部门的正常运行。

“中国的对外传播能否在国际社会中发挥最大的效力，关键取决于对外传播工作者的综合素质。”[①] 这种与国际通行做法不接轨的人才制度，已经对我国的国际传播事业形成了严重制约。因此，创新人力资源系统，成为构建现代国际广播体系过程中一个亟待解决的问题。

（三）中国国际广播电台创新人事管理系统的举措

近年来，中国国际广播电台紧紧围绕“人才兴台”的办台理念，充分利用国际国内两个人才市场，坚持核心人才、尊严薪酬和宏观人事的人才工作理念，通过积极引进、大胆使用、深度开发、严格考核、有效激励等方式，已经初步探索出了一条适应事业发展的人才队伍建设路子。比如，创新人才引进机制，面向全社会公开招聘专职驻外记者，为建设现代国际媒体打造高素质、专业化的驻外记者队伍拓宽了渠道；改革人员聘用制，对应届毕业生实行了先编外聘用、再择优录用的办法，提高了编外聘用人员的聘任标准，规范了聘任程序；健全干部交流制，建立健全干部聘用制，先后对 13 位中心级领导进行了岗位交流，任免配备处级干部 223 人次；完善分配激励机制，建立了以岗位管理为主要内容的新分配机制，稳定了收入分配秩序；健全人才培养机制，举办了管理干部培训班，对近年入台新同志开展了轮训，拓展了后备人才培养机制；创新人才评价制，实施了首席制，在全台范围内评选出 9 名首席编辑、记者、播音员、主持人，形成了示范作用。随着“四个一批”人才培养工程的成功启动，中国国际广播电台的人事管理初步实现了由控制式管理向创建式管理的转变，由传统职工队伍管理向职业化、国际化

① 段鹏著：《国家形象建构中的传播策略》，中国传媒大学出版社，2007 年版，132 页。

的现代传媒队伍管理的转变。

为进一步创新人事管理系统，中国国际广播电台将贯彻“人才兴台”理念，努力探索在全台形成大人才工作的良好局面，实现由传统人事管理向现代人力资源管理转变，加强人才资源能力建设，深化人才工作体制机制改革，加快人才结构调整，优化人才资源配置，促进人才合理分布，拓展人才引进渠道，加强专业技术人才、经营管理人才和高级技能人才队伍建设，造就一批既懂宣传和技术、又懂经营和管理的高层次复合型人才，形成总量适当、结构合理、充满活力、优秀人才不断涌现的良好局面，为事业发展提供坚强的人才保证和智力支持。

1. 加强领导干部队伍建设

建立既有主导型领军人才，又有精通相关业务管理的职业型领导在内的领导班子；培养“政治强、业务精、纪律严、作风正”的后备干部队伍；完善以聘期制为主的领导干部管理模式；推行干部任期制，加强对领导干部任期内能力的考察，做到能上能下；继续推行岗位交流制度，丰富干部工作经历，优化领导班子结构。

2. 优化人才队伍结构

完善以“首席制”为主的特殊人才选拔模式，引进、选拔、培养一批首席记者、首席编辑、首席播音员、首席主持人。完善以“四个一批”工程为主的核心人才培养模式，推出一批国际问题研究专家，一批语言翻译专家，一批名编辑、名记者、名播音、名主持，以及一批技术应用和经营管理专家。建立高层次专业技术人才库，健全专家咨询制度，聘请国内有关知名专家对重大技术规划进行审核；加强经营管理人才队伍建设，培养一批了解国内外广播产业发展，熟悉文化产业政策和市场经济规律，精通媒体经营的经营管理人才；建立专家型、学者型驻外记者队伍，在驻外记者站中逐步推广当地雇员制。

3. 改革人才引进机制

积极拓展国内和国际人才渠道，着力引进现代国际广播所需的外语水平高、能适应和参与全球媒体竞争的国际型人才，精通新闻业务、熟练掌握新兴技术的复合型人才，能够比较全面地了解和把握对象国政治、经济、文化和社会发展情况的高端型人才；增加聘用外籍员工，弥补中、高级外语人才短缺的缺陷；进一步完善多种用工制度，从编外聘用员工中选拔优秀人员录用，推进事业单位聘用制。

4. 改革人才使用机制

完善“双向选择、竞聘上岗”制度，开设内部人力资源市场，推动内部人才合理流动，实现人员与岗位的最佳配置。完善岗位管理制度，在定岗、定编、定责、定酬的基础上，以竞争上岗的方式，实现依事定岗，依岗定人，依人定薪。加强对编外聘用人员的公司化管理，统一薪酬管理制度。

5. 改革人才开发机制

完善以扩大培训和优化招聘为主的后备人才储备模式。加强与高等院校合作，建立人才培训基地，采取联合办学等方式，大力培养非通用语人才；以能力建设为核心，加大培训力度，建立全员培训机制；通过公派留学、高级访问学者进修、境外短期培训、出国考察、请专家讲座等“走出去”、“请进来”方式，增强员工专业技能和业务素养，实现培训工作制度化、常态化和多样化，提高针对性和实效性。

6. 健全人才激励机制

完善体现岗位绩效和分级分类管理的事业单位薪酬制度。推进收入分配制度改革，强化“核心人才观”，收入分配制度向关键岗位和核心人才倾斜。建立尊严薪酬保障机制，打破津贴平均增长模式，适度扩大部门津贴发放自主权。实现岗位津贴可持续增长，不断提高在职职工的收入水平和离退休人员的生活待遇，努力探索一条适应对外广播事业发展需要的人才队伍建设新路子。

三、创新外事管理系统

（一）中国国际广播电台外事管理系统概述

国际广播媒体的外事工作，主要指媒体紧紧围绕和服务对外宣传，开展的节目境外落地、对外媒体交流、对外业务合作和人员往来等活动。中国国际广播电台的外事管理，重点围绕外事工作展开，主要包括节目境外落地、涉外业务合作管理、涉外人员交流管理、外事谈判、护照签证办理和出入境服务、外事教育、外事信息和外事文书管理等。

目前，中国国际广播电台组建的国际合作交流办公室，是全台创新外事管理系统的载体，是领导层指挥和管理全台外事工作的中枢，发挥的是协调各方资源、统筹外事全局的作用。国际合作交流办公室下设节目合作处、外事处、外籍工作人员管理处。其中，节目合作处全面负责中国国际广播电台节目落地项目的组织、协调、实施、管理、监督和外联以及租机互转等工作。外事处承担的职责包括：制定中国国际广播电台年度出国计划，落实实施中国国际广播电台出访计划，承办台领导出访的相关工作，接待来台访问的外国媒体代表团、听众代表团、广播电视记者组，调研与中国国际广播电台有合作关系的各国广播机构发展动态，拟定与其开展交往的具体方针、政策及建议等。外籍工作人员管理处的主要职责为：归口管理全台聘用外籍工作人员工作，负责外籍工作人员的政策管理，会同台人事办公室负责外籍工作人员的招聘工作及签定聘用合同、办理各项手续，负责协调各用人部门对外籍工作人员进行管理，明确语言部和受聘专家的责、权、利，监督双方合同的执行情况，负责整理、储存受聘外籍工作人员的资料，统计全年度聘请外籍工作人员数据等。

（二）中国国际广播电台创新外事管理系统的举措

1. 加快推进“大外事”格局建设

其主要措施包括：围绕“外宣是大外事，外事是大外宣”理念，进一步统筹全台外事、外宣、外联资源，加大对现有外事资源的利用和整合，建立和丰富资源档案，实现全台外事信息互动、资源共享，协调行动、增强合力。加强对全台外事新资源的开发，挖掘节目落地、对外合作交流、外籍工作人员管理等涉外资源，加快推进“大外事”格局的构建。中国国际广播电台还将巩固建立与境外媒体和涉外机构联系网络，建立我驻外使馆和境外企业、外国驻华使馆和在华企业信息资料库，推进与这些机构长期密切的联系，积极搭建多层次、宽领域、全方位的交流与合作平台。

2. 健全完善外事管理机制

其主要措施包括：健全各项外事工作制度和工作程序，严格规范外事工作的各个环节，使全台形成统一领导、归口管理、分级负责、协调配合的外事工作网络，健康有序地开展外事工作。完善外事管理政策，优化机制，充分调动和发挥各方开展外事工作的积极性和主动性，拓展国际交流的层次和领域，使对外交流与合作格局配置更加合理，效用更加到位。

3. 加强外事工作规划

统筹规划外事出访工作，提高外事出访和接待水平，实现出访任务由单一型向综合化转变，把外事出访与节目境外落地、考察调研和采访报道结合起来，与推进媒体对口交流和扩大与境外媒体合作结合起来。提高出访工作的目的性和实效性，重点做好媒体对口交流、汉语国际推广、广播孔子学院建设、听众联络和推进整频率海外落地工作。

4. 推进外籍工作人员管理改革

主要措施是：扩大外籍工作人员比重，由数量增长向结构合理调整；深化外籍员工管理改革，推进外籍工作人员分级分类管理，采取基本工资和绩效工资相结合的办法，调动外籍工作人员的积极性，完善激励和约束机制；完善外籍工作人员岗前培训制度，逐步纳入全台统一的人力资源管理系统；加大对外籍人力资源的利用力度，通过组织外籍员工到地方参观、采访，加深其对中国国情的了解，引导他们更好地报道中国，完成好重点采访任务。同时，鼓励对象国媒体机构受聘到中国国际广播电台的外籍员工主动在对象国宣传中国。

5. 探索节目落地新模式

遵照“大国是首要，周边是关键，发展中国家是基础，多边是舞台”的外交方针，密切配合我国外交、对外经贸、舆论安全和外宣工作，在境外落地工作中合理布局、扎实推进。通过多种渠道，采取多种形式，有效改善对亚洲、非洲、拉美等地区的发展中国家和北美、欧洲重点国家的覆盖。在落地方式方面，无线广播采取本土发射、租机互转、建立境外调频电台和发射基地、在境外城市电台购买时段和与境外电台联合制作节目等方式播出；在线广播应采取 CDN（内容推送）和建立境外网络电台、镜像站点的方式，加快网站访问速度和在线收听质量。在技术手段方面，除传统广播技术外，密切跟踪和采取新的传播技术手段，特别是在欧美国家已经或即将使用与普及的传播技术，如直播卫星、手机短信和数字调幅广播（DRM）技术等，为进入欧美国家主流社会提供技术支持。

目前，中国国际广播电台节目境外落地模式主要包括五种：一是肯尼亚“建台代维”模式，即使用财政部拨款购买发射设备，由中方承建电台，再由中国国际广播电台向对象国政府申请专用频率，并向外方支付各种费用。二是蒙古“租台”模式。由境外合作方申请下频率，并投资建台，中国国际广播电台租用该台整频率时段播出节目。三是老挝“代建租用”模式。由中广公司利用商业贷款购买设备和建台，再由中国国际广播电台向对象国政府申请频率，并向我国财政部申请租机费。四是“经援建台”模式。在条件许可的非洲、亚洲和拉美国家，使用商业部的外援经费，购买发射设备和建台。中国国际广播电台计划在刚果（布）、坦桑尼亚等国家以此种方式建台。五是“合作办台”模式，即在北美、西欧等发达地区国家，与境外媒体机构合作，通过租机和合办节目等方式实现整频率落地。总之，要根据不同国家和地区的实际情况，采取不同方式，有计划、有目的、积极稳妥地推进境外建台模式。

同时，考虑到在西方国家建设调频台所遇到的政策、法律限制，要采取多种方式推进节目境外整频率落地。积极探索建立股份制的国际合作公司，探索和确立“政府投入、以公司名义运作”的商营模式；探索和实施与我国对外经援、文化交流、汉语教学等相结合的迂回推进模式；探索和推进以提供技术和节目制作培训、提供设备支持、联合制作节目等多种合作方式作为频率使用回报的多样互惠模式。

要创新落地节目形态，主打中华文化品牌，进一步提高落地节目质量，增强在国际舆论斗争中的竞争力和影响力。加大对落地电台和对象听众的调研，根据收集的各方反馈，尤其是听众对节目的意见和建议，强化对外广播节目的本土特色、文化色彩和人本理念，针对不同对象地区和国家、针对当地电台的风格和对象听众的特点，制作不同节目版本，在内容上满足对象听众的需求，在形式上接近对象听众喜闻乐见的形式，在宣传技巧上符合对象听众思维习惯和接受程度，在节目风格上与合作电台统一或融合，在节目编排上满足合作电台要求，长短皆备，灵活多样，强化生活味、人情味、服务性、参与性和互动性，让更多的听众听得到、愿意听、听得进。

6. 建立健全节目境外落地工作机制

该项工作的重点是，探索和建立与整频率落地快速发展相适应的管理机制、配套机制和保障机制。

一是健全落地节目管理机制。制定节目境外落地的年度计划和中、长期工作目标，建立健全节目境外落地管理工作的规章制度。按照中国国际广播电台相关规定和程序，组织合作项目的谈判，起草合同及有关文件的翻译，核对协议的签署等。完善落地节目考评机制，引导落地节目的改进和调整。加强对落地节目设置、策划、内容构成的研究，提高落地节目质量；及时了解各相关语言部对落地节目构成的最新调整，及时更新备份节目，确保播出安全。

二是完善落地节目监测机制。健全中国国际广播电台监测监听系统与落地伙伴定期报告制度相结合的节目监控机制。通过这一系统和依靠这一机制的良好运行，对节目播出情况收集数据，进行实时监听监测，改善落地节目播出质量和接收效果。

三是创新听众反馈收集机制。建立和完善由我驻外使领馆相关官员、中国国际广播电台驻外记者站、临时派出落地工作小组和海外听众等组成的节目监听、反馈机制。一方面，要求落地合作伙伴建立处理听众反馈的机制，加强与听众间的互动交流；另一方面，派出工作小组到当地监听节目播出效果，并与合作伙伴共同举办听众见面会，直接听取听众反馈。所有的反馈信息经过分析处理，用于节目制作、编排艺术的改进和提高。

四是完善落地节目推介机制。组织、策划境外听众见面会；组织、协调境外合作伙伴和台内编播部门对落地节目的推介。与境外机构合作，通过刊登广告、举办有奖收听和知识竞赛、组织与听众互动的各类活动等方式，加大中国国际广播电台落地节目的推广力度。

五是建立落地节目调研机制。跟踪、研究和借鉴主要西方国家国际广播机构在境外落地工作的战略、最新发展、行之有效的做法以及数字调幅广播技术（DRM）、卫星直播等新技术；收集、整理各国相关法律、电台资料、国际广播新技术运用及其他信息；研究各国有关新闻管理、广播媒体管理等法规，寻求有效的合作渠道；调查境外合作媒体机构的背景，提出中国国际广播电台与其开展交往、合作的建议；对境外租机互转、购买电台时段、境外合作办台、建立发射基地等事项进行可行性研究，为推进中国国际广播电台节目落地工作提供决策参考。与合作伙伴电台交流研讨、及时总结落地工作新经验、借助国外合作伙伴力量等，加强对节目落地的调研。开展包括网上、听众小组面访、邮寄问卷等方式的落地节目传播效果调研，为推广“本土化”落地模式，改进落地节目和增强宣传实效，提供决策参考和借鉴。

四、创新财务管理系统

（一）中国国际广播电台财务管理系统概述

财务管理是经济学与管理学中的概念，指的是企业为实现良好的经济效益，在组织企业的财务活动、处理财务关系过程中，所进行的科学预测、决策、计划、控制、协调、核算、分析和考核等系列企业经济活动中管理工作的全称，其主要特点是对企业生产和再生产过程中的价值运动进行的管理。

广播媒体的财务管理，是广播媒体依据国家财经法规制度，按照财务管理的原则，组织自身的财务活动、处理财务关系的一项经济管理活动。从整体上看，广播媒体的财务活动可以分为四个方面：筹资引起的财务活动、投资引起的财务活动、经营引起的财务活动以及分配引起的财务活动。广播媒体的财务管理，主要是运用价值形式对经营活动实施管理。通过价值形式，把广播媒体的一切物质条件、经营过程和经营结果，合理地加以规划和控制，达到提高媒体效益、增强经济实力的目的。因此，财务管理既是广播媒体管理的一个独立方面，又是一项综合性的管理工作。

根据《广播电视事业单位财务制度》规定，广电媒体财务管理的主要任务是：合理编制单位预算；依法组织收入，合理安排支出；建立健全财务制度，加强经济核算，提高资金使用效益；加强国有资产管理，防止国有资产流失；如实反映单位财务状况；参与单位重大经济决策和对外签订经济合同等事项，对单位经济活动进行控制和监督。

由于广播媒体既是党的宣传阵地，在我国社会发展中又属于第三产业即信息传媒业，具有政治属性和经济属性双重功能，在经营管理活动中，奉行社会效益与经济效益统一，并把社会效益放在第一位的指导原则，因此，广播媒体的财务管理部门在对财务收支进行计划、控制、核算、分析和考核时，必须保证媒体社会效益的发挥，从财务收支上切实保障媒体搞好舆论导向，为媒体新闻工作发挥党、政府和人民的喉舌性质，提供经济方面的基础。过去，由于长期实行计划经济体制，国家行政事业单位形成了只讲投入、不计成本的传统财务管理机制。随着市场经济体制改革的深化，这种传统的财务管理系统，已经难以适应新的经济体制的要求。财务管理由从观念到内容、从职能到方法，都必须相应地实现转轨变型，从过去那种单纯的“管好、用好资金”的管理型，向善于经营、潜心筹划的经营型转变；从过去的事业经费完全依靠财政拨款的供给型，向广开财源、服务创收的开拓型转变。

中国国际广播电台作为国家全额拨款的事业单位，在财务管理方面，坚持“改革、管理、服务、保障”方针，以提供充分资金保障、提供有效物资供给、进行科学收支核算、加强对经营性业务的财务管理、建立财经管理制度为核心职责，为确保党和国家宣传任务的圆满完成，提供了资金保证。近年来，国家加大了对中国国际广播电台事业发展的支持力度，但是，这与构建现代国际广播体系的资金需求相比，还有较大差距，加上创收渠道单一，产业经营能力相对较弱，都让中国国际广播电台在发展国际广播事业时，面临着财务问题的困扰。

因此，高效的财务管理系统，是构建现代国际广播体系的源头活水。强化财务部门管理职能，创新财务管理系统，成为构建现代国际广播体系、推动事业持续发展的重要条件。

（二）中国国际广播电台创新财务管理系统的主要措施

1. 加大财务预算管理力度，逐步实现全面预算

广播媒体的财务预算，是在计划期内以货币价值表示有关生产经营活动所需要的资金及其来源、财务收入和支出、财务成果及其分配的计划和安排。财务预算反映了媒体的重要决策意图，是对计划期内的收益和支出情况进行总体性的安排。预算管理，是利用预算这一财务运作方法，对广播媒体的各种财务及非财务资源进行分配、考核、控制，以便有效组织和协调媒体生产经营活动，完成既定经营目标。预算管理是一个系统工程，完整的预算制度包括五大部分，即：预算规划、预算编制、预算执行、预算控制和预算考评。

全面预算管理的实施是合理有效地配置资源的基础，能更好地安排和管理中国国际广播电台各项业务活动；可以促进各中心、部门之间在业务活动中的协调、沟通，明确台决策层、中心、部门乃至员工的责、权、利；以预算指标为依据，对各中心、部门的工作业绩提供考核依据，发挥激励职能。

全面预算的编制，能使全台各方面的情况预测和任务安排得以具体、量化的展现，为决策提供科学、精确的依据。全面预算使过程控制从原来的单纯控制业务结果、时间节点或单纯控制业务经费，变成同时对业务流程、业务经费与业务结果进行控制，从事后控制变为事中控制、事前控制。实行全面预算管理，可以通过预算体系化解管理矛盾，进行民主理财、科学理财、制度理财，提高职工的积极性。

全面预算管理流程分为业务程序流程、工作流程及信息归集流程，下面以流程图的形式进行描述，如下图。

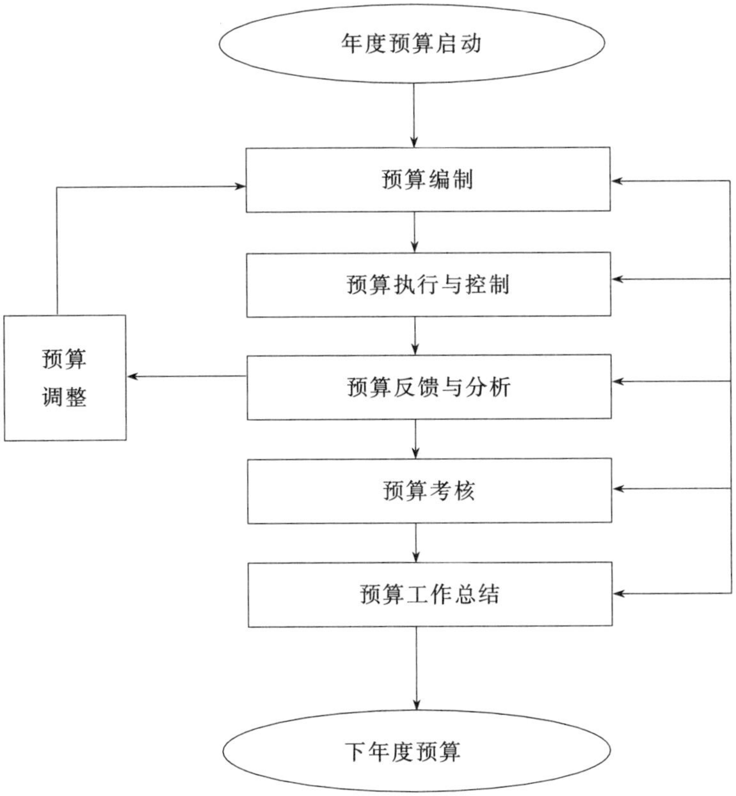

全面预算管理业务流程图

全面预算的编制，必须以预算目标为依据，结合中国国际广播电台实际，采用合理的程序编制，达到既能挖掘资源潜力，又能提高各中心积极性和主动性的作用。受未来情况不确定性以及人们对未来预测的准确性条件的影响，当业务实际执行情况与预算出现差异时，应根据实际情况和重要性原则，遵循“先报批、后执行”原则，对预算进行合理调整。预算反馈程序是预算指标下达的逆过程，预算管理部门应定期汇总各中心、部门预算执行情况的反馈信息，并对预算执行情况和预算差异进行分析。全面预算是一把标尺，在进行预算考核时，应确保预算指标的科学性、客观性，帮助各中心、部门管理人员及时了解预算指标的实现程度。

2. 推行内部成本核算，提高资金使用效益

在社会主义市场经济体制下，广播电台运用成本、质量、服务和高技术参与全方位市场竞争，其中，成本在中国国际广播电台经济活动中发挥着至关重要的作用。

在中国国际广播电台推行内部成本核算是必要的。首先，它可以提供客观的成本信息，通过准确、及时、全面地核算全台在节目制播过程中的各项成本费用，分析成本计划执行情况，可为全台计划预算提供依据，为合理配置资源提供参考，为制定节目销售价格提供可靠的数据资料。其次，推行内部成本核算，也是中国国际广播电台强化内部经济管理、提高资金使用效益的必然要求。将“成本核算”引入节目制播及业务活动全过程，可以及时发现物化劳动和活劳动消耗上的薄弱环节，挖掘资源潜力，提高经济效益。再次，推行内部成本核算，是市场经济发展和中国国际广播电台发展产业经营的必然要求。中国国际广播电台作为党和政府对外传播的重要的舆论阵地，应把社会效益的发挥放在首位，而在市场经济条件下，社会效益和经济效益是紧密联系在一起的，成本作为考核经济效益的综合性指标，对促进广播电台实现集约式经营具有重要的意义。与此同时，节目是制作人员及辅助人员的共同劳动产物，在市场经济条件下，不管节目制作经费是国家拨款还是自筹经费，不管是商品性节目生产还是指令性的非商品性节目生产，都不可避免的涉及到成本的投入。

中国国际广播电台推行内部成本核算，对财务管理提出了新要求。首先，要正确划分各种费用界限。正确划分不同频率、部门节目成本对象的费用界限；正确划分节目生产成本和期间费用的界限；正确划分经营性支出与非经营性支出的界限。其次，要严格执行国家规定的成本开支范围和费用开支标准，保证节目成本的真实性，使中国国际广播电台与其他电台、传媒单位之间以及中国国际广播电台不同时期的节目成本具有可比性。再次，要正确确定财产物资计价和价值结转方法，健全财产物资收发、领退和盘点制度。第四，要建立健全内部价格制度。在推行内部成本核算时，为了分清各部门、频率的经济责任，便于分析和考核各部门、频率成本计划的执行情况，以及加速和简化核算工作，各部门之间相互提供的劳务、节目片段、新闻稿件、技术服务、设备使用等，可以采用内部计划价格进行相互结算或转账，形成内部价格制度。

3. 加强资产管理，盘活有形资产

随着宣传业务的不断发展，中国国际广播电台资产规模迅猛增长，不仅数量增加，质量提高，而且资产结构也有一定的变化。固定资产是中国国际广播电台宣传业务活动重要的物质保障，加强固定资产管理，盘活有形资产尤为重要。

（1）统一调剂资产，提高资产使用效率

建立固定资产的统一调剂制度，根据对资产清查盘点的有关资料，对闲置不用的资产实施统一的调度，在部门之间进行调拨，实现资源的重新配置，盘活国有资产。根据国有资产的性质、特征和使用情况，按照报废标准和报废程序，及时对失去使用价值的固定资产进行报废处置。

（2）规范非经营性资产转经营性资产的管理

非经营性资产转经营性资产，是指在完成正常业务需求的前提下，按照国家有关政策规定用于从事生产经营活动的资产，它改变了资产的使用方向和用途。在资产管理过程中，应如实登记非经营性资产转经营性资产的数量、价值、投资形式、投入单位的名称等，同时对投出资产的经营和收益情况进行严格的考核和监督检查。对非经营性资产转经营性资产应坚持有偿使用的原则，严格遵守国家不准转作经营性资产的范围要求。

（3）加强资产使用管理责任制

逐步建立与中国国际广播电台宣传业务实际相挂钩的财产利用效率评价机制和责任人制度，把资产的完好率与责任人的工作业绩相挂钩，逐步推行资产管理人员持证上岗制度和培训工作。

（4）重视对无形资产的保护

无形资产是没有实物形态的非货币性的长期资产。我国传媒产业的无形资产的构成非常丰富，除了一般企业所罗列的专利权、非专利技术、商标权、著作权、土地使用权、特许权、商誉外，还应包括传媒产业自身特有的无形资产资源，如直播网络、无线传输、法权特许、政策优势、节目创意、受众群体、专有人才等。对无形资产进行有效的保护、充分发挥其资源潜力，对于事业和产业发展具有重要的意义。

4. 加强制度建设，完善财务管理体系

（1）制定经营创收和实绩考核制度

在经营创收方面，制定经营创收及经营实绩考核的相关制度，积极拓宽创收渠道，在促进创收收入稳步持续增长的同时，加强对创收收入的分配和管理，提高创收人员的积极性。通过经营创收制度，将各频率、部门及台属企业的创收收入，统一纳入全台规范化管理体系，努力实现增收节支。管好企业财务，加强监管，实行会计委派，帮助所属企业形成良性经营机制。

（2）完善资产管理制度

制定资产管理责任制，细化资产调剂制度、资产处置报废制度，为资产有效使用提供有利条件。在资源利用方面，制定经营性资产和非经营性资产管理的相关办法，盘活有形和无形资产，使产业发展与事业发展相结合。

（3）建立现代财务保障制度

建立健全激励与约束并重的财务保障体制，积极寻求财政资金增长的新方式，争取使财政拨款中的专项资金纳入到经常性项目中；制定财政拨款项目经费管理办法、物资网络化管理办法、工程预算管理办法、节目制作经费测算标准，以适应中国国际广播电台财务管理方式的变化，使事业资金稳步增长和有效使用。建立财务预警机制，规范财政收支行为。在改善内部财务管理方面要做到：明确责、权、利；在理财思路上由“守财”变“创业”；在日常财务管理中变“事后结算”为事前分析、事中灵活运用、事后分析总结；建立科学的经营目标责任制与考核体系；完善内部的审计检查制度；建立科学高效的监管和预警机制，加强财务管理和资本运营中的风险防范。

五、创新技术管理系统

（一）技术管理系统概述

广播电视是技术依赖性很强的媒体，技术不仅是广播电视得以存在的前提，更影响着广播电视传播的内容、质量和方式，已成为支撑和引领广播电视发展的关键力量。对于广电媒体来说，技术管理指的是对广电媒体生产经营活动所需要的技术资源及其运行机体的管理，包括制定技术政策和技术发展规划，建立科学的技术管理制度与运行机制、制定广播电视技术标准、健全技术操作规程、设备运行维护等各方面。技术管理的目标是，保证不间断地、安全地传送节目，增强节目制作能力，提高节目技术质量，应用先进技术成果和管理办法降低生产成本。

具体地说，广播电视技术管理工作主要包括以下内容[①]：

1. 制定技术政策

技术政策解决的是广播电视事业如何发展、采用何种技术、限制何种技术、淘汰何种技术的问题。制定科学的、符合实际的技术政策，是技术管理的首要任务。

2. 建立科学的技术管理制度

技术管理制度包括节目制作值班制度，设备维护、检修、测试、

---

① 参见高福安编著：《广播电视技术管理》第一章“技术管理基础”，中国广播电视出版社，1997 年版。

管理与使用制度，机房管理制度，安全播出制度等一系列规章制度。这是确保完成节目制作、播出和节目质量的前提和基础。

3. 建立技术操作规程

广电技术系统包括了很多机器设备，对于这些设备的正确操作事关安全播出的大局。因此，技术管理必须渗透到每个技术环节，对各种设备的操作要有严格细致的规程，如设备的架设、安装、调试、步骤、工作环境与条件、操作标准等，以保证设备的安全运行和技术管理目标的实现。

4. 设备维护管理

技术设备是确保广电传播活动正常进行的物质基础。设备维护管理的主要内容包括：计划、评价、选型、采购、运输、验收、安装、调试、登记、编号、分类、建立档案、检修、测试、更新改造、报废等。

5. 技术设施运行维护管理

这指的是在技术系统运行过程中，对每一个技术设施的运行状态，管理者都要及时了解，发现偏差及时纠正。

6. 标准化管理

标准化管理内容包括：建立标准化组织、建立标准程序、制定标准与修订标准、标准的分类、标准的管理以及标准的发布、贯彻执行等。

7. 信息管理

广播电视传播活动中会产生大量信息。为了便于对广电传播活动进行合理有效的控制，管理者要掌握这些信息，对信息进行综合分析并迅速向技术系统内部人员提供。

（二）中国国际广播电台创新技术管理系统的主要措施

1. 建设现代国际广播技术新体系

完善以音频、视频和多媒体在线播出为主的、功能强大的多媒体技术服务体系建设涵盖制作和播控系统、传输和覆盖系统、监测调度和服务管理系统在内的现代国际广播技术新体系。逐步建立一个以音频、视频和多媒体在线播出为主的、功能强大的多媒体技术服务体系，满足未来国际广播发展的需要，同时进入国内各城市地面移动多媒体播出网络，提供英语短节目或其他多媒体节目。

2. 实现国际广播全面数字化

完成全台数字化改造，完善数字化传输系统建设，改变分散的、封闭的、孤岛式的制作播出方式，打破原有的节目、栏目、频率界限，加快台内数字化、网络化进程，实现全台制作、播出、传输、分配、接收等全系统的数字化和网络化。对录音机房设备全面进行数字网络化改造，建立集中式编辑后期制作机房，强化录制能力，实现全台各套节目的自动化播出。通过数字化再造节目制作工艺新流程，再造运行和管理新方式，构建采、制、播、存、用一体化和网络化的数字技术新体系，构建高效、开放集成、资源共享、版权保护的数字节目内容管理系统和集成分发交换平台。

3. 建立和完善环球广播覆盖网

通过在境内新建、改造发射台，调整发射台布局；在境外租建发射基地以及租机、互转、购买时段等方式，采用短波、中波、调频、卫星广播、新媒体广播和建立海外镜像站等手段，建立环球广播覆盖网。具体包括：调整本土发射台发射布局，制定发射地点、频率方案，提高发射机、频率利用率，合理部署中短波广播覆盖；在有条件的地区，试播 DRM 数字调幅广播；积极扩展在对象国租用声音广播和多媒体广播设施为我服务；利用直播卫星播出频道或时段，进入欧洲、美国、加拿大、非洲、南亚和日本、韩国主流社会；建立和完善以先进的数字和网络技术为基础的多语种、多媒体综合性在线广播网；利用有线电视网，在有条件的地区，将广播电视节目直接上网入户，达到对世界各大地区多手段多方式的交叉混合覆盖。

4. 构建全方位的媒体资产管理系统

整合全台技术资源，建立一个大规模、网络化的节目制作系统和全方位的多媒体信息资源管理系统，打造支撑多媒体业务发展，支持信息采集、存储、制作、发布、应用为一体的、实现多渠道价值的媒资共享平台，有机整合、利用存量与增量信息，为节目的高效制作提供支撑平台。

5. 建立播出质量监管和用户服务平台

增设遥控监测站和数据采集点，基本做到对我重点覆盖城市和地区的租机、租时段播出和卫星直播效果进行全面的信号采集和质量监控，加强对国际广播主要对象地区落地节目的监控；结合听众反馈、收听率调查等方式，为改善收听效果提供参考依据；建立强有力的监管体系，加强对全球广播的监督、调度和管理。

6. 健全技术管理运行机制

依据大技术平台功能构成和生产流程，调整部门设置和职责职能。对目前分散的音频制作、视频制作、光纤传输、卫星传输、音频播出、在线制作与发布、综合网络平台与安全、动力保障与维护系统等技术资源，进行科学管理，合理调配，统筹规划。建立完整的安全播出调度指挥系统、安全播出保障系统、安全播出运行管理系统、安全播出应急系统。提高技术服务和安全播出保障水平，以科学管理引领技术进步、以技术进步带动事业发展。实行新技术运维业务委托经营，健全安全播出管理体系。

7. 加强新技术研究和应用

积极跟踪和研究新媒体、新技术及新业务的应用及发展，开展系统的对外广播重点覆盖、有效覆盖和战略覆盖相结合的技术研究工作；利用无线、有线、卫星、移动通信和互联网等多种传输手段，扩大国际广播有效覆盖；推进数字技术、网络技术、卫星技术等的广泛应用。加强新技术的引进和应用，追踪和研究数字广播、数字电视、网络、信息安全等新技术，掌握全台技术系统情况，制定技术发展近期和中长期规划，跟踪和参与相关国家或行业技术标准的制定。

第九章 现代国际广播体系的初步实践

构建现代国际广播体系是中央领导在2004年视察中国国际广播电台时提出的战略目标。此后，构建现代国际广播体系成为中国国际广播电台的中心工作，中国国际广播电台的所有工作都围绕其展开。从2005年开始，中国国际广播电台紧紧围绕构建现代国际广播体系”这个战略目标，对什么是现代国际广播体系，为什么和怎样构建现代国际广播体系，进行了三年多的思考与探索，形成了一套符合中国国际广播电台实际的工作思路：2005年，重点是整合资源、盘活存量；2006年，重点是明确思路、科学部署；2007年，重点是夯实基础、全面启动；2008年，重点是机制创新、协调发展。经过三年多的实践，现代国际广播体系建设取得初步成效，中国国际广播电台在国际传播领域的影响力得到大幅度提升。

第一节 现代国际广播体系初步实践概况

一、现代国际广播体系建设全面起步

2005年是中国国际广播电台构建现代国际广播体系的奠基之年。中国国际广播电台根据中央宣传部、国家广电总局对中国现代国际传播事业的整体规划，以构建现代国际广播体系为中心，按照“无线广播与在线广播兼顾、宣传创新与强化落地兼顾、一业为主与

多业并举兼顾、巩固事业与兴办产业兼顾”的工作思路，积极落实人才、技术、资金、管理等相关机制，为现代国际广播体系的全面起步奠定了坚实基础。

“现代国际广播体系”作为内容实体，需要相应的组织形式为载体。完整的发展思路和有条不紊的措施安排，就现代国际广播体系建设的起步阶段而言，其重要意义更是不容忽视。2005 年，中国国际广播电台根据中央精神，结合自身实际，初步形成了构建现代国际广播体系的基本构想，即“打造一个旗舰，抓好两个建设，搭建三个网络，强化四个功能，完善五个机制”。打造一个旗舰，即是在大力发展无线广播和在线广播的同时，整合开发利用各种外宣资源，形成以无线广播和在线广播为龙头，以电视节目制作播出为支撑，以报刊杂志、图书音像、对外教学等为依托的全方位、多层次、宽领域的现代国际广播旗舰。抓好两个建设，即是抓好以多语种采集编译平台、多媒体节目制作平台、多媒体节目传输发布平台、媒体资源存储和管理平台为主的硬件建设；抓好以行政管理机制、宣传管理机制、技术管理机制、财务管理机制、人员管理机制等为主的软件建设。搭建三个网络，即是搭建英语环球广播覆盖网络、华语环球广播覆盖网络和多语种环球广播覆盖网络。强化四个功能，即是强化采编、制作、播出和发布四个功能。完善五个机制，即是完善多媒体节目制作机制、多语种译制机制、多渠道发布机制、多手段评估机制、多方面反馈收集机制。

由于思路清晰、目标明确，在起步的 2005 年，中国国际广播电台的现代国际广播体系建设即有了良好开端，几个关键方面的数据都创造了历史新高。第一，对外播出节目总时数创历史新高。在 2004 年年底，全台对外广播总时数只有 400 小时。到 2005 年 12 月 31 日，中国国际广播电台无线广播和在线广播每天对外广播节目总时数已达 1035 小时（其中，本土发射 448. 5 小时，境外发射 207. 5 小时，境外卫星、有线播出 157. 5 小时，在线广播 221. 5 小时）。第二，在线广播综合指标创历史新高。“国际在线”发展成为由43种文字、48种语言音频节目组成的、中国语种最多的网站，在美国Alexa网站对全球20万家网站的最新综合排名中，已经稳定进入前700名。第三，境外受众反馈数量创历史新高。全年共收到来自五大洲、160个国家和地区的听众来信、电子邮件等217万件，创境外受众反馈历史新高。

二、现代国际广播体系建设取得积极进展

随着中国国际广播电台构建现代国际广播体系的顺利起步，中国国际广播电台围绕“搭建一个构架、贯通两个机制、坚持四个并重，创新五个系统，做好十项重点”的工作思路，求真务实，锐意进取，坚持“开放办台、改革立台、创新强台、人才兴台”的办台理念，推动了中国国际广播电台由传统媒体向现代媒体转变、由单一媒体向综合媒体转变、由对外广播向国际传播转变。构建现代国际广播体系的实践在宣传、管理、技术、经营等方面都取得了新的进展。

2005至2007年期间的探索和实践证明，中国国际广播电台的发展目标合乎规律，措施切实可行。在此基础上，中国国际广播电台今后的工作思路逐渐清晰，即是认真贯彻党的十七大精神，全面落实科学发展观，继续围绕一个目标，贯通两个机制，实现三个转变，坚持四个并重，创新五个系统，做好十项重点。根据这一思路，中国国际广播电台着力深化宣传管理、岗位薪酬、节目考评、技术发展等运行机制改革，现代国际广播体系建设取得了积极进展。

第二节　重大宣传报道出新出彩

一、拓展思路，完成重点宣传报道任务

在完成重点宣传报道任务时，中国国际广播电台拓展宣传思路，

根据报道主题的差异突出不同的报道特色，针对报道内容和受众的变化实行差异性的报道方式，加强节目吸引力和影响力，使宣传报道内容更丰富，说服力更强，很好地引导了舆论走向。

2005 年，中国国际广播电台先后对“两会”、十六届五中全会、中央经济工作会议、纪念“抗战”胜利60 周年、台湾政党领导人大陆行、神舟6 号发射等重大活动进行了积极主动的宣传报道；独家采访报道党和国家领导人的出访活动时使用丰富的音响效果来营造良好氛围；对涉疆、涉藏、涉台以及对日、能源、朝核等敏感问题的宣传报道强调深层次采访；对国际突发性重大事件的宣传报道强调及时准确，全面客观；对“中国威胁论”和“中国崩溃论”等谬论则通过摆事实、讲道理来加以驳斥；对日常新闻的宣传报道则重点突出，内容生动，特色鲜明。

十七大是2007 年宣传工作的重点，中国国际广播电台对十七大进行了全面报道，并且在不同报道阶段呈现出不同特点。

十七大召开前夕，中国国际广播电台的宣传报道特点是通过全面策划、重点宣传营造良好氛围。报道思路坚持突出外宣特色、分阶段宣传重点、新媒体特色的原则，报道中坚持以小见大，以点带面，用事实说话，同时反映基层代表与权威专业人士的声音、中央和地方的声音、会内会外的声音，并把普通代表的声音与政府的决策、措施相结合，报道成绩、困难、问题与解决问题的措施相结合；创新报道手法和节目形式，突出中国国际广播电台广播特点和多语种特色，增强报道实效性、针对性和吸引力、感染力。内容设计突出知识性、资料性，努力为会议营造气氛。

2007 年10 月14 日至22 日，中国国际广播电台采用英语、汉语普通话、日语、蒙语、朝语、阿拉伯语、俄语、德语、法语、西班牙语等10 种语言对十七大开幕式进行了无线和在线广播的现场直播，使用英语和汉语普通话对新一届政治局常委会见中外记者、十七大新闻发布会和4 场记者招待会等重要活动进行了现场直播，直播总时长52小时。直播语种、直播场次、直播时长均创历届党代会对外直播报道之最。全台43种语言广播和网站共播出有关十七大的新闻5万多条次，约1400小时；专题2万多篇次，约1700小时。全台共有近千个频道（含511个本土发射频率、境外租机互转及海外中波、调频落地）、近600个栏目投入到十七大宣传中。“国际在线”多语种网站共发布有关十七大的消息、专题5162条（篇），图片4860多幅，制作多媒体音频节目8500多分钟，视频节目300多分钟，在线收听“国际在线”提供有关十七大实况直播和点播节目的人次达132万，播发5种语言手机广播十七大新闻120多条，音频260多分钟。12家环球网络电台播出音频节目1320分钟。中国国际广播电台十七大报道在以短波、中波广播和数字广播覆盖全球160多个国家和地区的同时，还通过35种语言节目在60多个国家和地区城市中波、调频电台及有线入户平台向海外受众播送，及时把有关中共十七大的消息传向世界各地，凸显了多语种优势、海外合作优势和多媒体优势，有效扩大了中国国际广播电台对外广播的国际影响力。

十七大结束以后，中国国际广播电台记者重点报道党的十七大中央宣讲团的宣讲活动、全国基层党组织学习十七大的动态场景、各级领导的重要讲话、各地发展变化的典型事例以及各地学习贯彻十七大精神等核心内容。音、视、网、报等多媒体联动保证了宣传的深度和广度。报道内容重点反映各地在发展循环经济、实施对外开放、传播先进文化、促进社会和谐等方面的努力和成就，宣传主题紧扣十七大精神。报道题材广泛涉及中国各地生态环境保护、文化产业发展、旅游经济、新农村建设、特色农牧业、科技致富、民族文化保护等。

除了认真做好贯彻十七大宣传报道和高质量完成“高举旗帜，科学发展”大型主题采访活动以外，2008年的北京奥运会更是为外宣工作提供了难得的历史机遇。中国国际广播电台建立以新闻中心为龙头、多语种采访为特色的报道军团，以无线大广播、整频率落地节目为基础，以网络、手机媒体为亮点的多媒体发布平台，以提高外宣实效和增加经营收益为目标的奥运报道新机制。树立“大奥运外宣”意识，把报道奥运与传播社会主义核心价值理念相结合，促进多媒体信息共享平台的建设和应用，提高境外落地节目的影响力和传播实效，贯通两个机制，通过打造重点栏目、推出精品节目、策划亮点活动全面提升全台大型宣传活动的策划、组织和经营能力。

二、积极自主策划大型新闻采访报道活动

在完成重点宣传任务的同时，中国国际广播电台还利用自身实力和影响力，联合境内外媒体，积极策划、开展了一系列大型新闻采访报道活动。

2006 年，中国国际广播电台为配合“中俄国家年”主题，策划了“中俄友谊之旅·俄罗斯行”大型跨境联合采访报道活动。中国国际广播电台和中央电视台、《人民日报》、新华社、中国新闻社、《北京青年报》、北京人民广播电台和等国内七家主要媒体，与俄通社－塔斯社、“俄罗斯之声”电台和俄罗斯“第一频道”电视台等俄罗斯 3 家主要媒体，共同组成了联合采访报道团，由 13 部越野车、40 多名中俄记者组成的联合报道车队历时 45 天，行驶 15000 公里，对沿途 20 多座城市进行采访，最终抵达莫斯科。这是中国国际广播电台第一次与中外主流媒体就同一重大主题联合进行的大型跨境采访活动，无论是在中国国际广播电台的对外宣传历史还是在中俄新闻交往历史中都尚属首次，受到了中俄高层和社会各界的广泛关注。唐家璇国务委员评价此项活动是弘扬中俄伟大友谊的“长征”，是中俄关系史上的伟大创举，将为扩大中俄“国家年”影响、增进中俄两国人民相互了解和友谊发挥重要作用。

2007 年，中国国际广播电台又联合中俄两国 16 家主流媒体实施

了“中俄友谊之旅·中国行”中俄媒体联合报道活动。该活动行程8800公里，历时32天，在中国15个省、区、市进行了采访报道。这是中俄“国家年”期间最大规模的传媒交流项目，也是继2006年“俄罗斯年”期间中俄媒体联合举行“中俄友谊之旅·俄罗斯行”后，为2007年“中国年”举办的对等性媒体交流活动，也是中国国际广播电台自主策划实施的又一次重大的跨国境、多媒体的联合报道活动。活动整体效果体现出三个显著特征：以外国传媒为载体，传播和塑造了我国良好的国家形象；以文化传播为内容，巩固和深化了中俄两国民众的传统友谊；以“请进来”、“走出去”为形式，开创和树立了中俄两国媒体合作的成功范例。该活动成为两国媒体合作的典范，引发了社会各界的广泛关注，甚至两国元首胡锦涛与普京都对“中俄友谊之旅”活动给予了充分肯定。胡锦涛主席表示，去年的“中俄友谊之旅·俄罗斯行”活动在中国也引起了强烈反响。由于了解了更多有关俄罗斯的情况，赴俄罗斯旅游的中国人明显增加。胡锦涛主席还说，俄罗斯媒体的“中国行”也受到了中国有关部门的高度重视，他们为俄罗斯新闻界朋友们的采访提供了方便条件。他相信这些活动将增进两国人民的相互了解，深化两国人民的友谊。普京总统表示，俄罗斯媒体近期对“中俄友谊之旅·中国行”活动的报道非常多，以至他每天都能看到有关报道。他认为这是推动两国在人文和民间领域交流的一项重要努力。

2007年，中国国际广播电台还联合广西电视台、广西人民广播电台、香港凤凰卫视组织实施了“中国—东盟合作之旅”大型广播电视联合采访活动，整个活动历时50天、行程两万公里。采访团先后进入东盟10个成员国越南、柬埔寨、老挝、缅甸、泰国、马来西亚、新加坡、印度尼西亚、文莱和菲律宾的30多个城市进行采访，对东盟各国与中国发展友好关系、中国—东盟自由贸易区建设、东盟各国风土人情等进行了集中的详细报道。采访团共在中国国际广播电台、新华社、中央电视台、中央电台、凤凰卫视、广西人民广播电台、广西电视台、国际在线网站以及报刊等媒体播发新闻、专题1600多篇（条），刊发图片1200多张。这是中国媒体主动实施“走出去”战略、推动国家大外宣的一次成功实践，创造了中国媒体对东南亚国家单次联合采访时间最长、国家最多、参与媒体最多、记者人数最多、发稿数量最多的记录，体现了外宣策略由“零散被动型”向“规模主动型”的转变。

此外，中国国际广播电台还通过组织“中国西班牙文化之旅”、“奥地利记者中国行”等多媒体采访活动，进一步丰富了“走出去”工程的内涵，拓展了对外宣传渠道。值得一提的是，中国国际广播电台在2006年组织的四次“中日网络对话”引起了日本主流社会的高度关注，初步实现了影响主流社会、主流媒体的目标。中国国际广播电台还组织中外记者多语种联合采访组分赴西藏、安徽、辽宁、河北等省区进行了采访。

这些中国国际广播电台自主策划的活动推动了全方位、宽领域、多层次大外宣格局的建设，对于提升中国国际广播电台的品牌形象，增强国际广播的影响力都起到了积极作用。

三、汉语教学稳步发展

语言文化作为软实力，它在全球范围的通用程度往往象征着该国的国际地位。随着中国经济实力的增强，对外推广汉语及中国传统文化成为外宣媒体义不容辞的责任。中国国际广播电台顺应国家汉语的国际推广战略，总结40多年对外汉语教学经验，与国家汉办合作组建了广播孔子学院。学院以3100多个海外听众俱乐部为基础，以广播孔子课堂、无线广播、在线广播等为载体，用对象国母语和43种语言网站教授汉语，形成了汉语国际推广与现代外宣手段的有机结合。2007年已建和在建的10家广播孔子学院分布在亚、欧、非三大洲的外宣重点地区。经国家汉办授权，中国国际广播电台的第一批 38 种语言版本《汉语 900 句》广播教学节目已制作完毕，并在国际在线试播。广播孔子学院开创了中国国际广播电台以中国文化为核心、以教授汉语为内容的外宣新形式，拓展了对外宣传新领域。

2008 年，中国国际广播电台进一步完善了广播孔子学院的组织架构、教学体系和运营方式，编制了统一的多媒体广播孔子学院汉语教材，广播孔子学院的各项工作逐渐规范化。中国国际广播电台还积极发挥多语种、多媒体优势，利用丰富的对外资源，加大广播孔子学院的对外推介力度，尝试在瑞士、法国、意大利等西方发达国家开设广播孔子课堂。为了形成向世界推介中国文化的合力，中国国际广播电台还主动与世界各地的孔子学院开展了多种形式的合作，共同致力于中国文化在国际范围内的传播。此外，整合全台优势资源，继续制作播出汉语教学广播节目；开发衍生网络课件，推进广播节目、网络课件与孔子课堂实体教学相结合，都成为中国国际广播电台在优化教学效果中的有益实践。

第三节　海外拓展顺利推进

一、强化节目境外落地

2005 年，中国国际广播电台按照强化境外落地的思路，完成了美国、塞尔维亚和黑山、英国、加拿大、巴拿马、蒙古、新西兰、澳大利亚、瑞典、肯尼亚、日本以及香港、台湾等 13 个国家和地区的境外落地项目，增加了瑞典语、印地语、乌尔都语、泰米尔语和菲律宾语 5 种外语及潮州话等 6 种落地语言，每天新增境外落地节目 150 小时，节目境外落地国家达 60 多个，语种 34 个（其中包括 29 种外语、汉语普通话和 4 种汉语方言），每天境外落地节目总时数达 329 小时。其中，中国国际广播电台汉语普通话、广州话、客家话等华语节目于10月3日免费在日本有线广播网（USEN）落地，每天24小时播出，开创了整频率、多语种、大规模节目境外落地的先河。11月23日，中国国际广播电台与芬兰合作伙伴联合在北欧建立网络电台和镜像站（于2006年1月1日正式推出），这有效地突破了中国国际广播电台网络出口的瓶颈制约，提高了受众访问在线广播的速度。

2006年2月27日，中国国际广播电台在肯尼亚首都内罗毕开办了91.9FM调频电台。该台频率91.9MHz，发射功率2千瓦，覆盖内罗毕市约200万人口，每天播出19个小时节目。其中，英语节目13个小时，斯瓦希里语节目3个小时，汉语普通话节目3个小时。节目内容涉及中国社会、经济和文化，中国与肯尼亚等非洲国家的友好交往，世界各地重大新闻事件，特色鲜明的中非音乐和世界名乐等。该台的开播使肯尼亚听众能够直接、及时、便捷地获取有关中国、非洲、世界的信息，成为中肯两国巩固友谊的重要空中桥梁。4月28日至29日，国家主席胡锦涛访问肯尼亚期间，还亲自收听了中国国际广播电台在肯尼亚首都内罗毕的调频广播，对节目内容和播出效果极为满意。他对随行采访的中国国际广播电台记者说："我听见你们的广播了，非常清晰，看来功率很大。有条件的话，我们还要大力发展这项事业。"

11月19日，中国国际广播电台老挝万象93.0FM调频电台开始用老挝语、英语和汉语普通话每天播出12.5小时的节目，内容包括中国经济建设、社会发展和中华文化，双边经贸、文化等领域的合作交流和友好往来，区域合作及其他重大国际新闻等。这是老挝人民第一次直接听到来自中国的声音，有助于他们了解中国政府与亚洲国家建立政治上平等互信、经济上合作共赢的政策，对于增进我国与东南亚地区国家政治、文化和经济的交流具有重要意义。

二、探索落地节目“本土化”

中国国际广播电台在节目境外落地的“本土化”探索方面同样取得了进展。以前，中国国际广播电台制作播出的节目与对象国电台的节目形式以及当地受众的收听习惯之间存在较大差距，主要西方国家对境外电台节目的准入设有严格限制，这成为中国国际广播电台节目实现境外“本土化”落地的两大制约因素。为了寻求突破，中国国际广播电台开始探索在重点国家和没有播出语种的国家，有计划地推进节目“本土化”落地，通过与落地对象国有实力的媒体公司合作，由中国国际广播电台提供或由双方联合采访介绍中国情况的节目素材，再经合作方根据当地受众的需求习惯，从内容和形式两方面进行本土化包装，然后在当地的主流中波、调频电台或网站播出。例如，2005 年，中国国际广播电台通过与芬兰大众媒体公司的合作实现了落地节目在芬兰和法国的“本土化”。这两套节目在芬兰 26 家调频电台、法国主流 BFM 商务调频电台属下的 18 家连锁电台，以及比利时的 6 家主流调频电台播出。该公司还专门开办了冠名为 Radio86 的介绍中国的芬兰语和法语网站，并被公认为芬兰介绍和了解中国最重要的网站。2005 年 8 月，中国国际广播电台又推出了瑞典语的“本土化”落地项目。

中国国际广播电台落地节目“本土化”有效地改善了落地节目的传播效果。中国驻法大使馆认为，中国国际广播电台“本土化”法语落地节目是“我国国内媒体节目在国外落地的一个创新，在法国受到广泛欢迎”。中国驻芬兰大使馆认为，“中国国际广播电台本土化节目的播出，增加了芬兰民众对中国的了解，对芬兰舆论起到了积极引导作用”。芬兰大众媒体公司受众调查显示，中国国际广播电台芬兰“本土化”节目收听率达 5% 左右，能够在信息渠道发达、媒体数量众多的芬兰争取到这样相对较高的受众，确实殊非易事。

由于中国国际广播电台落地节目的有效引导，芬兰民众对中国的关注程度明显提高，芬兰媒体对中国的正面报道数量大幅增加。

中国国际广播电台“本土化”落地节目还有力地配合了我国重大外交活动，实现了比较理想的外宣效果。2004 年 1 月，胡锦涛主席访问法国期间，中国国际广播电台与法国商务调频电台 BFM 合作推出了 6 小时的“本土化”法语特别节目，通过 BFM 所属连锁调频电台覆盖法国的巴黎、马赛、里昂等 18 个大城市以及比利时的布鲁塞尔等 6 个大城市，展现了中国领导人良好的国际形象。2005 年 3 月“两会”期间，为了向国际社会宣传《反分裂国家法》，中国国际广播电台策划、组织了两档“本土化”节目，分别由合作电台主持人采访我国驻法使馆和驻芬兰使馆的新闻发言人、参赞，后者对《反分裂国家法》的解读得到了许多法国和芬兰听众、华人华侨的认可。法国合作电台负责人认为，在普遍对中国带有偏见的西方主流社会中，中国国际广播电台的落地节目“本土化”以听众能够接受的方式有效传播了中国的声音。

三、加强重点国家覆盖范围

重点国家覆盖范围一直是国际传播的重要指标之一。2006 年，中国国际广播电台的重点国家覆盖工作进一步加强，这主要体现在：积极推进租时落地项目，完成了蒙古、尼日尔、加拿大、澳大利亚、泰国等 11 个调频、中波落地项目；完成了在美国银视网台湾镜像站增加在线广播时段；通过英国世界广播网以数字调幅广播（DRM）方式播出落地等项目。截至 2006 年底，中国国际广播电台节目境外落地国家达 60 多个，落地总时数达 431 小时，落地语言为 35 种（包括 30 种外语、汉语普通话和 4 种汉语方言），在境外拥有 2 家整频率调频电台、145 家调频/中波合作电台、4 个网络电台和 70 多家有线广播合作台。

2007 年，中国国际广播电台先后在澳大利亚珀斯、摩纳哥、尼日尔、巴拿马、瓦努阿图维拉港、桑托岛、马拉库拉岛等地开办了 8 家整频率广播电台，落地模式基本采用“合作办台”、“代理建台”的方式。全年共完成 13 个节目境外落地项目，每天新增播出时间 125.5 小时。截至 2007 年年底，中国国际广播电台在境外已有 11 家整频率海外调频台，149 家调频/中波合作电台（其中 117 家调频合作台，32 家中波合作台），1 家北欧网络电台和 1 家北美镜像站，总时数达 556.5 小时，语种达 35 种（30 种外语、汉语普通话和 4 种汉语方言），覆盖全球 60 多个国家和地区，初具规模效应。

中国国际广播电台澳大利亚珀斯调频台 FM104.9 首次实现了在西方发达国家的整频率落地。它的发射功率为 500 瓦，覆盖西澳大利亚首府珀斯市 95% 的人口（190 万），每天播出中国国际广播电台 10 小时的英语和汉语普通话节目，内容涉及新闻资讯、中国社会发展、文化娱乐、信息服务等。

摩纳哥调频台 FM96.0MHz 是中国国际广播电台在欧洲的第一家整频率调频落地项目，发射功率 200 瓦，可有效覆盖摩纳哥全境及其周边法国部分地区；摩纳哥 AM702MHz 中波频率是中国国际广播电台在境外的第一家整频率中波项目，每天转播中国国际广播电台 15 小时的法语、意大利语和汉语普通话节目，主要覆盖法国、摩纳哥和意大利西、北部地区。这两个项目的实施对于推动中国国际广播电台在西方发达国家的整频率落地产生了重要示范效应。

瓦努阿图维拉调频台 FM 102、桑托调频台 FM102 和马拉库拉调频台 FM106，功率各为 500 瓦，每天播出 18 小时英语、法语和汉语普通话节目。

尼日尔尼亚美调频台 FM106 发射功率为 1 千瓦，每天播出中国国际广播电台 18 小时法语、豪萨语和汉语普通话节目，覆盖尼亚美及其周边 100 公里的范围。

巴拿马中文台 AM1180 中波频率是中国国际广播电台在中美洲

地区的首个整频率增时项目，对巴拿马城整频率播出。

这些境外调频广播电台的相继开播不仅有力地配合了我国的涉外工作，而且进一步丰富了我国主流媒体的境外落地模式，增强了中国国际广播的整体传播力，为对象国听众全面、客观、真实地认识中国提供了重要渠道。

华人华侨比较集中的地方、汉语学习比较热的地方、西方主流媒体比较活跃的地方、国家战略和能源安全急需的地方都是中国国际广播电台节目境外落地的重点。今后，中国国际广播电台将继续以推进节目境外整频率落地和在各国首都及主要城市落地为主，力争在亚洲、非洲、欧美等地完成10个左右的整频率落地项目，通过整频率和租用境外主流媒体时段等方式拓展节目的全球覆盖规模。同时，中国国际广播电台积极推进在欧美主要国家和其他重点国家的中波、调频电台租时落地，利用西方发达国家的传媒高新技术推进“本土化”节目落地工作，完成了肯尼亚地区总站建站和北欧、老挝及西澳节目制作室的组建工作。

第四节　丰富创新传播途径

近千名外语人才、46种无线语言、53种在线语言的节目内容是中国国际广播电台在发展多媒体中的独特优势。中国国际广播电台已拥有报纸、广播、电视、网络和新媒体，包含了从第一媒体到第五媒体的全部形态，多媒体发展架构初具雏形。

一、完善对内外宣平台

中国国际广播电台根据受众定位和收听需求调整了原有的对内外宣广播频率，强化其专业化特色；稳步推进对内外宣广播的频率覆盖，新增10个落地城市，实现了北京、上海、广州、深圳、珠海等22个城市的节目落地。到2006年年底，中国国际广播电台已经拥有英语综合广播（FM91.5）、国际流行音乐广播（FM88.7）、环球资讯广播（FM90.5）、奥运广播（AM900）、外语教学广播等5套节目，拥有6个调频、4个中波共10个对内外宣广播频率，每天制作节目120小时，初步形成了与我国对外开放格局相适应的对内外宣广播频率群，整体传播效应显著增强。

2005年9月28日，中国国际广播电台在原有英语资讯广播的基础上，开办了多语种环球资讯调频广播（FM90.5），这标志着中国内地第一家类型化、全天候、全直播的纯资讯频率的诞生。这对于中国广播事业来说具有从专业化向类型化发展的里程碑意义。环球资讯广播有几个突出的概念：首先，是“无障碍通道”概念。环球资讯广播以纯资讯、持续滚动更新为节目基本形态，在全天每个时间段对国际国内重大新闻事件进行细分化编排，轮盘式播出。这样的节目形态让听众可以随时、随意地收听到最新的新闻播报，打破了传统意义上的“固定时空”概念，形成了广播信息传递的“无障碍通道”。其次，是“想听就听”、“听到想听的”概念。环球资讯广播节目形式短小精悍，灵活性强，最小资讯单元1分钟，最常见资讯单元3分钟。这种形式能够最大限度地保证听众收听节目的自由度，有利于听众方便快捷地获取自己最需要、最喜欢的资讯。第三，是新闻点播（NOD）概念。NOD是NEWS ON DEMAND的缩写，意即“新闻点播”。由于环球资讯广播的节目内容浓缩度高、形式精悍，比较适应除收音机之外的网络、手机等各种接收平台，这就使受众定制个性化的新闻成为可能。受众可以享受纯粹个性化的资讯组合。第四，是“互动广播”和多媒体的概念。互动是现代新闻传媒的生命线，多媒体互动则是传媒的未来发展方向。环球资讯广播利用中国国际广播电台下辖广播、互联网站（国际在线）、专业报刊、杂志等多种媒体的特点，在实现多媒体互动中具有得天独厚的优势。灵活的节目形式，多种多样的载体和手段，使环球资讯广播的互动环节能提供更长的时间段、更宽广的平台供听众发表观点。总之，环球资讯广播的创办适应了我国改革开放形势的发展需要，是实现我国都市国际化、构建全方位、多层次、宽领域的大外宣格局的必经途径。

与此同时，中国国际广播电台还对原有的对内英语广播（FM91.5）和对内多语种音乐广播（FM88.7）进行了全面改版。三个频率的播出内容优势互补，形成合力，逐渐成为在华外籍人员了解中国和世界的重要窗口，有效地增强了中国国际广播电台的外宣影响力。

为了加强2008年北京奥运会宣传，2006年8月8日，中国国际广播电台开办了用汉语、英语、俄语、法语、西班牙、阿拉伯语、日语、朝语、德语等9种语言播出的多语种奥运广播频率，开创了中国传媒领域开办专门广播频率、使用多种外国语言进行奥运广播报道的先河。该频率全天24小时播出，播出频率为AM900。首播节目从每天早上7点开始，其中汉语普通话节目3个小时，英语节目7个小时，其他外语节目各2小时。节目内容包括体育、奥运资讯、生活服务等信息以及中国政治、经济、文化、旅游、奥运英语、学汉语等专题。

2006年，中国国际广播电台获得了以电视机为接收终端的视频点播业务资质，以计算机和手机等移动设备为接收终端的点播、自办频道、集成运营业务资质，并为新媒体发展储备了相应的内容资源和技术条件，手机广播和手机电视的开播筹备工作进展顺利。

5月8日正式开播的数字电视频道《环球奇观》填补了中国国际广播电台视频媒体整频率播出的空白。该频道是由中国国际广播电台承办并自主经营的第一个电视频道，也是中国国际广播电台发展数字付费电视频道的重要一步。《环球奇观》首次开播的节目包括《中华奇观》、《网罗奇谭》、《环宇搜奇》、《传奇人物》、《妙说天下事》，频道以“奇”为核心概念，针对观众普遍存在的求知、求异和求趣的收视心理，通过高品质的节目内容向观众呈现全球各地的“奇”，从自然奇观、人工奇观、奇人奇事、奇技绝活等四方面为观众全方位、个性化地展示各类奇观。在节目运营方面，该频道和国外一些大型媒体机构达成了合作协议，共同合作制作节目，并以我国观众收视习惯为基础的节目形式播出，更加完善地向观众展示各地的风土人情和奇人逸事，实现节目形式和节目内容的本土化操作及规模化经营，力争在数字电视频道这个理想平台上打造出专业化的传媒服务品牌。

二、创新外宣传播手段

传播手段的创新为中国国际广播电台的直播报道提供了有力支持。2005 年，中国国际广播电台在宣传报道中大量采用直播手段，直播时长远远超过往年。中国国际广播电台除对国务院新闻办公室每周召开的新闻发布会进行无线广播和在线广播现场直播外，还对“两会”、西藏自治区成立 40 周年、新疆维吾尔自治区成立 50 周年等重大活动进行了 20 多场次、多语种的现场直播。中国国际广播电台甚至首次用英语同传的方式对台湾政党领导人演讲进行了直播。可见，传播手段的创新已经成为中国国际广播电台对重大活动的直播报道不断取得突破的重要因素。由于时效快、内容丰富、视角独特，中国国际广播电台的直播报道成为许多重要媒体的信息来源。

中国国际广播电台 2006 年的所有重大宣传报道活动都制定了多语种广播、网上音视频、环球资讯滚动播出以及《世界新闻报》平面报道的联动方案，通过整合资源、挖掘潜力的方式形成音、视、网、报集团作战、多媒体联动的大传播格局。全年共直播了 44 场重大宣传活动，除了英语、华语等通用语言外，网上音视频和对象地区语言也都参与了直播报道。其中，中非合作论坛北京峰会的阿拉伯语直播、中国—东盟建立对话关系 15 周年纪念峰会的越南语直播、“中俄国家年”闭幕式的俄语直播，无一例外地体现了中国国际广播电台的语种优势。在“中俄友谊之旅”活动中，43 种语言广播、环球资讯广播及“国际在线”各语种网站、《世界新闻报》都进行了及时全面的报道和直播，更加凸显了中国国际广播电台作为国家级外宣媒体的综合实力。

第五节 加速发展在线广播和新媒体广播

一、“国际在线”实现跨越式发展

随着全球上网人数的迅速增加，互联网在国际传播中的重要性日益凸显。国际在线作为中国国际广播电台对外传播的重要组成部分，通过组建在线广播中心、积极开辟合作办网模式等方式实现了跨越式发展。

2005 年，中国国际广播电台正式组建在线广播中心，根据“集中管理、分类指导、分散操作”的运行机制加强对各语种网站的管理。在线广播中心成立后，“国际在线”的发展目标调整为：按照“巩固、提高、优质、创新”原则，巩固各子网站信息发布数量，全面提高质量，通过创新增强网站的针对性和吸引力，力争网站的访问量到年底有大幅度提升，确保网站的综合评估指数在全球网站的领先地位。

（一）拓展在线广播渠道

具体举措方面，在线广播中心强化宏观管理、统筹规划、品牌推广等职责，明确各语言部在线广播的目标定位、受众定位和内容定位；制定和分解各语种网站全年发展目标和分阶段目标，责任落实到人；以质量和浏览量为目标，调整和完善考评办法；加强网站互动性和服务功能，开办日文网络论坛，搭建中日网民交流的平台；加大在线广播节目改版力度，对日语、法语、阿拉伯语、意大利语、越南语、西班牙语、德语、俄语、马来语、波兰语等10个语言网站的节目内容和栏目设置进行改版，通过增加信息量、推行特色化、提高报道深度等方式增强网站的针对性和吸引力。同时，通过引进和培训提高网站编播人员的专业水平。运用多种手段加大在线广播境外推广力度，对39种语言网站的文字、图片和音频内容进行全球CDN推送，使得网站的总体访问量和影响力明显改善。承办第五届中国网络媒体论坛同样提高了“国际在线”的社会影响力。

2005年12月20日，中国国际广播电台与西藏人民广播电台联手创办的藏语广播网正式开通，拓展了我国涉藏外宣的新渠道。藏语广播网用藏文发布文字信息，用拉萨语和康巴语发布广播节目，开设《说唱格萨尔》、《走近西藏》、《圣地西藏》、《歌声传情》等特色栏目，利用文字、声音、图片、图表等多媒体手段，介绍祖国各地的发展情况，提供政治、经济、社会、文化、旅游等各方面的新闻和资讯，不仅成为西藏人民了解世界的重要途径，而且成为境外藏胞了解祖国、特别是西藏发展变化的便利渠道。

（二）大力发展网络电台

2005年7月6日，“国际在线”在已有中文网络电台的基础上率先推出全国首家多语种网络电台，用英语、德语、日语和汉语普通话等四种语言播出节目，每天更新节目11.5小时，节目内容涵盖新闻资讯、音乐欣赏、语言教学等领域，吸引了国际社会中的大批青少年以及具有高学历的白领网民。

2007年，中国国际广播电台启动十二家环球网络电台，在线广播本土化优势日益显现。为了继续保持“国际在线”的超常规发展，9月14日，中国国际广播电台在原有多语种网络电台基础上，建设了美国华盛顿、英国伦敦、俄罗斯莫斯科、德国柏林、澳大利亚悉尼、韩国首尔、日本东京、埃及开罗、土耳其安卡拉、巴西里约热内卢、阿根廷布宜诺斯艾利斯等11个网络电台，涉及英语、俄语、德语、韩语、日语、阿拉伯语、土耳其语、葡萄牙语和西班牙语等9种语言，受众遍布全球五大洲外宣重点城市，涵盖互联网发达地区主流人群。

新型多语种境外网络电台以多媒体传播为载体，以本土化发布为特征，以覆盖全球为目标，具有很强的延伸性，可满足不同受众和媒体多感官、多渠道信息需求。境外网络电台立足于互联网，本土性、交互性、参与性、服务性等特征极为突出。境外网络电台的文化、生活、娱乐等节目内容都是受众喜闻乐见的，能够轻易激发并满足受众了解、认识中国的愿望。电台节目内容丰富，形式活泼，主要包括资讯、娱乐、服务、互动等四大类型。资讯类节目讲求针对性，重点介绍中国经济和文化信息以及当地和中国的双边信息；娱乐类节目突出趣味性，以介绍中国流行音乐、民族音乐及电影电视最新音乐作品为主，开设有“流行音乐馆”、“明星访谈”、“影视世界”、“中国民族歌曲”等栏目；服务类节目追求贴近性，开设有“经济聚焦”、“到中国旅行”、“学汉语”、“文化广角”、“美食中国”、“到中国留学”等专栏，为听众到中国旅游、留学、经商等活动提供服务；互动类节目以增进受众交流、改善用户体验为重点，提供了播客、互动社区、下载服务以及客户端软件等功能。这些都是国际在线在制作、发布、服务、运营等方面实施本土化的重要探索。

（三）提升国际在线影响力

“国际在线”根据稳步发展基础网、快速发展龙头网、大力扶持骨干网的方针推进各语种网站的分层次发展，形成了“雁阵式”的发展布局。2006年7月13日，“国际在线”发布的网络电台播客业务应用了AJAX等最新技术，开发了拥有自主知识产权的多语种播客系统，开创了“定向签约制”播客管理新模式。外文网专业化建设水平有所提高，朝语网、日语网、葡萄牙语网等多个语言网站进行了大幅度改版。网络视频业务逐步成熟，中文网已对200多位嘉宾进行视频访谈，这种网络视频的节目策划、制作和直播能力奠定了未来发展网络电视的基础。中日大学生网上对话等跨境直播访谈创下了音频直播收听人次之最，组建的网络公司初步实现了网站的市场化运作机制。“国际在线”发展势头在平稳中求进取，继续保持在全球同行业网站中的领先地位，网站日均页面浏览量达到850万，其中境外页面浏览量约580万。网站境外综合影响力持续提升，突出表现在：首先，转载“国际在线”稿件的境外网站大幅增加。据不完全统计，世界范围内链接“国际在线”各语种网站首页的网站数量达15000个之多，尤其是日本、巴西、意大利等国家出现了大量持续转载国际在线日语网、葡语网、意大利语网等稿件的新闻网站和搜索引擎。其次，境外页面访问速度大为改善。通过由外宣办为中央重点外宣新闻网站落实的境外CDN推送服务，“国际在线”的页面访问速度大为改善。Alexa网站监测显示，“国际在线”网页的打开速度快于世界上58%的网站。CDN服务商提供的数据表明，“国际在线”的日常占用带宽已占外宣办所租用带宽的30%，高峰时超过50%，成为境外网民了解涉华信息的重要窗口。

随着“国际在线”实现跨越式发展，网站规模不断扩大，内容更加丰富且更具吸引力，人均页面浏览量居中央八大重点新闻网站之首，在全国新闻门户网站排名中名列前茅。在世界最知名互联网评估网站ALEXA“最具知名度的国际广播电台网站”排名中，“国际在线”也超越美国之音、BBC等世界著名国际广播电台网站而稳居第一。

二、新媒体业务顺利推进

除上述外，中国国际广播电台还实现了手机广播电视上线播出，新媒体业务顺利推进。3 月 16 日，中国国际广播电台推出网络电视平台，通过整合新闻资源和技术优势实现了 24 小时的滚动直播。4 月 6 日和 8 月 30 日，中国国际广播电台手机广播电视业务分别在中国联通和中国移动两个平台启动，它集成了广播、电视、互联网等多媒体、多语种以及丰富的社会信息资源，为手机用户提供直播、点播和下载服务，标志着以国际在线为基础，以网络广播电视、以环球网络电台、手机广播电视为依托的新媒体业务格局基本形成。十七大期间，手机广播电视使用英、日、俄、德、西班牙等 5 种语言播出新闻和环球资讯广播直播节目，其便携、快速、互动的优势展现无遗。

2008 年，中国国际广播电台按照“创新、抢先、合作”要求推进新媒体业务全面发展：扩大手机电视业务规模，以北京奥运报道为契机做好对内外宣，加强与地方台合作，开拓业务增长点，同时与境外手机广播电视运营商合作开辟境外新媒体业务。另外，加强对 IPTV 节目架构、内容分类、运营模式等调研工作，探索中国国际广播电台 IPTV 业务发展模式。

第六节　建立健全科学高效管理制度

一、完善行政管理制度

高效运转的行政管理制度是构建现代国际广播体系的有力支撑。2005 年初，中国国际广播电台对台领导班子成员的分工进行了调整，由过去分管部门改为分管业务，避免了行政管理中的重复和交叉现象，使得台分党组、台务会的决策力以及各中心（室）的执行力都有所增强。行政管理委员会能够有效地协调全台涉及行政、人事、财务、党务、纪检监察、技术和后勤服务等相关部门的管理工作，安全播出办公室主要职责是协调管理全台的安全播出。通过机构调整和职能强化，全台进一步完善了以台分党组为核心的决策机制、执行监督机制和考核机制，初步形成了整体协调、层次分明、良性互动、创新开放的综合管理系统，管理效率大幅提高。

二、创新宣传管理机制

为了适应宣传业务的拓展，中国国际广播电台进一步强化了宣传管理机构的职能，加强了台编委会的研究、决策、指挥和管理职能，强化了编前会责任制。创新了编委会和编前会机制，形成了台编委会、编前会和各编播中心编委会相互配合、协调统一的宣传管理体系。调整了台编委会职能定位和人员构成，加强了其决策指挥、宣传研究和重点策划职能；完善了台编前会制度，强化了其工作落实、任务部署和信息沟通功能；健全了各地区语言广播中心编委会，提高了其节目自主策划、地区节目编排和宣传业务执行力。

三、合理推进机构调整

中国国际广播电台对总编室、技术管理中心、国广传媒发展中心等部门的内设机构进行了合理调整，对 FM90.5、FM91.5、环球资讯广播节目部、英语轻松调频广播节目部以及希尔爱印厂、动力运行管理部等部门的隶属关系得到了梳理，新媒体节目中心、事业发展办公室、专家公寓建设办公室等部门的更名及职能配置的完成，都有力地促进了并将继续促进国际广播事业的蓬勃发展。

四、健全财务保障体系

2005 年，由于财政拨款和经营收入均创历史新高，中国国际广播电台的资金总量大幅度增长，为发展国际传播事业提供了雄厚的资金支持。在此基础上，能否建立公平合理的分配机制和科学有效的激励机制成为主要问题。中国国际广播电台对各类津贴、补贴和劳务进行了认真地清理、整合，制定了岗位津贴管理发放暂行办法，建立起以岗位管理为主要内容的新型分配机制，由此实现了分配政策的归口管理和公开、公正、透明。这种做法不仅符合国家关于清理规范津贴的政策要求，而且职工的整体收入也有了不同程度的提高，有助于激发员工的工作热情。此外，中国国际广播电台分党组还聘请权威会计公司对全台资产进行评估，聘请战略投资顾问参与制定市场营销方案，整合全台可经营性资源，为开展产业经营奠定了基础。

贯通事业财务和企业财务两个机制是构建现代财务保障体系的关键。2006 年，一方面，中国国际广播电台财务部门通过向主管部门争取资金支持筹集到了更多财政拨款，使得全台可支配的事业和经营总收入达到 6.04 亿元；另一方面，中国国际广播电台通过建立统一管理经营性业务的财务平台提高了对台属企业的财务监管力度。现代财务保障体系的基本架构初步形成。

中国国际广播电台委托国广传媒发展中心以独资或合资等多种形式组建了广播节目制作、电视节目制作、报刊经营、手机电视运营、网络运营、广告经营、人力资源管理、媒体投资咨询管理等新媒体运营业务的 10 多家实体公司。广告工作根据管、办分离的要求建立了科学、有效的运营机制，实现了广告经营收入的持续增长。通过集中核算和会计委派的方式强化产业化经营工作的财务管理。下属企业纳入国广传媒财务部进行集中核算，通过国广传媒财务部操作平台共向经营主体委派会计主管，为产业化经营奠定了良好的财务管理基础。国广物业公司通过强化专业技能、规范操作流程等措施完善了管理，完成了相关管理体系审核和认证，提高了品牌和商誉。

第七节　创新人事管理系统

一、加强管理，优化结构

（一）加强领导干部管理办法

2005 年，台分党组制定了《加强领导干部交流工作实施办法》，让领导干部交流成为了切实可行的管理制度。中国国际广播电台一年内先后让 8 位中心级领导进行了岗位交流，任免处级干部 84 人次。2006 年，中国国际广播电台的干部人事工作初步实现了由控制式管理向创建式管理的转变，由传统职工队伍管理向职业化、国际化的现代传媒队伍管理的转变。所有干部任前都必须公示和谈话，干部任期制被严格执行。2006 年，中国国际广播电台配备了 82 名处级干部，约占中国国际广播电台处级干部总数的 1/3。2007 年，推行干部聘期制，对 92 名处级干部进行任期届满测评考核，推动了干部工作规范化、制度化、民主化。

（二）优化组织机构和人员结构

为了适应国际广播事业的快速发展需要，中国国际广播电台及时调整了内部组织机构，2005 年，成立了事业发展办公室、在线广播中心、国广传媒发展中心、政府采购办公室、专家公寓建设办公室、安全播出办公室，增设了法规处，从而适应了国际传播事业快速发展的要求。2006 年，又新成立了国际合作交流办公室、技术管理办公室，增强了其在国际合作、技术管理方面的力量。

就传播媒体而言，分布在全球各地的驻站记者的重要性不言而喻，因为他们可以在第一时间获取全球最新资讯。为此，中国国际广播电台大力推进记者站建设，调整了广州工作站的职能和机构设置，对境外机构进行了改革试点，组建了驻波兰、哈萨克斯坦和伊朗记者站，使中国国际广播电台驻外记者站达到 30 个，在此基础上整合了驻外记者站资源，以驻肯尼亚记者站为基础组建了非洲地区总站，驻外记者的选拔也首次采用了面向全社会公开招聘的方式。

中国国际广播电台还对人员结构进行了优化调整，通过招聘应届毕业生、加大引进外籍员工力度等方式缓解节目部门人员短缺的状况。对应届毕业生首次实行先编外聘用，再择优录用的办法，同时提高了编外聘用人员的聘任标准，规范了聘任程序，制定了编外聘用人员的薪酬规划及整合方案。这种编外聘用的人才制度打破了长期缺乏变化的僵化体制，灵活性强，有利于更好地选拔国际广播事业的后继优秀人才。此外，还返聘退休非通用语干部 80 余人，有效弥补了中、高级外语人才不足的问题。

此外，中国国际广播电台还规范了编外聘用人员管理，维护了编外聘用人员权益，积极开展了岗位培训（全年共举办各类培训班 20 多期，600 余人次参加）。严肃劳动纪律，清理各种不规范用工。毋庸置疑，上述措施都从强化队伍建设的角度促进了国际传播事业的发展。

（三）探索岗位设置和薪酬制度改革

2008 年，中国国际广播电台对新闻中心和英语环球广播中心进行了管理机制改革试点。改革坚持以能为本、多劳多得、奖勤罚懒的原则，努力建立科学的岗位绩效工资制度。具体做法上，新闻中心和英国环球广播中心首先调整了中心的职责、机构设置和编制安排，然后通过科学合理的岗位设置推动了用工制度和收入分配制度的改革。改革增强了员工积极性，促进了中心业务的发展，适应了构建现代国际广播体系的要求。

岗位设置上，充分考虑到中国国际广播电台目前用工与编外用工并存的实际情况，实行档案岗位和实际岗位双重岗位设置模式。档案岗位是指依据人事部、广电总局的相关规定确定管理、专业技术、工勤技能等岗位，同时确定编内人员的基本工资。实际岗位是指根据实际工作和业务流程需要对专业技术人员设置的实际工作岗位，确定全体员工（包括编内和编外员工）的岗位绩效。设置岗位时，中国国际广播电台不仅设置了传统的广播业务所需要的采、编、播岗位，还设置了一些符合现代媒体发展和构建现代国际广播体系要求的新型岗位，如推广营销、节目包装、信息处理、网络管理、网站设计、网站制作等岗位。

与岗位设置和用工制度改革相适应，中国国际广播电台还设计了各类宣传业务的考核指标体系，建立起适应两个中心实际情况的岗位绩效工资制度。在核定两个中心人员薪酬存量的基础上，根据全面盘活存量、适度控制增量的原则，在两个中心薪酬总量的范围内合理确定各等级岗位的岗位绩效标准。

收入分配制度改革与科学的考核机制相结合。中国国际广播电台对两个中心的考核分为宣传业务考核和事业发展考核，根据考核结果核发岗位绩效总额，年度考核结果还是对员工的岗位等级进行调整的重要依据。从目前的试点情况看，两个中心的改革调动了员工的积极性和创造性，为构建现代国际广播体系提供了人力保障。

二、实施“人才兴台”战略

经过多年的发展，中国国际广播电台已经初步培育了一批适合外宣工作的人才队伍。在此基础上，中国国际广播电台提出了“人才兴台”的战略，人事办公室还专门成立人才处，切实让人才为构建现代国际广播体系提供智力支持。

2007 年，中国国际广播电台加快了高端人才、核心人才、后备人才的培养步伐，使后备人才培养形成梯次。加大干部职工培训力度，共举办全台性培训班 6 期，编写《中国国际广播电台新闻培训纲要》，260 余名干部职工通过培训提高了素质。聘任首批 9 名岗位首席，制定出了详细的首席项目。实施“四个一批”人才培养工程，首批选拔出 93 名培养对象，初步形成争做业务骨干和岗位能手的竞争氛围。

改革驻外记者选派机制，面向全台选拔12名待派记者。有序推进职称评定改革，完善高、中级职称评定制度。制定了新闻中心和英语中心改制方案，为岗位设置和收入分配制度的改革奠定了基础。加快对外交流合作步伐，完成外事出访和接待项目，与世界主要媒体进行了人员、节目和信息的对口交流。注重为离退休老同志办实事，落实其政治和生活待遇，使离退休老同志的生活待遇有了新的改善。这些措施有力地保证了中青年人才的成长、优秀人才的发展以及老年人才的晚年生活。

外籍员工是人才队伍的重要组成部分。中国国际广播电台进一步深化外籍员工管理改革，严格规范外籍员工聘用程序，确保新聘外籍员工人员结构和待遇合理。为此，中国国际广播电台实施了外籍工作人员分类分级及薪酬管理改革方案，并以10个单位为试点，与28名新聘外籍员工、13名试点单位续聘外籍员工签署了新合同，使外籍员工与中国同事一样多劳多得、按绩取酬，实现了对外籍员工的科学管理。中国国际广播电台还按照国际惯例和我国医疗改革方向完善了外籍员工意外伤害和医疗保障制度，对新签和续签合同的外籍员工实施社会化医疗保险。举办多期新任外籍员工培训班，加强国情、台情教育，通过业务交流、召开研讨会等多种方式提高了外籍管理干部的政策水平和执行能力。

在已经确定的中国国际广播电台未来发展重点工作中，人才兴台战略是重要的组成部分，与人才兴台战略有关的内容有两个方面：

一是加强核心人才队伍建设。核心人才是推动中国国际广播电台发展事业的中坚力量。中国国际广播电台将加大“首席制”工作力度，督促协助首席人员完成年度项目计划，通过组织首席推介活动来扩大首席人员的社会影响，通过提供项目经费、举办研讨会的途径发挥首席人员的示范作用。推进“四个一批”人才培养工程，建立健全项目管理系统和人才数据库系统，对培养对象实行动态化管理，以项目实施带动人才成长。做好驻外记者管理，推进驻外记者工资改革，完善选拔和派出机制，加大培养力度，建设高素质驻外记者队伍。继续推行干部聘任制，激活干部队伍活力，建立管理干部能上能下的良性机制。健全人才培养机制，加强在职培训，办好管理干部培训班、编辑和技术骨干业务轮训，强化新闻业务和技术培训。积极开展“走出去”培训，适时开展境外培训。编制中国国际广播电台五年人才规划，制定管理人才、专业技术人才和经营管理人才的引进和培养计划。

二是完善岗位津贴分配制度。中国国际广播电台于2005年初步形成了岗位分配制度。此后3年，全台职工的收入呈现出逐年增长的良好态势。2008年，中国国际广播电台要加大改革力度，完善以岗位津贴为主体的收入分配制度，将津贴增长与绩效考核挂钩，坚持在公平的基础上强化效益的原则，加大倾斜力度，切实体现不同工作的实际价值，对贡献突出、业绩显著的工作人员加大奖励力度，以此激发全台员工的工作热情，营造出争先恐后、见贤思齐的良好氛围。编外聘用人员的薪酬办法也应该纳入岗位管理范畴，逐步实现编内编外同工同酬。

三、和谐团队文化初步形成

中国国际广播电台员工都是国际传播领域的宝贵人才，2005年以来，中国国际广播电台在制度建设与和谐团队文化建设上迈出了新步伐。

首先，思想政治方面。通过重点学习贯彻党章来强化党员干部的理想信念和根本宗旨教育，评选“十佳党员”、“十佳主题党日”活动以及组织“电波牵手山里娃——CRI爱心之旅”活动都成为思想政治工作的创新点。开展了保持共产党员先进性教育活动，《开展保持共产党员先进性教育活动的实施意见》对先进性教育活动进行了全面部署，台分党组还进一步根据群众意见制定了《中国国际广播电台分党组整改措施》。先进性教育让党员干部的素质明显提高，党组织的战斗堡垒作用进一步加强。

其次，廉政教育方面。以廉政教育为基础，开展廉政文化建设和警示教育，制定《台务公示暂行规定》、修订《关于健全民主集中制，加强集体领导的若干规定》等，使得规章制度进一步健全，同时加强了对政治纪律和宣传纪律、领导干部廉洁自律、落实党风廉政建设责任制、重点工程项目等的监督力度，加大了内部审计宣传力度。落实党风廉政建设责任制，实行职工收入分配实名制，推行台务公开化，加强对专家公寓建设、政府采购招标、干部选用等方面的监督，这些都成为中国国际广播电台加强党风廉政建设的重要举措。中国国际广播电台还进一步加强了审计工作，对基本建设决算、干部离任等 8 个项目进行了审计，审计总金额高达 2 亿多元。

再次，为了充分发扬台内民主，努力构建和谐组织，中国国际广播电台专门设立了台领导接待日和台长意见箱，形成了多渠道体察民情、了解民意的良好局面。

最后，开展各项安全工作和精神文明建设，推进后勤服务改革。离退休老同志定期联络制度确保了每一位老干部都能享受到充分照顾。提高离退休人员补贴，使老干部同步享受发展成果。后勤集团不断提高服务水平，消除了员工的后顾之忧。工会、侨联、团委等群团组织开展的献血、扶贫、送温暖等活动激发了全台职工的关爱之心和社会责任感。通过上述举措，以人为本、遵纪守法、团结友爱、充满活力、发展有序的和谐文化逐步形成。

第八节　重点工程建设稳步实施

一、基础设施建设工程

中国国际广播电台重点工程建设稳步实施，基础设施日趋完善。

2006 年，中国国际广播电台按照管办分离、建用分离、规范程序和完善制约的原则，环球广播和在线广播工程合并为技术建设工程，成立了统一的领导、工程、督导和评估组织。技术建设工程需求方案体现了分工合理、重在功能、满足中国国际广播电台事业和新媒体发展需求的原则。外国专家公寓基本完成主体结构建设，东大厅、共享大厅、咖啡厅等改造工程基本完成。业务大楼修缮工程顺利推进，七层以上办公空间改造工程稳步实施。2007 年，外国专家公寓基本竣工，完成装修工程、设备安装、系统调试，各项质量要求验收合格，并在奥运会前投入使用。

二、技术建设工程

中国国际广播电台还积极推进技术建设工程，对办公环境分步骤、分阶段进行全面改造。多媒体共享平台、转播车和直播车的购置，A 区三层计算机房、B 区一层直播机房、标清演播室、传输系统改造，网络平台及其整体安全、电力增容改造等项目顺利完成，为全台信息采集及多媒体播出提供了有力的技术保障。其中，24 小时华语环球广播制播技术平台的建设完成实现了华语节目采集、制作和播出的网络化、数字化和专业化；多语种新闻发稿系统工程实现了新闻采编播系统同其他应用系统的有机结合与数据共享；英语 24 小时制播平台为英语环球广播工程的建设奠定了基础；在线广播技术服务系统为“国际在线”的运行安全提供了坚实保障；加大节目境外落地的技术支持力度有益于扩大节目覆盖范围、增加节目播出时间、改善节目收听效果；完善安全播出管理机制，建立应急播出机制。这些都成为构建现代国际广播体系的有益实践。

中国国际广播电台以服务媒体发展为目的、创新技术观念为重点，全面兼顾开放共享与安全播出的协调、可持续发展，创新了多媒体技术平台和技术管理体系。

多媒体媒资平台通过统一的采集、编目、编辑、制作，实现了全台视频、音频、文稿、图片等多媒体内容资源的有效共享，为全面提升业务管理水平、提高信息使用效率、降低整体运行成本奠定了坚实的基础，同时为新媒体业务的发展提供了丰富的内容资源和有效的技术保障。通过对中国国际广播电台各部门内容资源的整合，实现了音频、视频、在线、平面媒体、文稿、新媒体等业务系统的互联互通和统一管理，促进了资源的合理分配。业务流程兼顾音视频直播、录播、网络在线、新媒体发布等多种业务模式，并且能够将素材进行统一管理、快速调度，实现媒体信息资产化和快速再利用，达到了信息增值的目的。

新的多媒体媒资平台与原有技术系统相比，有两个显著的特点：一是整合后的媒资平台是一个可控的、可管理的多媒体业务支撑平台；二是建成后的媒资平台是一个开放的以多媒体资料共享为核心的信息资源交换与发布平台。围绕以上两个特点，现有的技术系统由原来传统的孤立系统，转变成为现阶段在保证信息安全的基础上的完全开放的、共享的、互动的多媒体平台。媒资平台在此基础上不断探索与总结，提供了一条既能满足现有媒体单位的用户需求，又能满足新媒体业务发展需求、合理解决技术系统开放性与安全性之间的有效方案。多媒体媒资平台的建成，为全面推进现代广播体系建设提供了坚实的技术保证。

第十章　以科学发展观指导现代国际广播体系建设

第一节　科学发展观对构建现代国际广播体系的指导意义

一、科学发展观的提出

胡锦涛总书记指出，科学发展观，是立足社会主义初级阶段基本国情，总结我国发展实践，借鉴国外发展经验，适应新的发展要求提出来的。

科学发展观的形成和提出来之不易，经历了中国共产党人的长期实践探索和理论思索，是中国共产党执政理念的一次升华，是马克思主义中国化的最新理论结晶。这一历程历经马克思“跨越卡夫丁峡谷”的设想，到列宁和毛泽东的实践；从邓小平提出“发展才是硬道理”，到江泽民强调“发展是党执政兴国的第一要务”，再到胡锦涛总书记明确提出科学发展观。①

中国共产党从第一代领导集体就开始了对新中国经济社会发展观的探索，其中，作为第一代领导集体的重要成员的陈云虽然没有提出可持续发展的理论，但他的经济发展观包含了可持续发展的丰

① 余源培：《论科学发展观的形成和指导意义》，载《上海行政学院学报》，2007 年第 2 期。

富内涵。党的十一届三中全会以后，邓小平同志和党中央明确提出自己的发展道路：建设中国特色的社会主义，实现现代化，建设“三步走”发展战略，强调社会主义的根本任务是发展生产力，“发展才是硬道理”。制定了社会主义初级阶段的基本路线和一系列重大方针政策。第三代领导集体提出“三个代表”重要思想，强调发展是党执政兴国的第一要务，坚持用发展的办法解决前进中的问题；明确提出在发展社会主义市场经济条件下正确处理现代化建设中的一系列重大关系问题，提出科教兴国战略、可持续发展战略、西部大开发战略等重大战略，进一步丰富了社会主义现代化建设的理论和实践。

2003 年，党的十六届三中全会第一次提出了“科学发展观”的概念，并对这一发展作出了精辟表述：“坚持以人为本，树立全面、协调、可持续的发展观，促进经济社会和人的全面发展”，坚持“统筹城乡发展、统筹经济社会发展、统筹人与自然和谐发展、统筹国内发展和对外开放的要求”。科学发展观的提出，是我国 20 多年来改革开放和现代化实践的宝贵经验的总结和升华，是新世纪全面建设小康社会的必然要求，是我国社会主义现代化建设指导思想与时俱进的重要发展。

胡锦涛总书记在十七大报告中提出，在新的发展阶段继续全面建设小康社会、发展中国特色社会主义，必须坚持以邓小平理论和“三个代表”重要思想为指导，深入贯彻落实科学发展观。胡锦涛总书记说，科学发展观，是对党的三代中央领导集体关于发展的重要思想的继承和发展，是马克思主义关于发展的世界观和方法论的集中体现，是同马克思列宁主义、毛泽东思想、邓小平理论和“三个代表”重要思想既一脉相承又与时俱进的科学理论，是我国经济社会发展的重要指导方针，是发展中国特色社会主义必须坚持和贯彻的重大战略思想。

二、科学发展观的内涵

科学发展观，第一要义是发展，核心是以人为本，基本要求是全面协调可持续，根本方法是统筹兼顾。

必须坚持把发展作为党执政兴国的第一要务。发展，对于全面建设小康社会、加快推进社会主义现代化，具有决定性意义。要牢牢抓住经济建设这个中心，坚持聚精会神搞建设、一心一意谋发展，不断解放和发展社会生产力。更好实施科教兴国战略、人才强国战略、可持续发展战略，着力把握发展规律、创新发展理念、转变发展方式、破解发展难题，提高发展质量和效益，实现又好又快的发展，为发展中国特色社会主义打下坚实基础。努力实现以人为本、全面协调可持续的科学发展，实现各方面事业有机统一、社会成员团结和睦的和谐发展，实现既通过维护世界和平发展自己、又通过自身发展维护世界和平的和平发展。

必须坚持以人为本。全心全意为人民服务是党的根本宗旨，党的一切奋斗和工作都是为了造福人民。要始终把实现好、维护好、发展好最广大人民的根本利益作为党和国家一切工作的出发点和落脚点，尊重人民的主体地位，发挥人民的首创精神，保障人民的各项权益，走共同富裕的道路，促进人的全面发展，做到发展为了人民、发展依靠人民、发展成果由人民共享。

必须坚持全面协调可持续发展。要按照中国特色社会主义事业总体布局，全面推进经济建设、政治建设、文化建设、社会建设，促进现代化建设各个环节、各个方面相协调，促进生产关系与生产力、上层建筑与经济基础相协调。坚持生产发展、生活富裕、生态良好的文明发展道路，建设资源节约型、环境友好型社会，实现速度和结构质量效益相统一、经济发展与人口资源环境相协调，使人民在良好的生态环境中生产生活，实现经济社会的永续发展。

必须坚持统筹兼顾。要正确认识和妥善处理中国特色社会主义事业中的重大关系，统筹城乡发展、区域发展、经济社会发展、人与自然和谐发展、国内发展和对外开放，统筹中央和地方关系，统筹个人利益和集体利益、局部利益和整体利益、当前利益和长远利益，充分调动各方面的积极性。统筹国内国际两个大局，树立世界眼光，加强战略思维，善于从国际形势的发展变化中把握发展机遇、应对风险挑战，营造良好的国际环境。既要总揽全局、统筹规划，又要抓住牵动全局的主要工作、事关群众利益的突出问题，着力推进，重点突破。

三、科学发展观对构建现代国际广播体系的指导意义

党的十七大报告对科学发展观作了全面深刻的阐述，精辟地指出，科学发展观的第一要义是发展，核心是以人为本，基本要求是全面协调可持续，根本方法是统筹兼顾。报告还要求全党同志“全面把握科学发展观的科学内涵和精神实质，增强贯彻落实科学发展观的自觉性和坚定性，着力转变不适应不符合科学发展观的思想观念，着力解决影响和制约科学发展的突出问题，把全社会的发展积极性引导到科学发展上来，把科学发展观贯彻落实到经济社会发展各个方面”。科学发展观，不仅已经成为我国当前统领经济社会发展全局的重要指导思想，而且也是实现全面建设小康社会和建设社会主义现代化国家必须长期坚持的重要指导思想。

科学发展观对于构建现代国际广播体系同样具有重要的指导意义：

（一）科学发展观坚持发展的全面性

推动社会全面进步，是科学发展观的基本要求。[①] 科学发展观相

---

① 李恒瑞等著：《当代中国科学发展观论纲》，广东人民出版社，2006年版，第129页。

对传统的发展模式，更加强调发展的全面性，坚持在抓住主要矛盾的同时，不能忽视次要矛盾。要求各个方面全面发展，配套进行。改革是全面的改革，以改革推动发展，必须注意全面性，注意重点推进与全面改革的协调，学会“弹钢琴”。

从19世纪中叶国际传播起步开始，国际传播经历了从传统走向现代、从平面走向立体、从单一走向综合的转变过程。当今国际传播趋于现代化、立体化、综合化。以中国国际广播电台为例，中国国际广播电台经过60多年的发展，已经成为拥有音、视、网、报、刊等从第一媒体到第五媒体的全媒体机构。随着技术的不断进步，以互联网为代表的新型媒体在国际传播中的重要性日益体现，实行战略重心转移，重点发展在线广播是中国国际广播电台加强自身影响力和外宣实效不可逆转的趋势。

但重点发展在线，绝不意味着放弃无线短波广播等传统传播手段。国际传播具有复杂性的特点，这是由国际传播对象的复杂性所决定的。在全球化浪潮的冲击下，国与国之间的差距并没有得到缩小，反而被进一步拉大，各国间发展程度差异明显。欧美等西方发达国家从生产到消费各个环节都已高度现代化，而非洲、南亚等部分第三世界国家还处在致力于解决国民温饱问题阶段。相应地，不同国家的人信息获取方式也存在着明显的区别，西方发达国家网络普及程度较高，其国内民众接收资讯方式已逐渐转移到在线等新型媒体，2004年10月30日，将近70年历史的瑞士国际广播电台甚至停止了其短波和卫星电台节目，全面转向在线广播；而在非洲、南亚等落后地区国家，网络发展远远落后于西方发达国家，这些国家的民众仍然依靠传统的媒体手段来获取信息。即便在同一地区，不同收入群体也有着类似的信息获取渠道的差异。这种巨大的差距是现实存在并仍将长期持续下去的。构建现代国际广播体系，必须正视这一差距，有针对性地发展不同形态的传播手段，综合考虑，全面发展。既要顺应媒体传播技术手段的发展趋势，积极发展新媒体技术，提高传播的技术水平，加强对发达国家和高端人群传播效果；同时，也不能忽视落后地区和低收入群体的获取信息需要，不能抛弃传统的广播形态，应在保持传统广播形态的基础上，改进节目形态，进一步加强广播效果，提升在落后地区和低端受众群体中的影响力。

在构建国际广播体系中，必须坚持科学发展观的全面发展观点，在战略重心向在线广播转移的前提下，推进无线短波广播、落地调频广播等传播方式的全面发展。

（二）科学发展观坚持发展的协调性

科学发展观强调各项事业发展的协调性，坚持各项事业统筹发展的方针。

协调发展就是要在发展中实现速度与结构、质量、效益的有机统一，促进发展的良性循环。保持协调发展，要正确处理速度与结构、质量和效益的关系，保持一定的增长速度，是推动发展的基础，是实现结构、质量、效益目标的重要的前提。但增长并不等于发展，只有调整结构，提高质量，增加效益，才能保持持续、快速的发展。保持协调发展，要在促进增长的同时，更加重视结构调整，提高质量和效益。①

保持协调发展，也是构建现代国际广播体系工作十分重要的原则。构建现代国际广播体系，是一项庞大的体系工程，要做到全面发展，也必须做到协调发展。

坚持协调发展，需要确定发展的中心，在此基础上做好结构调整，确定其他各项事业在此结构中的地位，做到中心明确，重点突出，同时兼顾次要，全面协调发展。随着通讯手段的不断发展，当今国际广播的形态已发生了巨大的变化，落地调频、在线广播乃至手机广播电视等一系列有别于传统短波广播的广播形态在国际广播

---

① 《科学发展观理论学习要点》，红旗出版社，2006年版，第42页。

中的重要性日益突出。构建现代国际广播体系，必然要把发展在线广播等新型媒体作为整体工作的重心。突出发展在线，需要投入大量的人力和物力，在现有人力、物资等条件下，难免会影响到无线广播的制作力量，这就需要对整体结构进行调整，实行有所突出，相对侧重的发展模式，合理调配人力、物力等资源，使资源利用取得最大化效果。

坚持协调发展，要正确处理发展的速度和质量、效益的关系。随着国际间交往的日益频繁，国际广播已经成为一种软性外交手段，对于一个国家影响力的发挥和提升有着不可替代的作用。我国的国际广播发展相对而言并不发达，以中国国际广播电台为代表的外宣机构无论从规模实力还是国际影响都比 BBC、VOA（美国之音）等主要国际广播媒体有着较大的差距，因此，构建现代国际广播体系，首先必须加快发展速度，尽快缩小与国际先进媒体之间的差距。缩小这种差距，需要加大资金投入，增加人员、设备等方面的支持，提高节目制作能力；增加各种形态的节目数量和时长，加强各种广播形态的地区和人群覆盖能力。但同时，在注重数量、速度的发展的同时，需要协调好节目质量与传播效果的关系，不能因为快速发展而放松对节目质量和传播效果的要求。

（三）科学发展观坚持发展的可持续性

坚持可持续性发展，是科学发展观的基本内容。实现可持续发展，要把坚持以人为本与尊重自然规律相结合，努力为人类的长期生存和发展创造一个良好的环境条件。可持续发展是在尊重事物本身发展规律基础上的发展，要求处理好长远利益与当前利益的关系，是既满足当代的需求，又不对后代满足需求的能力构成危害的发展。可持续发展观念的提出，构成了人类发展观念上的一次重大突破，可持续发展必须要有新思路，围绕可持续发展的改革要有新突破、开放要有新局面、各项工作要有新举措。

科学发展观的可持续发展原则对构建现代国际广播体系有着重

要的指导意义。构建现代国际广播体系是一个长期的工程，并且需要根据国际广播形势的发展进行不断的调整。构建现代国际广播体系，必须要有长远的目光，不仅要顺应当前形势，使这一体系能够满足当前发展的需要；也要对国际广播的长远趋势有较为准确的预判和把握，设置相对弹性空间，使之能够根据国际广播形势的变化而进行调整，实现可持续发展。要坚持将满足当前发展的需要放在首位，也要坚持当前的发展不能损害长远发展需要的原则，坚持在实际工作中正确理解和合理贯彻代际公平原则。

构建现代国际广播体系，需要大量的资金、人力等方面的投入，这就给资源的配置利用提出了更高的要求。对于中国国际广播电台这样一个全额拨款单位来说，国家加大支持力度固然是件好事，中国国际广播电台的发展一直存在着硬件上的瓶颈，中国国际广播电台可以充分利用构建国际广播体系的机会争取更多的支持，解决目前存在的硬件问题；但同时，更要充分考虑到长远发展的需要，通过评估现实与长远发展需要，合理进行资源分配，不能将资源根据部门人头简单一分了事，而应根据国际广播发展的规律，将“好钢用在刀刃”上，使有限的资源变成可重复利用，并具有长远利用价值的可持续发展的资源。

在构建现代国际广播体系过程中，除了资源的调配，在制度的设计上也要充分考虑可持续发展的需要。

（四）科学发展观坚持统筹兼顾的总体要求

统筹兼顾，就是要正确地处理改革、发展、稳定的关系，协调好改革和发展中的各种利益关系。处理好改革、发展和稳定的关系，必须坚持把改革的力度、发展的速度和社会可承受的程度统一起来，把维护和满足人民群众的根本利益作为一切改革的出发点和落脚点。正确处理各方面的利益关系，必须站在全局的高度考虑问题，合理安排发展的战略布局，团结群众，调动各方面的积极性，发挥主动性和创造性，顺利推进改革事业。

我们党一直高度重视并始终强调要坚持统筹兼顾这一基本方针。统筹兼顾的“统”就是统揽、纵揽，就是宏观调控，适时适当干预；“筹”就是筹划、协调，“兼顾”就是照顾到方方面面，平衡各种关系。一是兼顾到方方面面的关系，协调好方方面面的关系；二是兼顾到方方面面的利益，解决好方方面面的利益矛盾。统筹兼顾，就是总揽全局，科学筹划，协调发展，兼顾各方。①

统筹兼顾也是构建现代国际广播体系的总体要求。

首先，要充分调动一切积极因素。人既是发展的受益者，也是发展的决定性力量。要加快发展，必须解决好发展的主体问题，充分调动一切积极因素。随着事业的发展，中国国际广播电台的利益关系发生了重大调整，呈现利益多元化、利益结构复杂化、利益差距扩大化、利益冲突明显化的态势。就一般规律而言，在改革中获利越多，承受改革的能力越强，进一步深化改革的动力也就越足。反之，承受改革的能力越弱，继续深化改革的动力就越不足。因此，在构建现代国际广播体系过程中，必须合理整合利益，体现效率优先、兼顾公平的利益结构，使全体职工充分享受到改革的成果，为构建现代国际广播体系巩固群众基础。

其次，要实现发展的良性互动。作为一个整体，中国国际广播电台各职能部门与业务编播部门、各节目制作中心、各语言部是相互联系、相互依存的。只有实现各个方面的良性互动，才能达到统筹兼顾的要求。科学发展观不仅强调发展，更要良性、科学的发展。中国国际广播电台内设机构众多，各部门发展程度和速度都不一致。近年来，通过不断的改革，各部门都有了很大的发展，但各部门发展的差距也在不断扩大。统筹兼顾，就是要继续发挥各部门的优势和积极性，逐步扭转部门差距扩大趋势，实现共同发展。

最后，要加强发展的薄弱环节的工作。构建现代国际广播体系，

① 《科学发展观理论学习要点》，红旗出版社，2006 年版，第 65 页。

要考虑方方面面的工作，但在实际工作中一定要突出重点，不仅侧重发展优势项目，着力打造优秀品牌，也要加强薄弱环节的工作，补齐不足，使薄弱环节工作不至成为拖延整体工作发展的“命门”。要从发展规划、实施策略、资金预算、人员编制等各方面统一考虑，支持重点事业项目发展。

（五）科学发展观坚持以人为本的本质要求

坚持“以人为本”是科学发展观的本质要求。以人为本的发展观要求尊重人、理解人、关心人，要把不断满足人的全面需求、促进人的全面发展，作为发展的根本出发点和落脚点；以人为本就要充分发挥各类人才的积极性、主动性和创造性，为发挥人的聪明才智创造良好条件，为事业发展提供重要保证。

以人为本是科学发展观的本质和核心，体现了马克思主义的基本观点。以人为本就是要把人作为发展的主体，把人作为发展的根本动力，就要为发掘人的潜能、发挥人的聪明才智创造良好条件。中国国际广播电台作为外宣媒体机构，其最大的财富就是人。营造一个鼓励员工干事业、支持员工干成事业的单位氛围，让劳动、知识、技术、管理和资本的活力竞相迸发，让一切有利于国际广播事业发展源泉充分涌流，为构建现代国际广播体系作出贡献。

首先，要尊重人的主体地位。中国国际广播电台的在职员工和返聘专家是中国国际广播电台历史的创造者，是我国国际广播事业发展的主体，国际广播事业的发展与进步离不开他们积极性、主动性和创造性的发挥。因此，构建现代国际广播体系，必须坚持尊重事业发展的客观规律与尊重员工历史主体地位的一致性，要把广大员工的主体地位与事业发展相互结合起来，充分发挥他们的积极性、主动性和创造性，不断提高他们的技能和创造才能，为国际广播事业的发展作出更大贡献。

其次，牢固树立人才资源是第一资源的观念。随着科技的不断发展，人力资源在当今世界综合国力竞争中越来越具有决定性意义。

人才是先进生产力和先进文化的重要创造者和传播者。对于中国国际广播电台而言，人力资源是第一资源，人才优势是中国国际广播电台最大的优势，人力开发是中国国际广播电台各项事业发展的重要推动力，也是现代国际广播体系建立的重要推动力。因此，要充分发挥人才资源开发在构建现代国际广播体系中的基础性、战略性和决定性作用。

最后，要牢固树立人人都可以成才的观念。现代国际广播体系的建立，要求每一位中国国际广播电台员工都贡献一份力，也为每一位中国国际广播电台员工的发展提供了广阔天地。我们要按照促进人的全面发展的要求，切实实行有利于人才成长的政策措施，大力营造有利于人才成长的机制和环境，把每一个人的潜能和价值都充分发挥出来。只有坚持以人为本，把人尤其是人才作为国际广播事业发展的根本动力，紧密结合各部门工作的实际，牢固树立科学的人才观，才能促进各种人才脱颖而出，为我国国际广播事业的发展提供强大的动力，创造国际广播事业发展的新局面。

第二节　践行科学发展观，解放和发展国际广播生产力

广播电视作为社会主义文化的重要组成部分，必须贯彻落实十七大精神，坚持以科学发展观为指导，从理论上领会和把握科学发展观的科学内涵和精神实质，从实践上坚持以科学发展观指导推动广播电视发展改革，实现又好又快的发展，为全面建设小康社会与构建社会主义和谐社会提供强大的舆论支持和文化支撑。

一、广播电视进入科学发展新阶段

当前，我国的广播电视正处于快速发展、深刻变革、整体转型的关键时期。近三十年来，中国广播影视在改革开放、市场经济、

科技进步和社会需求四大力量的推动下，经历了三次重大突破。第一次重大突破始于20世纪80年代初，以政策突破为特征，极大地调动了各级政府和广播电视机构兴办广播电视的积极性，大大解放了广播电视生产力，全面推进了广播电视的发展和覆盖，迅速扩大了广播电视的规模，同时开启了广播电视产业和财源，为此后的持续快速发展奠定了基础。第二次重大突破始于20世纪90年代初，以技术突破为特征，极大地拓展了电视传播渠道，全面提升了电视传输和接收质量，开发了频道资源，丰富了节目内容，实现了中央和省级电视节目更大范围的覆盖，同时迅速发展了有线电视用户，形成了有线电视网络业，开辟了第二大财源。进入新世纪以来，广播影视正在经历第三次重大突破。以整体转型为特征的第三次重大突破，将实现技术、业态、功能、服务方式和体制模式的全面转型，标志着中国广播影视发展正进入一个新的阶段——科学发展阶段。这一判断的理论和现实依据是：

第一，党的十七大把科学发展观确立为国家经济社会发展的战略指导思想和重要指导方针，标志着党和国家指导经济社会发展的战略思想和重大方针发生了转变。广播影视系统必须按照十七大的要求，全面贯彻落实科学发展观，促进广播影视的科学发展。

第二，中国经济社会发展进入了新的发展阶段，党的十七大提出了全面建设小康社会、构建社会主义和谐社会和社会主义文化建设的战略任务。广播影视系统必须为完成上述战略任务提供舆论支持和文化支撑，从公共服务和市场服务两个方面，不断满足人民群众日益增长的精神文化需求。

第三，中国社会主义市场经济体制已经建立并日趋完善，经济基础的重大变化和经济体制的根本变革，必然从各个方面影响乃至决定广播影视生存、发展的外部环境和基本条件。

第四，随着文化体制改革的深化和推进，广播影视系统面临怎样突破体制性障碍，通过深化改革促进事业与产业共同发展的重大课题。

第五，以数字化为核心的技术变革和新媒体的迅速崛起，对传统广播影视业形成了巨大的挑战和竞争。广播影视系统必须加快传统媒体的升级改造，实现传统媒体与新媒体的融合，从经营管理传统广播影视媒体向经营管理现代广播影视多媒体的转变。

第六，随着经济全球化的发展和国际竞争由硬实力向软实力的转变，广播影视已成为应对国际文化竞争的核心资源和主要手段。面对国家间软实力的较量，中国广播影视如何弘扬中华文化，传播中国的价值观念，塑造中国国家形象，打造与中国国际地位相适应的现代广播影视传播体系，已成为广播电视系统的重要使命。

这一切都表明，中国广播电视发展的时代背景和生态环境已经发生重大而深刻的变化。主动在发展理念、发展方式、发展模式、发展路径上适应这一重大变化，寻求广播电视又好又快的科学发展，已成为中国广播电视系统的必然选择。[①]

二、广播电视与科学发展观要求不适应的主要问题

近年来，我国广播电视事业经历了迅猛发展，传播能力大幅提升，覆盖规模不断扩大，财力人力明显增强。与此同时，广播电视媒体管理滞后、制度不健全等问题却日益显现。尤其是随着我国宏观体制环境的重大变化，社会主义市场经济体制的建立及其对广播电视领域的深刻影响，高科技在广播电视系统的应用及其对广播电视生产力的极大推动作用，现行广播电视行政管理体制日益凸现出自身的不适应性。不仅如此，与科学发展观全面、协调、可持续发展的要求相比，现阶段，我国广播电视仍然存在着一些突出问题和薄弱环节，概括起来主要体现在：

---

① 此段关于广播影视已进入科学发展新阶段的论述，参见《2008 年中国广播电影电视发展报告》，国家广播电影电视总局发展研究中心编，新华出版社，2008 年版，第 189－190 页。黄勇《中国广播电视发展新阶段及其战略任务》，载于《现代传播》，2007 年第 6 期，第 1－4 页。

一是广电生产力不足。现阶段广播电视最主要的矛盾还是生产力发展不足，所能提供的产品与服务同人民群众不断增长的精神文化需求不相适应的矛盾。据国家统计局数据，2007 年中国农村居民恩格尔系数为43.1%，城镇居民恩格尔系数为36.3%。与2002 年相比，5 年间分别下降了 3.1 和 1.4 个百分点。恩格尔系数的下降，意味着人民群众精神文化需求的不断增长，人民群众更加关注自身的全面发展，更加关注精神文化生活。但是目前中国居民文化需求的满足程度还不足 1/4，差距巨大。广播影视发展的根本任务就是要解放和发展广播影视生产力，最大限度地生产、提供广播影视产品与服务，不断满足人民群众对广播影视公共服务和市场服务的需求。

二是结构性矛盾依然突出。如过于追求数量、规模的扩张，忽视内涵、质量、效益的提升；频率频道资源配置不合理，过分向城市倾斜，普遍忽视对农村的服务；过分追求广告效益和收视率，广告播放多而滥，节目同质化、低俗化倾向严重；投融资结构单一，公共财政收入严重不足，只占广电总收入的 11.5%，导致农村广电基础设施严重滞后；产业结构失衡，广电总收入 48% 来自广告，23% 来自有线网络，内容产业、数字电视新业务、视听新媒体产业尚未形成规模，整个行业市场化程度很低；队伍结构不适应，从业人员总量不少，但复合型高端新闻人才和经营型高端管理人才短缺。

三是发展不平衡问题。城乡之间、区域之间、广播与电视之间、事业与产业之间、内宣与外宣之间、硬件与软件建设之间，都不同程度地存在发展不平衡的问题。重电视、轻广播，重城市、轻农村，重数量、轻质量，重经济效益、轻社会效益等问题不同程度地存在。

四是体制和管理不适应的问题。体制不顺，机制不活的问题依然存在，我国广播电视实施的是四级办台模式，常构成资源同类设置；而在同级层只有一家电台或电视台，易造成资源垄断。四级分管则产生多种行政目标，导致责权失衡。行业管理上，实施依法管理、科学管理、综合管理的水平有待提高，方法有待改进。广电法制建设严重滞后，依法管理缺乏法律法规依据。在政策指导上，促进发展不够，特别是经济扶持政策还不到位、不配套。[①]

这些问题的存在，都不同程度地影响着广播电视又好又快地发展，需要根据科学发展观的要求，采取切实可行的措施逐步解决。

三、以科学发展观为指导，在改革中释放国际广播生产力

当前，我国的文化体制改革在党中央的重视下进入新的发展阶段。这对解放文化生产力、繁荣社会主义先进文化，将提供理论、制度和政策等强力支持。国际广播作为文化的重要组成部分，要以科学发展观为指导，在改革中释放国际广播蕴含的文化生产力。

首先，国际广播要为我国文化事业和产业发展营造良好的舆论环境。有学者曾对具有代表性的世界 15 个国家的文化产业国际竞争力进行过比较研究，15 个参评国家的文化产业国际竞争力总指数为 0.45，中国仅为 0.22，不及平均指数的 43%，中国的文化产业竞争力无论是整体指数还是结构指数均在 15 个国家中排名末位，“竞争力指数数值仅为美国的 24%、英国的 29%、日本的 38%、新加坡的 40%、韩国的 43%”。事实上，中国有 5000 年的文明史，潜在文化资源很丰富，通过文化体制改革，发掘这些资源，加强本土原创，以开放心态借鉴世界上一切先进文化，造就更丰富的资源，将促进公益性和经营性文化事业比翼齐飞，大幅提升中国文化产品的国际竞争力。这对提高党的文化执政能力、落实公民文化权利、占领时代的文化制高点意义重大[②]。我国的国际广播要以正确的价值观、文化观，报道好改革的新进展、新突破、新经验、新典型，对以自主

① 参见黄勇：《中国广播电视发展新阶段及其战略任务》，载于《现代传播》，2007 年第 6 期，第 2 - 3 页。

② 此处参见：丁文奎《在改革中释放广播的文化生产力》，载于中广网 http://www.cnr.cn/luntan/。

创新精神打造原创经典作品和创新机制、塑造市场主体、建立富有活力的文化管理体制以及培养文化人才等，给予舆论支持。

其次，国际广播既是重要的思想文化阵地，又是颇具潜力的文化产业。在文化体制改革中，国际广播的重点是按照中央“两手抓、两加强”的要求，一手抓事业建设，提升综合影响力；一手抓产业发展，增强经济实力。广播事业和产业的结合，要求管理者既有政治家的眼光，又有经济管理学家的头脑，找准传媒经营与舆论导向之间、政治与艺术之间、科学与娱乐之间的最佳结合点。

广播事业建设的中心，是多方位实施品牌战略和人才战略、以人为本服务受众、全行业共同攻坚打造广播的核心竞争力。国际广播的品牌，包括栏目品牌、频率品牌、主持人品牌、记者品牌、编辑品牌、评论员品牌等。品牌既可以是少数、须作为重点扶持，也可以大量孵化，形成群星辉映效应。品牌与特色紧密相连。各类栏目、频率要用创新凸显自身特色，抓好标准化和质量管理，成为受众欢迎的品牌。人才是创造品牌、振兴广播的第一资源。国际广播应建立引进、培养、开发相结合的人力资源管理机制，创造吸引和留住高层次和特色人才的环境，实施“造星工程”，鼓励员工成名成家。中国广播电视传媒产业的发展应该以受众的需求为本，科学办台，以品牌栏目、高质量节目为根，立足中国实际和本土特色，强化节目精品意识，提升在国际上的竞争力。

作为文化信息产业，广播产业功能的优势还未充分发挥，节目经营、信息经营、广告经营、技术经营都有较大空间。全面开发广播产业，就要善于整合经营，将喉舌、信息、娱乐、科教文卫传播普及、商业运作等多种功能有机结合起来，放大广播栏目品牌优势，延伸产业链、构建知识链，改变对广告过度依赖的单一模式。部分节目根据所拥有的版权和独特内容，进行资源的再度开发利用，提高附加值。多元化经营应借鉴国外媒体经验，寻求新突破、新亮点，拓宽广播产业外延。同时，要树立现代营销理念，建立完善有序的节目销售市场，掌握国际市场规则，抓紧构建营销网络，充分利用各类国际性文化博览会、影视节、出版物展销活动等平台，做好文化产品的推介和营销。

第三节　坚持科学发展观，推动国际广播事业协调发展

科学发展观既然是对国家现阶段经济社会发展的规律性认识，其指导性是普遍的。广播电视是社会主义文化的重要组成部分，必须坚持以科学发展观为指导方针。结合中国广播电视的发展实际，国际广播的科学发展新理念，就是以科学发展观为统领，始终把发展作为第一要务，坚持以人为本办好广播节目，追求全面协调可持续发展，按照统筹兼顾的方法，解决好发展不平衡问题，全面推进现代国际广播体系的建设。

一、始终把发展作为第一要务

发展，对于加快现代国际广播体系建设，具有决定性意义。解决广播电视所有的问题要靠发展。抓住了发展，就抓住了现代国际广播体系建设的根本任务和主要内容，抓住了中国国际传播事业的关键。近年来，中国国际广播电台所取得的一切成就，都是建立在发展基础之上的。不发展，就没有中国国际广播电台的今天；不发展，就不可能解决前进中面临的难题。发展，始终是我们的第一要务。

同时，应该清醒地认识到，当前我国广播电视在满足人们多层次、多方面、多样性消费需求上存在的问题还相当突出；社会矛盾日益复杂、社会思想多元多变，使舆论引导的任务也更加繁重。广播电视系统外的竞争日趋激烈，也对广播电视行业构成了多渠道、多品种、多层次的渗透和冲击。在广播电视内部，也存在一些薄弱

环节和问题，诸如，从思想认识、体制机制、政策措施等方面促进广播电视实现高创意、高质量、品牌化不够，广播电视精品佳作不多，改革有待深化，制约发展的体制机制性障碍尚未清除，管理有待加强，科技运用和创新不够，广播电视产业优势尚未形成，产值不高，产业发展需要进一步加快，等等。不发展，就不能适应竞争日益激烈的国内外环境，就有可能在未来的竞争中被淘汰。

当今社会是开放的社会，媒体、电信等信息产业行业的界限已经模糊，跨媒体、跨行业、跨地区、跨国界经营广播电视产业已成为大趋势。面对严峻的形势和挑战，我国国际广播必须牢固树立发展是第一要务、发展是硬道理的思想，把握发展规律，转变发展理念，创新发展模式，拓展发展领域，破解发展难题，加快发展速度，提高发展质量，增强发展效益，努力实现传播形态全面、协调、可持续的科学发展，实现传播资源集群共享、开放互补、合作共赢的集约发展，实现传播生态环境健康有序、组织系统和衷共济的和谐发展，推动中国国际广播事业的科学发展、和谐发展和可持续发展。

二、始终坚持“以人为本”理念

“以人为本”，是马克思主义唯物史观的基本原理，也是中国国际广播电台办台的根本宗旨。人是事业发展的主体。做好广播电视各项工作，必须要有各类人才，有过硬的队伍做保证。从总体上看，中国国际广播电台的人才队伍是好的。但是，拔尖人才，特别是经营人才、资本运营人才、懂得高新技术的人才不够多。构建现代国际广播体系是一项宏大的战略工程，需要全台同志的积极参与，需要社会各方的热心支持。“以人为本”，首先是指全体职工，其次是指广大受众。广大职工是中国国际广播电台的主人，是国际广播事业发展的主体；广大受众是中国国际广播电台事业发展的动力。坚持以人为本，就是坚持全体职工在构建现代国际广播体系中的主体地位，在全台范围内营造尊重劳动、尊重知识、尊重人才、尊重创造的良好氛围；解决好培养人才、选拔人才、使用人才、留住人才和吸引人才的问题，着力培养一批名记者、名编辑、名主持人、优秀经营管理人才、专门技术人才，造就一批既懂宣传和技术、又懂经营和管理的高层次复合型人才，建立尊重知识、鼓励创新、唯才是举、公平竞争的人才激励机制和用人机制，形成优秀人才脱颖而出和人尽其才的良好环境；充分发挥全体职工的首创精神，最大限度地调动全台职工的积极性，让他们把心思用在发展上，把精力放在工作上，把智慧放在创业上；实现好、解决好、保护好全台职工的根本利益，使全台职工共享事业发展的劳动成果和舞台空间。

在国际传播中，坚持以人为本，就是要牢固树立“三贴近”的媒体理念，形成为了受众、关心受众、理解受众、引导受众的传播意识。在当前国内外传媒市场竞争日趋激烈的态势下，“以受众为中心”的传播理念，已经深入传媒工作者心中。重视受众、研究受众、分析受众，成为广播电视传媒制定精品战略和品牌战略的重要前提。在国际传播中，要进一步深化受众调研工作，深化对受众反馈的资源开发，根据受众需求改革节目形态，优化节目构成，调整节目编排，增强节目针对性，提高节目的吸引力和感染力。在传播内容上，既要介绍政治、经济生活中的大事，也要报道中国人的日常生活；既要介绍我国物质文明建设的成就，也要反映中国人的生活习惯、思想观念和精神面貌，以更好地引起国际受众的共鸣并适应西方受众重视个人价值的文化背景；坚持中国立场、世界眼光、人类胸怀的传播理念，弘扬人文关怀，强化人本色彩，丰富节目内容，改善传播效果，让更多的受众对我们的节目听得见、听得清、喜欢听、愿意听，实现国际传播的入耳、入脑、入心。

三、坚持“全面协调可持续”的发展方针

“全面协调可持续”对构建现代国际广播体系至关重要。从总体上看，中国国际广播电台传统媒体较强，新型媒体较弱；音频广播较强，多媒体传播较弱；对外宣传意识较强，国际传播理念较弱。要按照由单一媒体向综合媒体转变、由传统媒体向现代媒体转变、由对外广播向国际传播转变的总体布局，推进音、视、网、报、刊、新媒体业务全面发展，形成结构合理、门类齐全、配置科学、运营顺畅的多媒体发展架构，促进传播规模与传播实效相对称、内容创新与技术进步相适应、事业发展与产业经营相协调。要坚持内容为王、效益优先、自主创新的发展道路，建设规模适中、公信力高、影响力大、竞争力强、管理科学的现代、国际、综合传播体系，实现国际传播事业的可持续发展。要积极推进机制创新，通过结构调整、优化资源配置和人事制度改革，使广播电视的活力不断增强，竞争力不断提高，真正做大做强。要把外交工作和外宣工作紧密结合起来，把对外贸易与对外宣传紧密结合起来，把国际援助与国际传播紧密结合起来，把对外文化交流与对外文化传播紧密结合起来，形成全方位、多层次、宽领域的大外宣格局。

在国际传播中，尤其要注重坚持全面发展的国际传播理念。这就是说，要兼顾不同国家和民族的文化观念，不能厚此薄彼。从文化角度看，当前，在世界范围内，人类文化价值模式大体上可分为三种。第一种是以自由为终极价值归宿的西方文化价值模式。第二种是以和谐为终极价值归宿的中国文化价值模式。第三种是以个人解脱为终极价值归宿的印度文化价值模式。这三种不同的文化价值模式，都有其产生发展的历史渊源和民族基础，都为光辉灿烂的人类文明做出过贡献。西方国家的国际传播，出于自身的国家战略意图，只注重传播西方价值观念和本国文化形态，引起了国际传播界的强烈抨击和高度警

惕。在国际传播中，要充分考虑和尊重不同国家和不同民族的文化价值模式，在全面、及时、客观地向国际受众传播中华民族文化价值观念的同时，尊重和传播其他国家和民族的文化价值观念，向世界介绍我国一贯尊重各国人民根据本国国情自主选择发展道路权利的主张，在全球文化对话中相互借鉴、取长补短。

四、坚持统筹兼顾

统筹兼顾，既是世界观，又是方法论。“统”即统揽、总揽；“筹”即筹划、协调；“兼顾”即照顾到各方面，平衡各种关系。统筹兼顾就是总揽全局，全面规划，兼顾各方，协调发展。统筹兼顾，既是整体思维、系统思维在工作中的运用，又是落实科学发展观的方法论，因而成为科学发展观的重要组成部分，是实现科学发展的题中之义。统筹兼顾必须着眼于发展，其落脚点是通过统筹谋划、统筹规划、统筹安排、统筹协调，促进组织的发展。

坚持统筹兼顾，要把全局作为考虑和解决问题的出发与落脚点。在国际传播中，主要体现为统筹好积极宣传中国发展实绩与长期坚持韬光养晦方针的关系。从近期国际传播策略看，要着力宣传好党和政府领导全国人民，坚持科学发展观，推动经济建设、政治建设、文化建设、社会建设全面发展取得的辉煌成绩。从长期国际传播战略看，必须让国际社会了解到，我国将长期处于社会主义初级阶段，我国的综合国力和人均国民生产总值，同发达国家相比仍有较大的差距，中国的和平崛起需要几代人长期艰苦的努力。“韬光养晦、有所作为”，应当是我们进行国际传播必须长期坚持的战略方针。

坚持统筹兼顾，要紧紧抓住全局工作的主要矛盾和中心任务。在国际传播中，主要体现为积极开展国际舆论斗争与构建和谐世界的关系。当前，“中国威胁论”和“中国崩溃论”等不和谐论调，在国际舆论中时有发生。如不及时加以改变，势必影响我国现代化建设的进程。中国国际广播电台在同西方国家媒体进行国际舆论斗争的同时，要有理、有力、有节，摆事实、讲道理，多宣传我国走和平发展道路的方针政策，多宣传我国发展给世界各国带来的良好机遇和巨大市场，多宣传我国对促进世界和平与发展的积极贡献，多宣传我国致力于推动建立持久和平、共同繁荣的和谐世界的主张。

坚持统筹兼顾，还要善于发现和解决制约全局发展的薄弱环节。如何增强传播的实效性和针对性，正确认识积极开展正面宣传与妥善进行负面报道的关系，是开展国际传播的重点环节。毋庸置疑，中国国际广播电台在面向全世界广播时，应当以正面宣传为主，充分展示中华民族实现伟大复兴的精神风貌，展示中国特色社会主义的勃勃生机，展示中国共产党以邓小平理论和“三个代表”重要思想为指导、以科学发展观为统领，立党为公、执政为民的良好形象，增进世界各国对中国的了解，树立中国的良好国际形象。但是，“正面宣传为主”也不能片面地陷入题材决定论，尤其不能简单地将题材的“正面”与“负面”、好事与坏事作为报道的标准，而应深刻理解到“正面”与“负面”的区别，关键不在于内容，而在于报道的立场、观点和表达方式，更在于报道产生的实际效果。比如，在2008年四川汶川大地震报道中，中国国际广播电台从积极的角度，加强各级政府和人民抗震救灾的报道力度，并在把握好度的前提下，通过摆事实、讲道理、作对比等手法，反映救援成果，总结抗震救灾经验，告知国际社会我们解决问题和困难的办法，保持对外报道的平稳性，在国际舆论竞争中争取了主动。同时，通过对国际救援组织进入地震灾区救援行动的报道，以及对国际社会援助给予的感谢，反映出了在重大灾害面前，不分国界、不分民族、不分人群、以人为本，构建和谐世界的理论，很好地服务了国家外交大局。

在发展国际传播事业过程中，坚持统筹兼顾，应当统筹好构建现代国际广播体系的发展战略与阶段性发展策略的关系，统筹好坚持近期计划与长远规划的关系，统筹好事业发展规模化扩张与产业经营集约化效益的关系，统筹好加强对外外宣与开拓对内外宣的关系，统筹好传播内容创新与传播手段进步的关系，统筹好巩固传统媒体与推进新媒体发展的关系，统筹好加快境外节目落地与构建人财物保障系统的关系，统筹好微观研究与宏观政策的关系，统筹好个人利益、部门利益与全台利益的关系，统筹好自身发展与合作伙伴共同发展的关系，提升中国国际广播的整体实力和综合竞争能力。

第十一章　树立现代国际传媒发展意识

第一节　树立改革意识

改革是经济和社会发展的强大动力，是我们走向现代化的必由之路。党的十七大报告明确提出："改革开放是党在新的时代条件下带领人民进行的新的伟大革命，目的就是要解放和发展社会生产力，实现国家现代化，让中国人民富裕起来，振兴伟大的中华民族；就是要推动我国社会主义制度自我完善和发展，赋予社会主义新的生机活力，建设和发展中国特色社会主义"。

党的十一届三中全会以来，我们国家取得的一切成就，都是同坚决地、系统地推进体制改革开放分不开的。我国现在仍处于并将长期处于社会主义初级阶段，目前，妨碍经济平稳较快发展的体制机制性矛盾还很多，原有计划经济体制中的一些严重弊端还没有完全消除，在新旧体制转换中又出现了不少新的矛盾。只有深化体制改革，才能从根本上消除经济运行中不稳定不健康因素，促进经济持续较快发展和良性循环。因此，我们要紧紧抓住和用好重要战略机遇期，坚持以改革为动力推动各项事业发展，深化和推进改革。

胡锦涛总书记在党的十七大报告提出，要把"推动社会主义文化大发展大繁荣"作为全面建设小康社会的四大战略任务之一，号召"兴起社会主义文化建设新高潮"，要求"提高国家文化软实力"。在2008年全国宣传思想工作会议上，胡锦涛总书记指出，深化改革，加快发展，是兴起社会主义文化建设新高潮、提高国家文化软实力的必由之路。他强调，要以改革精神推动宣传思想工作，积极创新内容形式、方法手段、体制机制，增强吸引力和感染力，努力做到体现时代性、把握规律性、富于创造性。要以改革为动力，统筹体制改革和结构调整，紧紧抓住重要领域和关键环节，全面推进体制机制创新，着力解决深层次矛盾和问题，抓紧完善深化改革的配套政策，提高改革决策的科学性，增强改革措施的协调性。

国家广电总局于2006年7月，根据中共中央、国务院《关于深化文化体制改革的若干意见》的要求和全国文化体制改革工作会议的部署，专门制订《广播影视改革工作实施方案》，对电台电视台改革工作提出要求，即：以转换机制、增加活力、改善服务为重点，着力深化内部机制改革。主要任务包括：加强宣传阵地建设，积极稳妥推进制播分离；继续加强广告经营，推进资源整合、开发；继续深化内部劳动、人事、收入分配制度改革，加强内部成本核算、财务管理等。

改革，是世界主要国际广播媒体壮大自身实力的源泉。当前，英国BBC正在进行一次对外广播诞生70年来最重大的改革。BBC的2006－2010年发展规划提出，在这5年间，BBC将开播阿拉伯语电视台、大力发展新媒体、大力发展调频广播、完成驻外记者站和办事处的现代化改造、加强市场推介工作，成为集电视业务、在线业务和新媒体业务于一体的国际广播领域知名度最高、最富有创造性的优势传媒。

改革立台，也是中国国际广播电台的办台宗旨之一。近年来，中国国际广播电台根据中央和总局精神，结合广播业的特点和规律，积极推进节目的专业化、本土化和品牌化，推进劳动人事、收入分配和社会保障制度改革，加强成本核算和收支管理，真正建立起科学的内部用人机制、激励机制、分配机制和权力制约机制。依据改革提出的一些理念带来了明显变化："频率专业化、内容国际化"的措施，使收听率和传播效果明显提升；“干部任期制、驻外记者公选制、核心人才培养制”等措施，调动了全台干部职工尤其是年轻同志的创业热情，骨干人才开始涌现；“本土化、整频率”境外落地模式的改革，使得我台“走出去”工程大踏步前进；“全员聘任制、分级分类薪酬管理”等改革措施，实现了外籍员工与中国同事一样，同工同酬，按绩取酬；等等。实践证明，改革是推进国际广播事业快速健康发展的根本法宝。

当然，由于种种原因，中国国际广播电台的改革还没有完全到位，有些改革措施还没有完全产生绩效。中国国际广播电台正处于事业发展的快速期，也是各种内部矛盾的凸显期，外部环境和内部压力都对改革工作提出了新的更高的要求。要克服墨守成规、不思进取的意识，克服遇难而退、畏缩不前的思维，强化对机遇、发展、使命的认识，要按照中央关于文化体制改革的精神，借鉴 BBC 的改革模式，在新的起点上，开始新的改革征程。

要适应社会主义市场经济发展的要求，从解决制约事业和产业发展的体制机制矛盾出发，积极探索、逐步确立适应我国国际广播实际情况的管理机制和发展模式。要抓住广播蕴藏的巨大产业发展潜力与广播产业经济不发达的突出矛盾，构建广播产业发展体系；抓住文化体制改革机遇与广播体制不顺、机制不活的矛盾，建立适应广播发展规律的运行体系；抓住数字技术迅猛发展与广播科技水平滞后的矛盾，建立广播数字体系。要进一步解放思想，加大改革力度，重点通过挖掘内部活力，促进内部机制的改革创新，增强组织的整体效能，同时，要充分考虑不同部门发展不平衡的特点，推动全台改革在面上展开、向纵深发展。要积极推进节目品牌化、运营频道化、制作公司化、投资多元化、管理集约化，努力建设与对外广播发展相适应的思想观念、行为规范和运行机制，最大限度地解放和发展对外广播文化生产力。

第二节　树立创新意识

创新是民族进步的灵魂，是事业发展的不竭动力，是发展变革的永恒主题。

在我国当前经济社会发展中，自主创新是一个关键性问题。自主创新战略的认识基础，是党的十六大报告中关于创新的论述。江泽民同志在十六大报告中明确提出，“创新就要不断解放思想、实事求是、与时俱进。实践没有止境，创新也没有止境”，“我们一定要适应实践的发展，以实践来检验一切，自觉地把思想认识从那些不合时宜的观念、做法和体制的束缚中解放出来”。胡锦涛总书记在江泽民同志创新理论的基础上，提出了“增强自主创新能力，建设创新型国家”的命题和任务。2005 年党的十六届五中全会提出，要“立足科学发展，着力自主创新，完善体制机制，促进社会和谐”，这就把着力自主创新提到了实现科学发展、推动民族振兴的战略地位。在 2006 年全国科学技术大会的讲话中，胡锦涛总书记明确提出，“党中央、国务院作出的建设创新型国家的决策，是事关社会主义现代化建设全局的重大战略决策”，“要把增强自主创新能力作为国家战略，贯穿到现代化建设各个方面，激发全民族创新精神，培养高水平创新人才，形成有利于自主创新的体制机制，大力推进理论创新、制度创新、科技创新，不断巩固和发展中国特色社会主义伟大事业”。

自主创新，简单地说，就是自己主导的创新，掌握发展的主导权、主动权，增强未来发展的选择空间；从本质上讲，就是通过创新极大地提升生产力水平，提高利用科技手段解决当前和未来我国经济社会发展重大问题的能力，提高我国的综合国力、国际竞争力和抗风险能力；从全局来看，自主创新不仅仅限于科技层面，而且作用于经济社会文化发展的各个方面，有利于充分发挥科学技术对发展我国先进生产力和先进文化、发展我国最广大人民根本利益的重要作用。自主创新作为科学发展观的重要内涵，阐述的是具有明显时代特征的发展战略层面的核心理念。中央提出自主创新作为新时期国家发展的一个重要战略思想，具有宏观层面的指导意义，对于作为文化重要组成部分的我国国际广播，同样具有重要指导意义。

文化是最需要创新的领域。文化创新基于社会发展的客观需要，又给社会发展以强大推动。党的十七大报告提出："推进文化创新，增强文化发展活力，在时代的高起点上推动文化内容形式、体制机制、传播手段创新，解放和发展文化生产力，是繁荣文化的必由之路"。2008 年全国宣传思想工作会议提出，要把改革创新精神贯穿宣传思想工作各方面，从理念、观念、思路入手，改进宣传思想工作的领导方式、组织方式、工作方式、管理方式，形成鼓励创新的法制保障、政策体系和激励机制。要充分运用先进技术手段丰富文化的生产方式和表现形式，极大丰富文化品种、样式、载体、风格，让一切创造活力竞相迸发，让一切创新才华充分施展，让一切创新成果得到尊重，努力使精神文化产品和社会文化生活更加丰富多彩。

当今世界，随着网络技术、数字技术和多媒体技术的迅猛发展，新媒体的不断涌现，各类媒体的生命周期正在大大缩短。面对技术变革、体制转型和结构创新的形势，国际广播生存的压力不断增大，但创新发展的机会也大大增加。长期以来，中国国际广播电台以发展无线广播为主，业务涵盖面相对较窄，与世界主要国际广播机构实力差距较大，同我国日益提高的国际地位相比还有明显的不适应，在国际舆论竞争中的影响力相对较弱。这种我国国际广播自身的发展现状及其体现出的明显的不适应，决定了必须以自主创新战略为指导，坚定不移地走自主创新的发展道路，解决国际广播体制和机制创新的深层次矛盾，在硬件上缩短同世界发达国家国际广播的实力差距，在软件方面不断提升中国国际广播电台综合竞争能力。同时，形成强大的对外广播宣传实力，为全面建设小康社会营造良好的国际舆论环境，在激烈的国际舆论竞争中取得主动。

对于中国国际广播电台来说，树立创新意识要重点从以下几个方面着手。首先，要加快自主创新步伐，依靠自身资源和能力，下大力气做强主业，培育好品牌；加强与业内外资源、海内外资源的灵活对接，借助主业优势和品牌优势，在广泛合作中拓宽生存空间。其次，要增强创新能力，加强战略研究，实现由经验思维向战略思维的转变，为发展提供科学规划，对发展环境作出理性判断，形成可持续发展的基础。第三，要注重创新方法，与宣传主业的改革相适应，加快转型与调整，推进体制机制、组织结构的创新，建立起先进的管理制度、明确的执行规划、规范的绩效标准，形成适合市场经济规律的运行体制机制。第四，要进一步营造鼓励创新、提高创新回报的环境，使创新智慧竞相迸发、创新人才大量涌现。坚持贯彻尊重劳动、尊重知识、尊重人才、尊重创造的方针，全面实施人才强台战略，牢固树立人才资源是第一资源的观念，坚持在创新实践中发现人才、在创新活动中培育人才、在创新事业中凝聚人才。努力营造鼓励人才干事业、支持人才干成事业、帮助人才干好事业的环境，形成有利于优秀人才脱颖而出的体制机制，最大限度地激发人才的创新激情和活力，提高创新效率，特别是要为年轻人才施展才干提供更多的机会和更大的舞台。要加大引进人才、引进智力工作的力度，积极引进海外高层次人才，吸引广大出国留学人员回国创业。

第三节　树立效益意识

效益是经济学中的术语。在经济学中，企业效益观，是指企业在生产经营中注重投入和产出、消耗和成果，费用及效果之间的对比，努力优化投入与产出之间的关系，做到以较少的投入获得较大产出的思想观念。

效益与发展是紧密相连的。发展是效益的前提，只有加快发展，才能提高抗风险能力，为将来带来更大效益；效益是检验发展的现实标准，不强调效益，工作就失去了目标，衡量优劣就没有了标准，不讲效益，就会造成人浮于事的表面繁忙，势必削弱适应能力和竞争能力。

总体上讲，企业效益观念主要包括两方面的内容：一是经济效益的观念，它要求人们在经营管理中要追求利益最大化的目标；二是社会效益的观念，它要求在经营管理中要顾及国家、社会的利益，要有全局观念和长远利益的观念。从广义的角度看，社会效益是指人们的各种活动对社会发展的积极作用或有益的效果，包括经济、思想、政治、文化等方面的效益。因此，社会效益包括经济效益，经济效益是社会效益的重要方面，社会效益是经济效益在社会发展中的反映。从狭义上说，社会效益是指其经济效益之外的、使社会生活实际得到的有益效果。经济效益与狭义的社会效益之间的关系是对立统一的关系，在一般情况下，经济效益好，社会效益也好；反之，经济效益差，社会效益也不会好。但是这两者并不总是一致的。在市场经济条件下，两个效益最终要通过市场，市场经济是追求效益价值的最终实现。

我国的国际广播，是党和国家的重要舆论阵地，始终体现着宣传的功能和属性，追求社会效益的最大化。随着新闻改革的逐步深入，广播的产业属性逐渐被认识和发掘，追求经济效益的最大化，同样作为一项重要任务摆在广播人的面前。正确把握广播的双重属性，正确处理好社会效益与经济效益的关系，显得尤为迫切和重要。

一方面，必须坚持国际广播的公益属性，以社会效益第一为最高原则。由于广播电视的传播、覆盖能力以及广播电视在现代生活中越来越重要的交流传播作用，决定了它难以比拟的巨大影响，广播电视更应将社会效益放在首位。在当今社会，广播电视担负着引导人、武装人、鼓舞人的重任，具有很强的意识形态属性，承担着很强的社会责任，具有越来越广泛的社会影响，对社会有着不可替代的、举足轻重的舆论导向作用。因此，广播电视宣传的社会效益，首要的是始终坚持正确的政治方向，把握正确的舆论导向。同时，广播电视节目具有新闻传播、社会教育、文化娱乐、信息服务等多种社会功能，对于社会的安定、团结和发展等，都具有重要的引导、暗示、说服作用。因此，广播电视要坚持社会主义性质，强化喉舌功能，正确引导舆论，并使这种导向作用体现在政治生活、经济生活、文化生活及社会道德、价值观念等社会生活各个方面。必须把事业建设放在优先位置，把公益性服务放在更加突出的位置，不断提高公益性服务的能力和水平。要强化质量意识，在提高节目整体水平、打造精品、追求特色、改进创新上下功夫，多方位实施品牌战略和人才战略，以人为本服务受众，打造核心竞争力；要强化科技意识，突出抓好运用高新技术提升传统媒体、发展新媒体、提高安全播出水平方面的工作；要强化集约意识，围绕广播电视内容生产和节目播出的优势，综合开发利用节目资源，依托内容优势延伸产业链条，做大做强内容产业。

另一方面，应该看到，广播电视既是一种新闻文化事业，在现代工业社会中也是一种信息产业，是高技术、重装备的事业。在社会主义市场经济条件下，广播电视事业不只需要大规模的经济投资，本身也可以创造经济价值。因而，广播电视节目作为广播电视业的产品，必然不同程度地具有某些文化商品的属性，广播电视节目也需要创造一定的经济效益。不讲经济效益，不仅会影响到整个广播电视信息产业的发展，也难以形成广播电视节目生产和流通的良性循环，并将影响到节目的制作水平和制作质量，使广播电视节目难以产生预期的效果。因此，在以社会效益为终极目标，一手抓好事业建设的同时，必须承认广播电视节目的商品属性，一手抓好产业发展，尽可能做到经济效益和社会效益的统一。要加快思想观念由计划向市场的转变，产能向效能的转变，规模发展向效益发展的转变，数量增长向效益提高的转变。要以受众的需求为本，科学办台为根，现代经营和管理为主推力，立足中国实际和本土特色，强化节目的精品意识，提升广播电视媒体在国际上的竞争力。要挖掘整合节目、信息、广告、技术等多种经营资源，延伸产业链，改变目前经营资源不足的现状，形成广告收入、节目发行收入及新媒体、新产业开发并举的赢利模式，增强我国国际广播的经济实力。

当然，广播电视的资金效益，体现在如何降低管理成本、如何降低行政资源耗费上。因此，实现资金效益的最有效途径，就是加强管理，向管理要效益。要切实转变管理思想，创新管理理念，树立资金效益意识，降低管理成本，降低行政资源耗费，克服过去预算资金的使用“重分配，轻管理”和“重花钱，轻效益”的倾向，做好重大资金使用项目的跟踪管理，保证国家预算资金的安排和使用做到合理、科学、有效。要统筹好长远效益与眼前效益的关系、宏观效益与微观效益的关系、直接效益与间接效益的关系，建立健全发展质量和效益的跟踪评估和考核机制。

第四节　树立管理意识

管理通常被定义为：“有效利用组织内的资源，以实现所要目标的一种能力”。我们认为，管理是人类组织起来以实现某个特定目标的一种知识和实践，指的是管理者或管理机构通过计划、组织、领导、控制等活动，对组织的各种资源包括人、财、物、信息等进行合理配置和有效使用，以实现组织目标的过程。

管理是一门科学，是一门艺术，管理能够出生产力，管理能够出效益。科学的管理，是维护团队协调发展、高效运行的有机系统，是保障事业持续稳定发展的重要手段。

世界主要国际传播机构十分重视科学管理的重要性。英国 BBC

的管理理念之一就是，“广播组织的生命来自于不断的政策创新。”BBC认为，“要提高BBC在世界上的声誉，以期成为囊括广播、电视和新媒体的最著名和最受尊敬的国际新闻广播机构，创新管理政策必不可少”。[①] 从20世纪90年代中期以来，BBC根据形势变化和发展需要，进行了三次大的机构调整。近年，BBC为进一步规划数字时代发展战略，加强统一管理，又酝酿了新一轮机构改组。如今，BBC建立了良好的分工合作机制，决策机构与执行机构的人员和职能相互分离，互不交叉。优秀的组织管理体系为BBC的发展提供了制度保障。

抓科学管理，重制度建设，是近年来中国国际广播电台在构建现代国际广播体系中取得的成功经验。目前，中国国际广播电台已经形成了以台分党组为核心的决策机制、执行监督机制和考核机制，初步形成了以编委会、行政管理委员会为日常议事机构，以宣传管理系统、人事管理系统、外事管理体系、财务管理系统和技术管理系统为管理依托，以纵向联系的节目采集、编辑、制作和播出业务链和横向分布的在线广播、节目境外落地、新媒体业务、对内外宣频率、电视媒体和平面媒体等事业增长点以及面向各个业务环节的技术服务系统为着力点，以制度、政策、指令为管理手段，充分发挥管理合力的综合管理系统。

当前，深化文化体制改革、建设社会主义和谐文化、实施“十一五”文化发展规划纲要等一系列重大部署的实施，对广播电视管理工作提出了更高的要求。同时，广播电视自身处于大发展、大变革时期，业务主体日益多元化，业态日益多样化，新型媒体不断涌现，改革继续深化，管理工作也面临着更加复杂的形势。中国国际广播电台由于管理意识淡薄、管理不到位造成的问题还很突出，资

① ［英］露西·金-尚克尔曼著，彭泰权译：《透视BBC与CNN：媒介组织管理》，清华大学出版社，2004年版，第101页。

源整合能力弱，造成管理粗放，很多有效资源没有得到有效发挥。面对新形势、新任务和新要求，要进一步强化管理意识，牢固树立以管理促改革、促调整、促发展的理念，充分发挥管理在推进宣传、改革、发展中的重要作用。要树立“敢管、想管、能管、会管”的意识，加强管理创新，向管理要质量、要精品、要效益。要在意识教育上下功夫，着力强化干部职工的岗位意识、大局意识、责任意识、质量意识，使全台管理秩序和环境步上运转有序、执行顺畅的良性轨道。要进一步按照科学管理的要求，坚持讲规矩、讲程序，推进管理工作由粗放型向精细化转变，逐步转变长期以来的不良办事习惯，形成照章办事、按制度管理、依法管理的良好氛围。要加强依法行政、依法管理，科学运用直接管理、间接管理、动态管理和事后监督管理等方式，不断提高管理水平和能力。要将计划管理、目标管理、序列管理、量化管理融为一体，把过程考核与效果考核有机结合，建立起用效果评质量、用质量定奖惩的管理体系。

具体而言，树立科学的管理意识，要做到有破有立。

一是破除靠感觉、靠经验管理的意识，树立科学管理意识。从靠原始经验、靠感觉、靠个人权威管理的初级阶段，尽快进入科学管理阶段，使制度和程序真正成为各项行动的指南，做到“按规章办事、靠制度管人”。

二是破除划地自限意识，树立标杆管理意识。在国际舆论竞争日益激烈，世界主要广播媒体发展越来越快的形势下，要准确定位，找准行业内外的竞争对手，通过标杆管理来持续循环地学习和赶超，提高综合影响力和国际竞争力。

三是破除强项冒尖式管理思维，树立均衡管理意识。一条锁链，最脆弱的一环决定其强度；一只木桶，最短的一片决定其容量；一家媒体，最薄弱的一面决定了它发展的上限。媒体是一个均衡的系统，只有均衡的发展，才有竞争优势。只重视加强优势环节而忽视改进弱势环节，媒体的整体绩效难以再上新台阶。因此，科学的管理既要扬长，又要补短，要始终盯着问题做工作，在补弱方面下工夫，形成整体协调、层次分明、良性互动的系统。

四是破除行政命令式管理思维，树立互动管理意识。自上而下的指令式管理是政府管理形式，媒体管理中的许多错误，是由于沟通不善造成的。沟通是建设高绩效团队的重要途径。要实现组织的高速运转，就要改善组织的沟通机制、沟通手段，做到下情上传，上意下达，横向充分交流、信息互通，使组织上下达成共识，协同作战。

五是破除繁文缛节式管理陋习，树立简约管理意识。简约就是效率，简约就是效益。简约管理，就是要摒弃形式主义，解决关键诉求点，重在实效。要善于把复杂问题简单化，把混沌事情明晰化，把大事化小，把小事做好，提高管理效率。

六是破除随意决策、随机管理的思维，树立依法管理的意识。要建立健全各项规章制度，抓好重点领域、重点部门、重点岗位的管理工作，时刻强化法制意识，提高依法管理的水平。

第五节　树立成本意识

在财务管理范畴中，成本是指资产与劳务的支出。我们生产各种产品，购置各种原辅材料，并在生产过程中支付各项劳务、工资与费用，可称为“生产经营成本”。

成本是集约发展的成败标准。重视成本，就是真正重视资源的价值；树立成本意识，就能真正转变资源配置的不合理模式。传统媒体和现代媒体，传统事业和新兴企业的最大不同，就是讲不讲成本利润。

广播媒体成本管理的主要任务是：对媒体发生的各项费用进行审核、控制，制止各种浪费和损失，以节约费用，降低成本；核算各种生产费用、经营管理费用和产品成本，为媒体生产经营管理提供所需的成本、费用数据；分析各项消费定额和成本计划的执行情况，进一步挖掘节约费用、降低成本的潜力。

在市场经济不断发展的今天，加强对广播媒体的成本管理是非常必要的。首先，加强成本核算有利于节支增收。众所周知，在收入不变的情况下，降低成本可以使利润增加；在收入增加的情况下，降低成本可以使利润增加得更快；在收入下降的情况下，降低成本可以抑制利润的下降。加强成本管理，可以减少不合理的消耗，降低成本，节约开支。其次，加强成本核算有利于提高资产整体使用效率。在传统的管理体制下，对广电节目成本的核算，仅停留在现金支出部分，没有将固定资产的折旧、设备的使用情况纳入成本考虑，既不能完全反映广电节目真实成本，又容易造成管理上的疏漏，导致媒体成本意识淡薄、资产的使用效率低下、媒体资产、设备毁损和闲置情况时有发生，甚至造成国有资产的流失，直接影响到媒体的可持续发展。因此，加强财产物资管理，提高资产的整体使用效率，对广电媒体的自身发展具有极为重要的意义。再次，加强成本核算有利于投资决策的合理化。广播媒体对外投资主要有四种方式，一是现金投资，二是实物投资，三是无形资产投资，四是广告时段投资。广告时段是现阶段最主要的投资方式。通过对节目的成本核算，可以准确计算出该时段的节目制作成本。这就是说，节目的成本核算是广告时段准确定价的科学依据，也是投资计价合理化的有力保证。第四，加强成本核算有利于经济行为的合理化。有了严格的成本核算和科学的成本管理，能够使经济行为更为合理合法，使各项成本更为真实。第五，加强成本核算有利于管理的科学化。广播媒体节目成本是人力、物力、财力的综合体现，成本管理是一项较为复杂的系统工程，涉及广播媒体各方面的管理工作。加强节目成本管理，有利于推动人事制度改革，有利于加强财产物资管理，提高固定资产的有效利用率，促进资源的合理配置等。

目前，广播媒体属于全民所有制单位，拥有数额庞大的国有资产，并且不断地购置大量的固定资产，但因为长期实行传统的会计预算制，既不能反映这些资产使用情况及增值、保值的指标，也没有在核算上要求对固定资产进行折旧，在一定程度上造成核算上的失真，对节目成本不能有效归集。由于媒体成本意识的淡薄与成本管理制度的缺失，导致原本应该发挥成本控制的职能财务机构不能充分履行其职能，媒体财务部门没有形成强有力的财务监督机制，无法为管理者提供真实、有效的决策信息。中国国际广播电台事业家底薄，规模拓展快，事业快速发展对资金需求的增长与自有资金不足的矛盾，仍然比较突出。只有充分发挥有限资源的作用，才能实现可持续发展。必须改变只问投入不问产出、只看过程不看代价的片面做法，施行严格的内部财务管理制度，建立科学的财务预算、核算、决算、分配机制，依靠成本控制系统，实现低投入，高产出。必须树立提高财政资金使用效率的意识，建立科学规范的财务管理模式和运行机制，建立自我发展、自我约束机制，使有限的财力资金真正用到刀刃上。必须从控制成本、扩大效益出发，统筹使用节目资源、人力资源和资金资源，努力实现资源利用最大化。

一方面，要加强预算管理，提高资金使用效率。要规范预算编制，严格预算执行，坚持没有预算就不能支出的原则，严格执行财务制度，遏止随意花钱，铺张浪费的问题。另一方面，要加强财务管理，规范财务行为。要认真贯彻落实单位制定的财务制度，落实财务往来事项审批管理、专项经费的使用管理制度。做到收入有来源，支出有计划，有领导审批，有合法凭据；要加强国有资产管理，进一步完善单位资产管理，按照规定程序购置、分配、使用和处置固定资产；要加强内部审计工作，积极发挥内部审计的监督作用；要加强和完善组织、制度、业务、信息等四个管理体系建设；要加强经济责任审计，提高财务监督工作的透明度和审计工作质量。第三，要加强政府采购工作。正确处理依法采购与提高效率的关系，严格按照《政府采购法》要求，坚持依法采购原则、坚持“公平、公开、公正”原则，提高政府采购的工作效率。同时，要抓好政府采购计划及预算的编制，并严格执行采购计划和预算，发挥集中采购的优势，节约采购成本，促使政府采购工作再上新台阶。

第十二章　全面提升中国国际传播的核心竞争力

第一节　媒体核心竞争力概述

“核心竞争力”的概念，源于经济学与管理学，可以概括为企业在经营和发展中胜过竞争对手的核心资源和能力，它对本企业价值巨大，是企业做得最好，其他企业难以模仿和学到的、独特的、稀缺的优势。通俗地讲，就是“人无我有、人有我优”。

核心竞争力的理论由来已久。它可以上溯到1925年的英国，著名的经济学家马歇尔提出了企业知识基础论。后来，安蒂斯·潘罗丝在《企业成长论》一书中发展和阐述了这一思想。此后，这个理论逐渐发展，但直到1957年才有研究者将企业的能力定义为“能够使一个组织比其他组织做得更好的特殊物质，就是组织的能力或者特殊能力”，这可以看作企业核心竞争力的肇端。1990年，美国密西根大学商学院教授普拉哈拉德和伦敦商学院教授哈默尔在《哈佛商业评论》上发表《企业核心竞争力》一文，[①] 他们将“核心竞争力”定义为：能使企业为顾客带来特别利益，使企业获取超额利润的一类独特的技能和技术，是企业获取或配置人力资源、核心技术、

---

① 学术界普遍认为，这标志着核心竞争力理论的正式提出。因为该文所阐述的理论，较其他理论更好地解释了成功组织竞争优势长期存在的原因。

声誉，形成并能保持竞争优势的能力。从获取方式的不同，可将核心竞争力分为四类：核心产品、核心技术、核心业务与核心运营能力。哈默尔在1994年发表的《核心竞争力的概念》一文中重申了这一观点，并列举了核心竞争力的三种类型：与市场进入相关的竞争力、与整合相关的竞争力以及与功能相关的竞争力。专业的咨询公司麦肯锡认为，核心竞争力是“群体或团体中根深蒂固的、相互弥补的一系列技能和知识的组合，借助该能力，能够按世界一流水平实施一到多项核心流程”。现代核心竞争力研究表明，一个组织的所有竞争力，来源于其核心竞争力，核心竞争力是能够确保竞争优势动态持续的能力。核心竞争力常被描述为“独一无二”、“与众不同”、“难以模仿”或“竞争优势”。许多学者认为，核心竞争力包括四个方面，即：员工的知识和技能、技术开发和创新能力、管理能力、创造品牌和运用品牌的能力。[①] 这些方面实际上反映了一个组织的基本素质和发展潜力。

媒体的核心竞争力，指在媒体胜过竞争对手的核心资源和能力的总称。它是媒体以其主体业务为核心形成的能够赢得受众、占领市场、获得最佳经济和社会效益，并在众多传媒中保持独特竞争优势的那些资源和能力。其特点是：优越性、独特性和稀缺性、难以模仿性和难以替代性、延展性。

媒体核心竞争力的关键是品牌建设。“品牌”概念源于经济学，是指某种产品与服务的名称及其标识，用以同竞争对手的产品或服务相区别。现代意义的品牌内涵，是消费者与产品之间的全部体验，既包括物质体验，更意指精神体验，它向消费者传递的是一种价值观念与生活方式。媒介品牌的内涵，包括了受众对媒介品牌的认识、忠诚以及对媒介品牌核心价值的认同。判断媒介品牌的标准，应该

① 此处关于核心竞争力概念的梳理，参考了陈兵著：《媒介品牌论：基于文化与商业契合的核心竞争力培育》，中国传媒大学出版社，2008年版，第241－243页。

有十个方面的属性，即：具备品牌核心价值、强大的社会影响力、品牌定位科学有效、鲜明的品牌个性、正面的品牌联想、拥有品牌忠诚度、有保障的品质、较高的知名度和美誉度、较高的接触率、适当增长的广告收入。对于受众而言，媒介品牌是一种经验、保证与承诺；对于对手而言，媒介品牌是一种制约与进入障碍，强势媒介品牌留给对手的机会很小，成为制约对手进入的壁垒；对于媒介品牌自身而言，品牌是一种心理契约，这份契约存在于受众，要求提供相应的有品质保证的媒介产品；从整体而言，媒介品牌的背后是核心价值并建立在核心价值基础上的文化。如 CNN、DISNEY、MTV 所表现出的正是美国文化中自由、乐观、冒险、进取的特质。受众接受一个媒介品牌意味着对某类核心价值的认同。[①] 独特性是品牌最突出的特征。把品牌概念引入传媒领域，就是要在搞好节目策划创作的同时，通过一系列包装和推介手段，树立起强势品牌，以达到提升竞争力的目的。媒体品牌意识可以归纳为：以培植一批具有相当数量和较大影响的名牌栏目和传媒英才为龙头，对内以其为原动力来拉动精品生产和机制改革，实现媒体生产要素的重组和最佳配置；对外以其为吸引力来强化媒体辐射功能和公信力，追求目标效益的最大化，以提高自身的综合实力。

评判媒体的品牌价值，可以从很多角度进行衡量，但有几点主要标准必须涵盖其中[②]：

一是信息可信度和社会责任感。媒体的信息传播内容与客观事实要相符合。刊登虚假或失实的报道，会对媒体的信誉造成严重伤害。这就要求媒体记者本着对受众和社会负责的态度，实事求是报道新闻；也要求媒体从业人员不能避重就轻，必须将事实真相和事情的来龙去脉如实展现在媒体受众面前，而不是取其细枝末节。

---

① 参见陈兵著：《媒介品牌论：基于文化与商业契合的核心竞争力培育》，中国传媒大学出版社，2008 年版，第 58 – 59 页。

② 参见中华传媒网学术网 http：//academic. mediachina. net。

二是对于事物的判断力与预见力。打造媒介品牌，必须通过有效的信息产品和优质服务逐渐形成。媒体要力创知名度高、个性独特的品牌栏目，培植名牌主持和传媒英才，向受众提供高质量的资讯服务。传媒作为资讯传播渠道，要先于普通受众对进行中的事件作出预判断，展示事物可能的进展方向，进而提供建设性的参考意见，对受众的社会认知、决策及相关的社会行为产生影响。

三是媒体人员的素养。媒体从业人员必须树立鲜明的品牌意识和品牌观念，具备较高的人文思想和强烈的信息意识，能够将信息进行理性的加工提炼，使无序信息变成有序信息，形成信息的有效传播。媒介从业人员也要不断加强自身的知识积累，对新闻事件和重要信息的内在逻辑和客观规律进行客观的分析和理解，进而给出建设性的指导意见。

四是受众的忠诚度。媒体在社会公众心目中具有良好的声誉，受众接受该媒体信息的行为就会稳定，并且会对其传播的内容和价值产生情感认同。这就要求媒体提高传播内容质量，方便受众接触媒体信息，并强化受众对于特定栏目的价值认同，从而增强受众对该媒介品牌的情感忠诚度。

总之，媒介品牌如同媒体的形象，是受众对于媒体的系统评判，是其外在传播形式与内在媒介素养的综合，标志着一种特殊的文化品味和人文追求。品牌对于媒体的市场扩张和资本扩张极为重要。综观我国的媒体市场，大小媒体无一例外地都在努力建构经营自己的媒介品牌。

对媒体而言，打造和经营媒体品牌，必须在如下几个方面下功夫：一是了解受众。要进行细致的受众市场调查、强化节目内容和节目包装的针对性；二是精办节目。要精心打造名牌栏目，通过系列形象宣传，使之成为媒体的招牌；三是吸纳人才。要创造条件培养风格各异的节目主创人员，发挥他们的创造性，打造个性品牌，利用品牌的辐射效应，产生品牌裂变，形成规模效益；四是推陈出新。对于严重老化或不适合受众需求的品牌，应当及时给予调整，以创造新的品牌；五是科学评估。要通过市场调查、节目运作、节目考评等机制，建立品牌管理机制，确保品牌的长盛不衰。

对媒体而言，实施品牌战略具有重要的意义。主要体现在：一是提高节目质量，在激烈的市场竞争中获胜。目前，我国媒介环境已经从资讯极度匮乏的阶段发展到信息过度膨胀、媒体竞争硝烟四起的时代，大报小报纷纷走上报摊，电视广播栏目迅速增加，网络媒体更是如同雨后春笋，这使得媒体间的竞争不断加剧。为了赢取市场份额，媒介必须具备鲜明的个性，这就要求媒体必须具备独树一帜的品牌。媒介品牌的提出，可以帮助媒体在激烈的市场竞争中脱颖而出。与此同时，以名牌媒体为龙头进行传媒业重组，可以拉动我国传媒业进行战略性结构调整，实现增长方式的转变，实现媒体资源的优化配置。

二是开发和巩固媒体的受众资源。受众对媒介品牌的理性认识至关重要，媒介能否打造出受众认可的品牌，是决定其能否争取到受众更多注意力的关键。现今的受众面对的是信息高度膨胀的媒介时代，大多数信息消费者都会受到从海量信息存储中进行选择的困扰，而品牌可以提高受众作出选择的效率，帮助受众有效识别和选择信息。同时，品牌便于受众对媒介产品质量进行合理监督。媒体的品牌营销策略，则能不断巩固受众资源，培养消费群体对媒体的忠诚程度，为媒介赢得更多读者或观众，使媒体从中获得相应利润。

三是媒体获取稳定的高额收益。在市场经济条件下，媒体除了新闻作品外，生产的其他产品基本上都是商品，价值和使用价值都要通过市场来实现，市场成为媒体产品配置和利润获得的主要手段。在目前的媒介市场环境下，品牌含量越高的频道，知名度越高的栏目，广告价位就越高，这已成为一个不争的事实。提高媒体的品牌地位，增加媒介产品的品牌价值，是媒体在与对手的竞争中处于优势的必胜砝码。

媒体品牌竞争力的核心是“媒体公信力”。在传播学中，公信力被定义为一个关系范畴，即媒介公信力就是在公众与媒介的相互作用关系中，媒介赢得公众信任的能力。关于媒体公信力，学术界和理论界尚未有统一的定义。有的认为，媒体公信力是“媒介在长期的发展中日积月累而形成，在社会中有广泛的权威性和信誉度，在受众中有深远影响的媒介自身魅力”①；有的认为，媒介的公信力是“传媒在长期的发展过程中形成的，在社会和受众中的信誉度、权威性和影响力，真实、高尚和权威是影响传媒公信力最重要的三个因素”②；有的认为，“大众传播媒介公信力是负有社会责任的传者，通过大众传播媒介提供客观、全面、及时、权威的信息，获得的凝聚在大众传播媒介上的普遍的社会认同。”③ 我们认为，所谓媒体公信力，是指媒体本身具有的被社会公众信赖的一种内在力量，是由媒体长期向受众提供真实、可信、权威、高尚、有价值的信息产品，在受众心目中建立起来的诚实可靠、公正守信的信任度和影响力。媒体公信力由多种要素构成，但至少离不开以下十种，即：正确导向要素、思想高度要素、舆论主调要素、新闻真实要素、高雅格调要素、舆论监督要素、情感亲和要素、品牌特色要素、新闻精品要素、职业道德要素。提升媒体公信力的路径是多种多样的，但关键有三条：一是要勇于担负社会责任。一个主流传媒负有正确传播社会价值观的责任。对于新闻原则的执着态度，是媒体公信力的源泉。二是要体现对受众的尊重。受众是媒体公信力的评价主体，他们的评价和需求直接决定媒体的公信力。三是要严格自律。要有健全的自律和他律机制。没有被监督的媒体，是很难保证公信地位的。

---

① 黄晓芳：《公信力与媒介的权威性》，载《电视研究》，1999 年 11 期。

② 佘文斌：《公信力——传媒竞争的重要砝码》，载《新闻战线》，2002 年第 5 期。

③ 何国平：《论媒介公信力的生成与维系》，载《新闻与传播研究》，2004 年第 2 期。

媒体公信力的核心是“社会责任”。20 世纪 40 年代，美国学者率先提出了大众传媒的社会责任理论。社会责任理论强调大众传媒要履行社会责任，要对社会与公众负责，而当其不能履行这一责任的时候，其他社会机构可以加以干预，必要时，政府也可以借助法规等手段对其进行干预。媒体的社会责任，简言之，就是媒体要对社会与公众负责。有高度社会责任感的媒体，能在潜移默化中给予受众深层次的引导和关怀，自觉不自觉地影响受众特别是目标受众的行为价值取向，增强媒体公信力，进而提升影响力。评判媒体社会责任的标准很多。一是真实而公正地报道和评述新闻，满足公众的知闻需要，保证新闻信息的真实、准确；二是维护社会公共利益，做社会与公众的耳目喉舌，自觉维护社会公共利益；三是维护国家安全，促进社会稳定；四是尊重公民人格尊严，维护公民合法权益；五是发挥媒介社会监督作用，做社会的捍卫者（传媒是“社会监视器”或“环境监测者”，具有预警和监督的功能，可以对社会起到一种监测、预警和调适、护卫的作用，马克思称之为“社会的捍卫者”）；六是履行社会公共文化的使命，不传播低俗不雅的信息，自觉传播有助于促进积极、健康、有益的社会公共文化的内容，自觉抵制消极的、不健康的和有害的文化垃圾。

第二节　媒体核心竞争力与提升国际传播力

国际传播发展至今日，已经不仅仅作为国家政治工具而存在，甚至已经演化成国际政治斗争的一部分。它集中体现了民族国家作为主要参与者在现代世界体系中的交流与交往活动，而这比以往任何一个时期对国家的利益和安全显得更举足轻重。在此背景之下，国际传播力的概念应运而生。

“国际传播力是一个主权国家所具有的一种特殊力量，包括政府和民间拥有的传播力量的总和，是一个国家为实现国家利益在国际范围内进行信息交流的能力和效力。”① 当代国际传播领域的学者们倾向于将国际传播力看作是国家力量的一部分，主张将其纳入到国家综合国力中进行战略考量。从国力观的历史演变角度讲，赋予国际传播以战略意义固然是时代提出的一个新课题，而对于外宣媒体来说，国际传播力则是衡量其媒体效能的首要标准。国际传播力一般由广度和精度两方面构成：前者是从传播媒介所能覆盖的范围来衡量，强调的是如技术、设备、渠道等一些硬件水平，易于量化和定量分析，是传播力的第一阶段；后者是从传播内容入耳、入脑、入心进而影响受众行为的实际效果来评价，强调的是贴近性、针对性等一些软性因素，难以简单量化和估算，是传播力的第二阶段。核心竞争力和国际传播力都是在价值层面上对外宣媒体“能力”的分析，前者从媒体自身出发，反映了媒体的精华和保持竞争优势的能力；后者从媒体效能出发，反映了媒体的能力范围和最高表现形式。

目前，国际传播领域中各国媒体的国际传播力发展存在严重的失衡现象，媒体竞争的白热化更多地出现在少数发达国家之间。一般认为，国际传播力的提升都以综合国力为依托，一国媒体的国际传播力是其综合国力的缩影：经济与科技实力雄厚的发达国家，其媒体的国际传播力必然相对强大；反之，媒体国际传播力的减弱则反射了国家综合国力的下降。然而，2001 年在英美对阿富汗塔利班的战争中横空出世的半岛电视台，却让我们不得不重新审视和修正这一传统观点。一个真正的弱势国家的电视台，在西方世界垄断话语霸权的国际传播领域中发出了最响亮的声音，以全面、独立、平衡的新闻报道为自己最大限度地赢得了国际市场，使得面积只有 1.1 万平方公里、人口仅为 62 万的卡塔尔因为半岛电视台成为了外交大国，这样的成功对于广大发展中国家的国际传播媒体来说具有重要

① 赵雪波主编：《传播视野中的国际关系》，中国传媒大学出版社，2006 年 8 月第一版，第 144 页。

的启示作用，为我们展示了一个小国媒体没有强大的经济实力和国际政治地位作为依托，也能拥有强势的国际传播力的奇迹——媒体的核心竞争力在其中发挥了不可磨灭的作用。

媒体的基本功能在于传播，国际舆论中的较量主要表现在对受众市场的争夺。将打造核心竞争力作为媒体提升国际传播力的有效途径，可以说是对传媒业立足点的一种本质回归。

一、打造核心竞争力的过程可以使影响国际传播力的各种积极因素得到有效整合

国际舆论中的较量从表面上来看是争夺受众市场的斗争，媒体在此过程中会受到多种多样因素的影响，这些因素此消彼长，始终影响着媒体提升国际传播力战略规划的制定、实施和修正。潘汉尔德和哈默尔在《公司核心能力》一文中，曾对企业核心能力作过形象的比喻："多种经营的企业好比一棵大树，树干和树枝是核心产品，较小的树枝是经营单位，而树叶、花、果实则是最终产品。树的根系提供了大树所需的营养，大树的稳定性就是核心能力。"① 这一比喻阐述了企业的核心能力、核心产品和最终产品的逻辑关系，却未能清楚地描述企业核心能力与企业自身成长之间的内在联系。反映在现实状态中，企业往往将注意力过多地放在销售量、市场占有率、利润等一些体现企业行为外在效果的直接指标上，而忽视了形成这一现象的内在因素。短视的衡量标准很容易造成急功近利的心态，从而将企业的前途置于盲目和不可知的境地。对于媒体来说也是如此，将收视率、发行量、广告数量的增长建立在廉价的噱头与炒作之上，置媒体的社会责任感于不顾，伤害的是媒体的品牌和公信力，最终将陷入媒体传播力削减的恶性循环。而对核心竞争力

① 史东明：《核心能力论》，北京大学出版社，2002 年 4 月第一版，第 13 页。

的认知使我们认识到，媒体要形成核心竞争力首先要对几方面问题进行研析和塑造：一是对外部环境的判断，包括对竞争者的分析、对行业前途的预计和对受众市场的细分；二是对内部资源和能力的评估，包括各类资源和核心能力；三是对媒体未来发展的预期，包括组织目标、使命、方向等；四是寻找媒体优势与外部环境的契合点。这种分析无疑是媒体在受到短期利益的诱惑和长期目标的牵制时，保持相对稳定状态和清醒头脑的必要前提。因此，在复杂多变、竞争激烈的国际舆论斗争中，媒体需要实现从目标管理到过程管理的理性回归，以核心竞争力的培育为主导来选择和构建提升国际传播力的途径，发掘和聚合优势能力，摆脱同质化的困惑，从而有效地拓展媒体在国际传播领域的存在维度与空间。

二、打造核心竞争力可以引导媒体提高竞争位势，提升国际传播力

位势即地位形势，反映了主体在竞争中的地位和影响力。如跨国公司通过开发新技术获得“垄断优势”牟取垄断利润；通过在海外投资获得“区位优势”，从而节省运输、原材料和劳动力成本；通过内部一体化管理体制获得“内部化优势”，打垮和收购竞争对手，打击新的市场进入者。这些优势实际上就是跨国公司所拥有的特殊位势[①]。在国际传播领域，信息强国和信息弱国之间存在明显的信息位势差，前者依仗雄厚的经济技术力量抢占国际传播的有利地形，迫使后者成为信息接受群体。因此，位势是竞争主体能力的体现，“山高声自远”，位势的高低对应绩效的多寡，优越的竞争位势是市场对于核心竞争力拥有者的肯定和奖励。

对于媒体来说，塑造核心竞争力可以帮助其提升竞争位势，抢

① 史东明：《核心能力论》，北京大学出版社，2002 年 4 月第一版，第 37 页。

占舆论斗争的制高点。新闻集团的成功无疑是此方面的经典案例①。新闻集团是当今世界上规模最大、国际化程度最高的综合性传媒集团之一，强大的国际传播力毋庸置疑。任何一个媒体机构在进行多元化和跨国际扩展时，必然都会受到各国的市场进入壁垒与政策限制。对此，默多克将社会资本打造成为集团的核心竞争力之一，用以提升在同行业中的竞争位势。社会资本体现的是行动主体与社会的联系以及通过这种联系获取稀缺资源的能力，宏观上可以改善法律、法规的执行效率和宏观经济绩效，微观上能够减少经济运行中的交易成本和信息成本。在进入中国市场时，新闻集团首先遇到了政府在传媒领域对外合作的谨慎态度。默多克为了争取到相对宽松的政策环境，一方面尽力与中国政府进行广泛接触，竭力保持良好的人际关系；另一方面始终在行动上与中国政府保持一致的立场。在这样的思路下，新闻集团获得了大量的政治资本和经济资本，与其他跨国媒体集团相比，位势高下显而易见。内部管理与控制技能是新闻集团的又一核心竞争力：在公司治理结构方面，集团形成了完善的管理体制，职责清晰，赏罚有序；财务管理严密、完善，能够及时应对市场上出现的各种状况，高效地进行资本运营活动；新闻采编注重实用性，风格鲜明，发行量和收视率都位居前列。此外，技术创新和独特的企业文化也构成了新闻集团的核心竞争力。集团在内容经营的过程中，时刻关注新技术带来的机遇，利用技术的变革推动媒体业务的拓展。文化建设注重兼收并蓄，通过文化间的相互补充和协调形成全新的组织文化，体现多元文化的交叉优势。新闻集团正是通过这几方面核心竞争力的高效配置与整合，保持和提升了竞争位势，获得了竞争对手难以逾越的传播力。因此，从本质上来看，提升媒体的国际传播力就是提高其在国际传媒行业中的竞争位势，两者都以媒体的能力为基础，媒体的核心竞争力决定了这

① 曾凡斌：《跨媒介跨国界的新闻集团核心竞争力分析》，载《中国报业》，2008 年 7 月。

种位势的存在与强弱。

三、核心竞争力可以帮助媒体在增强国际传播力方面保持长期优势

“为什么有的报纸能够经久不衰，有的只能成功一时，而有的却一败涂地？一个拥有优秀人才的报纸未必能在市场竞争中取胜；一个资金雄厚的报纸也未必能够在同行业中脱颖而出。我们已经不能简单地从报纸所处的行业、所有制结构、组织形式、经营规模和报纸管理层和员工的努力程度等方面找到这一问题的答案。……凡在市场上能够站稳脚跟、取得一席之地的媒体都有其核心竞争力作为支撑。”[①] 在这里，核心竞争力不仅是媒体获得传播力的途径，更是其保持和提升传播力的保障，因为核心竞争力的打造可以让媒体形成独特优势，增强产品质量、提升服务水平、降低劳动成本、增长盈利收入，在此基础上在技术创新、战略研究和人力资源开发方面投入更多的资金，从而形成良性的循环机制。

此外，核心竞争力抓住了媒体成长和发展的关键，在资源的有限性和竞争的紧迫性面前时刻保持清醒。《纽约时报》、《华盛顿邮报》和《洛杉矶时报》是美国三大主流报纸，都以“报道精确、编辑公正”在社会中享有广泛的社会影响力。从这一意义而言，媒体风格是这三家报纸能够保持长久生命力的核心竞争力。但是，1999年《洛杉矶时报》却爆出了美国新闻史上最著名的丑闻[②]。报社与当时洛杉矶新建体育馆 Staple Center 签下了利润分成协议，编辑部门在不知情的情况下为该体育馆做了大幅宣传。此事一经披露，舆论界哗然，美国最著名的新闻机构竟然出售了它的新闻理念。报社

① 王立群：《报纸的核心竞争力》，载《当代传播》，2002 年第 3 期。

② 章平：《战略传媒：框架分析与经典案例》，复旦大学出版社，2004 年 6 月第一版，第 118 页。

最终因“出卖新闻”丧失了核心竞争力，落入困境以至被收购。因此，核心竞争力的塑造还可以使媒体的发展方向具有长远性和战略意义，使它的任何一项决策都指向长远发展目标，在做大的同时也能做强，不至于在短期利益的诱惑下迷失大的方向。

第三节　提升中国国际广播核心竞争力的现实途径

核心竞争力是一种独特的整合能力，能够调动传媒组织的各种资源，培育出自身不同于其他媒体的最根本的竞争能力和优势，用以持续地满足受众需求，从而在市场上获得持续性竞争优势。对媒体而言，机制创新是打造核心竞争力的制度保障，品牌战略是打造核心竞争力的有效手段，独特的内容资源是打造核心竞争力的坚实基础，雄厚的人才队伍是打造核心竞争力的智力支持。因此，提升中国国际广播的核心竞争力的现实途径是以机制创新强化广播创新力，以打造品牌提升品牌竞争力，以宣传创新增强舆论影响力，以强化人力资源开发构建人才支撑力。

一、强化广播创新力

体制决定着发展的可持续性，机制决定着发展的活力。当前，中国广播影视正进入体制转型、技术变革、结构调整的关键时期。要推动广播影视大发展大繁荣，就必须创新广播影视管理体系。要进一步理顺管理体制，创新内部运营和管理机制，以绩效管理为着力点，以全面预算为执行平台，以人力资源管理为长效驱动，以精细化管理为落脚点，整合内部资源，降低管理成本，确保战略的实施和效果，增强发展活力。要合理调整媒体的内部组织架构、职能定位和人员配备，完善科学决策机制，提升决策力与执行力；建立科学、规范、高效的管理制度体系，制定清晰的战略目标、先进的管理制度、明确的执行规划、规范的绩效标准；以岗位管理为基础，完善目标管理和绩效考核体系，建立公正、平等、竞争、择优的用人机制，建立责、权、利清晰，赏罚分明的薪酬制度和激励机制，实现科学管理。要建立以成本控制为核心的财务管理机制，通过全面预算、财务监控、审计监督等手段，开源节流，降低成本，提高投入产出比率，实现科学运营。

二、提升品牌竞争力

打造一流的媒体品牌是一个长久而持续的过程。目前，我国有一定市场影响力的媒体品牌大多都具备鲜明的品牌意识和个性定位，能在变化的市场形势中，不断优化品牌机制，并能运用整合营销传播的策略，实施全方位市场推广方针。综合有效地运用这些品牌营销战略，使得这些传媒能始终站在变幻莫测的市场大潮前头。因此，中国国际广播的品牌战略主要包括：树立鲜明的品牌意识和个性定位、优化品牌机制、整合营销传播、全方位市场推广。

（一）树立鲜明的品牌意识和个性定位

一般而言，品牌名称是可以用语言称呼的部分。品牌名称需要将媒介特征、媒介精神以及主要传播内容融入其中，达成与受众群体有效沟通的目的，创造品牌印象价值，进而提升品牌知名度。确立品牌名称后，需要进行市场定位，定位则是品牌之母。媒介在定位品牌时，需要通过精细的市场调查和策划设计，征求受众对信息的需求，并根据市场竞争态势，树立准确的市场形象，形成独特的媒介风格，抢占媒介市场。比如：南方日报集团的每份报纸，都有自己旗帜鲜明的媒介定位和品牌理念。《南方日报》的品牌理念为“高度决定影响力”；《南方周末》的品牌理念为“记录时代进程”；《南方都市报》的品牌理念是“办中国最好的报纸”；《21世纪经济报道》则以分析国际金融形势、透视中国经济、观察行业动态、引导良性发展为目的；安徽卫视通过对市场的科学调研，以及对相关资讯的分析判断，建立起其“专业电视剧频道”的品牌形象，并逐步发展价值链优势，同时，借助几大黄金剧场的时段，安徽卫视创新广告形式，强化广告经营方面的营销和推广，成了省级卫视中品牌营销的典例。

此外，品牌标志也是品牌整体内涵中不可或缺的一部分。品牌标志的建立，需要通过整体视觉系统，将抽象的内蕴特征与具体可见的视觉形象融为一体，以某种图案或符号的形式来表现媒体特质，有效传达媒介信息。《新京报》在创刊伊始就推出标徽“长城烽火台”，标志简洁明快，易读易记，且具有强烈冲击力。长城象征中国和北京，象征守土有责的媒体责任意识和媒体的政治意识和大局意识；烽火台是最具中国特色的传播方式，象征媒体的终极价值和基本要素，也象征着媒体必须发挥预警和监督作用。

（二）优化品牌机制

树立好的媒介品牌形象，并不仅仅指选择品牌名称和品牌标志，还需要长期不懈的经营活动。由于媒介环境一直处于不断变迁中，媒介品牌也有自身的运作周期，因此，媒介必须注重从营销角度，对媒介品牌进行包装和传播，从原来的媒介本位向受众本位转变，根据受众要求和市场变化，对栏目品牌和整体包装不断进行调整。只有对媒体内容架构不断进行动态调整并逐步优化品牌，才有可能建立起富有竞争力的强势媒介品牌。当然，媒体的名牌栏目在诸多同行的激烈竞争中，也如逆水行舟，不进则退。迪斯尼总裁就曾宣称：“每隔七年迪斯尼就会进行一次大调整。”

（三）整合营销传播

媒体品牌的整合营销战略，是指围绕媒体及其产品品牌展开的塑造媒介形象的所有规划活动。媒介运用公共关系、新闻策划、附属产品开发等系列营销手段，策划有一定创意并能产生社会效应的活动，让受众获取对于同一媒体的品牌信息。凤凰卫视是媒介中整合营销传播的典型例子。从1996年3月中文台开播以来，凤凰卫视已成为全球颇有影响力的华人卫星电视台，内地一直以来都是凤凰卫视最大的收视市场。凤凰卫视的“明星主持”策略，改变了中国新闻播报一贯的风格，轻松诙谐中不乏睿智思辨的光芒，为其赢得了一批忠实观众。每个节目主持人作为栏目代言人，都个性鲜明，风格各异，明星主持们也被誉为凤凰卫视的驰名商标。此外，凤凰卫视在成立初期，就策划了“飞越黄河”的活动，在社会产生了广泛影响，之后组织了“千禧之旅”、“欧洲之旅”、“穿越风沙线”、“寻找远去的家园”、“两极之旅”等多项大型采访活动，这些举动都被称作华语传媒史上的壮举。凤凰卫视的典例证明，好的频道品牌并不是品牌节目的简单相加，而是需要整体营销策划，要在宏观战略的指引下，做具体细化节目的品牌策划。这种以公共关系理论建立媒体品牌的方法，对处于初始商业化阶段的中国媒体市场来说，具有重大的借鉴意义。目前，媒体公关可谓大势所趋，不少内地媒体也已经从中尝到了甜头，《北京晚报》的《健康快车》栏目，就是通过吸收会员出版书籍等活动使得这个栏目深入人心。

（四）全方位市场推广

如果媒体拥有在本行业中处于领先地位的知名品牌，就意味着该品牌得到了受众的充分认同并产生了良好口碑。在此阶段，媒体应充分运用品牌延伸或扩张战略，发挥和利用领导品牌的效应，开发和拓展其他相关品牌，从而使媒介最大限度地挖掘品牌潜力，始终保持市场领先地位。延伸品牌包括自身内涵的提升和面向社会的外延扩展。内涵的提升，主要指全方位塑造自己的品牌形象；外延的扩展，则是发挥已形成的品牌优势，与其他机构广泛合作，举办各类活动。

品牌延伸的优势在于，媒介可以对同一信息资源反复包装再生产，获得多重效益。从品牌塑造和扩张的角度来看，媒体全方位的市场推广，还有助于扩大业务范围，形成立体式、多元化的联合品牌，进而形成整体的品牌宣传网络。同时，这种品牌扩张的成本较低，在不毁坏核心品牌识别的基础上，能够有效地发挥品牌效应，强化品牌价值。

三、增强舆论影响力

随着媒介资源整合力度的加大和信息传播技术的发展，资源过剩而内容不足的问题浮出水面，内容同质化成为通病，缺乏深度的内容成为制约媒介产品做大做强的瓶颈，内容已成为媒介品牌竞争的一个重要因素。因此，在产品同质竞争的情况下，不断创新内容产品，塑造差异化优势，是建构、培育和提升媒体品牌核心竞争力的有效途径。

新闻宣传是中国国际广播的核心业务和主要工作内容。构建中国国际广播核心竞争力，应着力创新新闻宣传体系。在当今全球化、多媒体竞争时代，受众结构、受众需求和受众选择发生了显著变化。受众对新闻信息的选择性、消费的自主性、参与性大大增强，对不关心的信息往往进行习惯性过滤。为应对这一挑战，国际广播必须遵循国际传播规律和舆论引导规律，既强调舆论引导，更重视舆论引导效果，坚持宣传意识与受众意识、导向意识与市场意识的统一，采取灵活的宣传策略，遵循境外受众思维方式和认知模式，避免直接的说教形式，淡化政治色彩，从提供政治、经济、文化等各方面信息的角度，遵从国际受众的接受习惯和心理需求，选择有中国特色并符合我国国家利益的传播内容，用国际化的形式表现出来，增强传播的吸引力和引导力，提高新闻宣传的公信力。创新宣传体系，要提高应对能力和新闻时效性，掌握信息传播和宣传舆论的主动权；创新制播机制，要充分利用先进的技术手段，实行采编播制用一体化；创新宣传载体、节目形态和宣传方式，要建立科学的节目评估体系，强化对外宣传报道的针对性和主动性。要建立更广泛的海外信息源，进一步提高国际广播媒体的国际新闻竞争能力，进一步发挥资源和载体优势，加大本土发射功率，运用多种语言、多种媒体、多种渠道，扩大调频广播在国外的整频率落地规模和影响；要注重新媒体技术的应用，加强音视频网站建设，拓展新媒体外宣实效，增强国际传播的渗透力和影响力。

四、构建人才支撑力

媒体最基础的资源是人力资源。媒介产品的生产，媒介市场的经营，媒介品牌的维护开发，始终离不开人的创造。优质的人力资源结构，是媒体赖以生存和发展的基础，也是媒介品牌实现科学、健康发展的资源。媒体竞争不仅表现在产品覆盖率、广告增长率、受众关注率方面，更加注重媒介机构内人力资源与媒介资源、品牌资源及其他物质资源的合理组合。媒介机构是否能够吸引、留住和有效使用人才，关键在于能否构建人才脱颖而出的机制，在于是否具有发挥人才作用的环境。在人力资源管理方面，媒介机构需要创造一个良好的机制，以组织结构构筑良性的人力资源竞争环境，优化人力资源配置，提高人力资源效率，提高组织效能与竞争力。因此，媒介机构应立足长远，确立以自身培养为主、引进人才为辅的人才战略，建立、健全人才激励和约束机制，建立绩效考核和流动机制，形成人才竞争效应。

把握现代人力资源管理变化的趋势，需要注重四大转变：一是要将传统的“以工作为组织的中心”转变为“以人为组织的中心”，倡导以人为本；二是要让人力资源管理工作从职能部门的任务转变为各级媒介管理人员的共同职责，实行战略性的人力资源管理；三是媒介机构要由传统的职业发展模式转变为采用多样化的职业发展模式，为员工提供职业生涯发展规划；四是建立“市场化和职业化”的流动机制，对人的知识资源、能力实行合理、高效的配置。出色的人力资源管理能使媒介品牌在精心的培育中不断获得竞争优势，并对其保持竞争优势具有重要意义[①]。

中国国际广播要积极探索建立以培养、吸引、评价、使用、激励为主要手段的人才资源开发体系，加强人力资源的开发、储备和更新，优化人才队伍结构。要制定人力资源发展战略，做好管理人才、专业技术人才和经营管理人才的引进和培养计划。采取各种措施，运用多种培养模式，加强对创意、创新、创业型人才的培养，对于事业发展急需的、特殊的、关键岗位的新闻传播人才、国际型人才、复合型人才、高端型人才，要制定规划，超前储备。要加大核心人才建设力度，加强"首席制"工作力度，发挥首席人员示范作用，推进"四个一批"人才培养工程，构建人才高地，形成总量适当、结构合理、充满活力、优秀人才不断涌现的良好局面，为事业提供可持续发展的人才基础。

① 陈兵著：《媒介品牌论：基于文化和商业契合的核心竞争力培育》，中国传媒大学出版社，2008 年版，第 259－260 页。

第十三章　构建现代国际传播体系任重道远

第一节　国际传播与国家软实力建设

20 世纪 90 年代，美国哈佛大学教授约瑟夫・奈提出了“软实力”的概念，认为一个国家的综合国力既包括由经济、科技、军事等“物质力”所组成的“硬实力”，也包括以文化、观念和意识形态吸引力等无形要素组成的“软实力”。软实力的来源有三个方面：“该国的文化（对他人具有吸引力的地方）、该国的政治价值观和该国的外交政策。”① 如果说硬实力是通过军事和经济力量以威逼利诱的方式胁迫别国同意某些行为准则、价值观念和制度安排，那么，软实力就是通过精神和道德诉求引导或说服别国以达到自身目的。换句话说，硬实力纵使能“百战百胜”，却非“善之善者”，而软实力却可以达到“不战而屈人之兵”的效果，是在国际社会中纵横捭阖的“善之善者”。②

奈不是第一个认识到“软实力”重要性的学者，却是最早提出“软实力”概念并将其用于分析国家间交往的国际政治学家。他让我

① Joseph S. Nye, Jr, SoftPower: The Means to Success in World Politics, New York: Public Affairs, 2004, p. 2, p11. 转引自郑永年、张弛：《国际政治中的软实力以及对中国软实力的观察》，载《世界政治与经济》，2007 年第 7 期。

② 《孙子兵法・谋攻篇》：“是故百战百胜，非善之善者也；不战而屈人之兵，善之善者也。”

们第一次从理论的高度认识到这一隐性资源所蕴含的巨大能量。然而随着人们对这一问题的讨论和认识程度的加深，很多对奈构筑的软实力理论的质疑也随之产生。其中，对奈将硬实力和软实力划分“一刀切”的做法批判最多。事实上，连奈自己对这点也表现得模棱两可。他在概念阐述时将两者截然分开，却又认为“硬实力有时候可以具有吸引力和软的一面。相同的力量资源可以催生从强制力到吸引力的整个行为模式。”① 对软实力概念的模糊界定，以及两种力量之间可以相互转化的特性，导致学术界至今仍对软实力组成要素争论不休。但有一点可以肯定，即硬实力与软实力是相辅相成的。一方面，硬实力是软实力的支撑，是软实力得以存在、成长和发挥的基础条件。如果一个国家没有如军事、经济等方面的力量作为保障，软实力再强大也没有施展的空间。另一方面，软实力虽然不直接反映硬实力的强大与否，却可以对硬实力影响力的发挥形成放大或制约。甚至有学者认为，如果将硬实力作为常数，那么软实力就是乘数或变数，两者相互作用可以导致综合国力的增强或衰减。因此与硬实力一样，软实力对国家发展具有重要作用。在进入信息时代以后，文化、价值观和国民凝聚力等的重要性和巨大作用正变得比以往更加突出，软实力更成为国家力量建设的重中之重。

“软实力的强大有赖于‘扩散’和‘广泛传播’，只有当自己的文化与价值观念在国际社会广为流行并得到普遍认同的时候，软实力才算是真正提升了。而这正是国际传播的职责。”② 事实上，国际传播不仅仅是国家软实力得以运用的渠道，它已经成为国家软实力的重要推行者，而这首先得益于这个信息全球化时代。

计算机的发展激起了现代社会信息化的突飞猛进，信息网络覆盖全球，深入到世界每一个角落，也将人类社会的关系变得前所未

① 《孙子兵法·谋攻篇》：“是故百战百胜，非善之善者也；不战而屈人之兵，善之善者也。”

② 王沪宁：《作为国家实力的文化：软实力》，载《复旦大学学报》（社会科学版），1993 年第 3 期。

有的紧密。兼具科技与媒体双重身份的互联网不仅成为新媒体诞生和发展的主要平台，还带给传统媒体进一步发展的动力。从这一刻开始，国际传播比以往任何时候都更体现出全球化的特征。首先，信息技术的飞速发展拓展了国际传播渠道。1992 年我国出版的《宣传舆论大辞典》将国际传播定义为“国家与国家之间的信息交流活动，尤指以其他国家为对象的传播活动。可通过人际传播或大众传播形式进行，但以大众传播为主”。从中我们看到，国际传播暗含着与国家政治和国家战略之间的紧密关系，即国际传播是作为主体的国家出于政治考虑的一种活动，那么这种活动的内容和规则，必然会以国家利益的最大获取为出发点受到控制，从而带有明显的意识形态色彩。相反，全球传播是信息全球化的结果之一，它更倾向于从地理的角度描述信息流动的现状，“冲淡了当前跨国信息传播的政治色彩，模糊了国内传播与国际传播的界限，模糊了国际政治中的‘国家主权’概念。”① 因此，从概念上区分，国际传播与全球传播的不同显而易见。然而，从传播效果上来看，政府控制下的媒体在新技术的帮助下迅速向全球扩张，在传统的传播渠道基础上，更以一种“无孔不入”的传播手段宣扬本国的意识形态，掌握说服国际受众的主动权，从而为本国赢得良好的国际舆论环境。如此看来，国际传播的作用在全球化时代是超越了以往任何阶段的，与国家利益的关系也前所未有地紧密。其次，传媒集团全球化趋势伴随着互联网技术的成熟进入快速发展期。跨国传媒集团大量涌现并垄断了全球信息传播市场，媒介产品的出售，既给传媒企业带来大量的利润，也使本国的文化、理念、价值观等一系列软实力得以顺利推行。国际受众在经过了消费、好感、认同的过程之后，国际传播达到了预期的效果。第三，传播技术的进步放大了媒体的作用。我们的生活实际上建立在两个世界之上，一个被称为“第一经验环境”的真

① 关世杰：《国际传播学》，北京大学出版社，2004 年 9 月第一版，第 4 页。

实的现实世界，另一个则是被称为“第二经验环境”，即由媒体构建出来的“媒介世界”。在前者中，我们所有的认知都来自亲身体验，是我们对世界的直接感受。然而，这种认知只构成我们所有信息的一小部分，更多的信息来源于媒体。媒体告诉我们什么，我们就了解什么，媒体的倾向决定我们的态度。因此，“媒体在很大程度上能左右公众对外界的认识。”[①] 但是新闻媒体报什么、怎么报实际上是一种意识形态的体现，“新闻不是一面忠实体现现实的平面镜，而是折射出各种价值观和利益取向”。[②] 天然的意识形态属性加上传播技术赋予的极强的聚合力和辐射性，使媒体作为一种社会结构性因素比其他任何力量都更容易深入到社会各个层面，以媒介化的力量成为国家软实力的强大推动力。对于这一点，连奈都不禁赞叹：“在全球信息化时代，信息就是力量，并正借助于现代信息科技以历史上前所未有的广度传播。”

基于以上的分析，我们认为软实力对国家的发展至关重要，所有国家都应该学会通过软实力这个新的力量源泉来实现目标，而国际传播是手段之一。近年来，随着我国国民经济的快速增长以及国际地位的不断提高，“软实力”理论在我国受到高度重视，不同学科领域中的专家、学者纷纷就此展开研究，并提出了更为全面的见解。从我国的发展现状来看，当前我们已经进入了快速发展软实力的历史阶段。

首先，发展软实力是对国家综合国力的补充和完善。改革开放以来，我国社会经济取得了辉煌的成就。30 年来，GDP 保持了年均 9.6% 的增长率，我国的国内生产总值 2006 年已达到 20.94 万亿元人民币，名列世界第四位。依托国家经济发展和科技进步，军队武

---

① 李希光、周庆安主编：《软实力与全球传播》，清华大学出版社，2005 年 4 月第一版，第 35 页。

② 李希光、周庆安主编：《软实力与全球传播》，清华大学出版社，2005 年 4 月第一版，第 35 页。

器装备现代化进程不断加快，国防建设与经济建设协调发展，逐步形成了相互促进的良好局面。然而，当前国际社会对中国软实力的评价却并不像它的经济发展那样积极，认为中国的硬实力越来越壮大，而严格意义上的软实力却并没有随之增长，软实力建设亟待加强。因此，当前提出加强国家软实力建设，并不是对以往国家建设重点和成果的否定，而是国家发展到新阶段需要正视和解决的新问题。

其次，软实力有助于改善我国目前所处的国际舆论环境。经济和军事力量的快速发展，让国际社会上很多不了解中国的人产生恐慌，由此产生的“中国威胁论”和“中国崩溃论”在一定程度上影响了我们正常的国际交往，对我国未来的整体发展形成冲击并埋下隐患。软实力有助于破解西方国家的“垄断性优势”，加强我们国家的形象建设，为硬实力的发展提供更优良的国际舆论环境。

第三，软实力建设是对治国理念的贯彻和发扬。“中国在长期的国家力量建设中实际上存在着软实力建设的基因和要素，当前的软实力建设不是与传统国家力量建设理念、道路和方式的断裂，而是传承和创新，邓小平早在20世纪80年代提出的‘两手抓、两手都要硬’的思想证明中国对软实力建设是重视的，只不过还没有提升到国家战略高度。”① 加强软实力建设符合我国的发展道路与治国理念，必将服务于和平发展战略。

在我国党中央的领导下，一个以硬实力和软实力增长有机结合的发展目标已经初步确立。相对于硬实力来说，软实力的建设更为缓慢，运用更为困难，而影响力却更为持久。因此，作为软实力的重要组成部分和推行者，加强我国国际传播体系的建设的要求十分迫切。

---

① 刘杰：《中国软实力建设的几个基本问题》，《国际体系与中国的软实力》，时事出版社，2006年7月第一版，第106页。

第二节　改变我国国际传播落后的现状时不我待

“国际传播的目的，是为了加深不同的国家、民族和文化之间的相互沟通和理解，实现全人类的共同繁荣和发展。”[①] 从这个角度来说，国际传播中的每个国家都应该是平等的。然而实际情况并非如此。有资料表明，世界上有三分之二的消息来源于只占世界人口七分之一的西方发达国家；世界上每天传播的国际新闻大约80%来自西方传播媒介；西方发达国家流向发展中国家的信息量是发展中国家流向发达国家的100倍。[②] 由于西方国家在经济、技术等领域的优势地位，现代国际传播媒介大多数集中在发达国家，它们无论是在数量、覆盖面、信息量方面还是在社会影响等方面均掌握着主导权，在国际传播中处于优势地位。广大的发展中国家只能被动地接受西方强势媒体的国际传播信息。

作为世界上最大的发展中国家，中国在国际社会上的舆论形势也不容乐观。学者不无忧虑地指出，“改革开放以来，中国经济和社会发生了巨大的变化，但在西方媒体里仍是负面报道占主导地位，中国对外传播面临严峻挑战。”[③] 由于意识形态的差异，西方国家对中国的报道经常持消极态度。例如，很多西方媒体对中国近年来经济极大发展、政治民主化进程日渐提高、对待传统文化的保护不遗余力、采取成熟理性的和平外交政策等各方面的进步视而不见或是有意忽略，却对中国的人权状况滥加批评，对中国的某些内政行为横加指责。国际传播主流媒体对中国形象的国际传播起到了非常恶劣的影响，极大地破坏了中国在外国人民心目中的印象。2005年3月，BBC在公布了一项针对中国形象的调查。其中涉及到军事问题，

---

① 童之侠著：《中国国际新闻传播史》，中国传媒大学出版社，2007年版，第51页。
② 段鹏著：《国家形象建构中的传播策略》，中国传媒大学出版社，2007年版，第51页。
③ 童之侠著：《中国国际新闻传播史》，中国传媒大学出版社，2007年版，第55页。

共有24%的受访者认为中国军力增长对世界将产生积极影响，59%的受访者认为中国军力增长对世界有负面影响。[①] 这个事实从一定程度上说明，"中国威胁论"仍然存在，对外传播实效尚不明显。对于这一点，香港《大公报》记者李剑诸的观点很能说明问题，他说："从权力政权过渡到责任政府，中国正大步走向政治文明，再加上综合国力的稳步上扬，中国早已不是西方人可以无视、轻视、藐视和蔑视的国家。但从传媒人的角度观察，我认为中国在国际社会的自我宣传还跟不上形势的发展要求，这方面中国的主流媒体责无旁贷。"[②] 因此，改变我国国际传播落后的现状时不我待。

改革开放以来，我国加大了对国际传播事业的关注和投入，建立了多渠道、多功能、全方位、立体化的国际传播体系。新华社每天用英、法、西、俄、阿、葡等7种文字24小时不间断地向世界各地播发新闻，日均发稿约50万字，收集和处理国际新闻达200万字。中国国际广播电台每天用46种语言累计播出1400多小时的节目，国际在线使用53种语言传播，成为世界主要国际广播机构之一。中央电视台面向世界各大洲的电视播出框架体系逐步建立和完善，2007年中文国际频道（CCTV－4）落地项目达66个，覆盖68个国家和地区的1500万用户；英语国际频道（CCTV－9）落地项目98个，覆盖90个国家和地区，海外覆盖用户总数增至6300万；法语国际频道拥有9个落地项目，覆盖30个国家和地区的360万用户；西班牙语国际频道已有7个落地项目，覆盖7个国

① BBC委托全球舆论调查公司和美国马里兰州立大学国际政策态度项目组联合进行了调查，被调查的22个国家覆盖五大洲。调查从2004年11月到2005年1月通过面访、电话访问的形式采集了22953个典型样本，在各国调查的抽样误差从2%到4%不等。调查内容主要包括三项：如何看待中国在世界上的影响，如何看待中国经济力量以及是否希望中国军事力量强大。数据来源于《环球时报》、新华网、中华网的相关报道。转引自刘继南、何辉等著：《中国形象：中国国家形象的国际传播现状与对策》，中国传媒大学出版社，2006年版，第136页。

② 陈荫沦、高汉：《新世纪如何包装中国——我对外宣传思路有待改变》，《国际先驱导报》，2003年8月7日。转引自张锦文：《关于做好和加强重要战略机遇期中国对外宣传的思考》，载《党政干部论坛》，2004年第3期。

家和地区的220万用户。[1]《人民日报》海外版发行到世界80多个国家和地区，面向海外同胞和关心中国情况的各国朋友准确传达中国政府的方针政策，积极介绍中国的改革开放成就。《中国日报》作为新中国第一家英文综合性报纸面向150多个国家和地区发行，日发行15万份。从以上数据可以看出，通常被简称为“一社两台两报”的主流国际传播媒体正在增强我国软实力方面发挥重要作用。然而，与发达国家相比，我国媒体在传播实力方面仍存在不小的差距。

中国国情专家们在对世界一些国家的传媒进行了深入调查和量化分析后，得出结论：中国已经成为一个传媒大国，传媒实力也就是传播力仅次于美国位居世界第二，超过日本、英国、德国等西方发达国家。但是，中国的国际传播的影响力却令人堪忧，只相当于美国的14%。[2] 这个数据显示了我国媒体在国际传播中的弱势地位，也指明了中国长期在国际舆论中处于被动的原因。

中国在国际传播领域的相对弱势地位，让人们对中国媒体塑造自己形象的能力感到怀疑，学者们不无忧虑地指出，“我国政府的对外传播‘软实力’的不足，已经严重制约了国家形象的建构。”[3]“国家形象的塑造需要主动地对外宣传，这是国家形象塑造中最直接的传播因素。”[4] 一个国家如果不主动宣传自己，一味听任外国媒体带有主观色彩的宣传，无疑是主动放弃了塑造和建构国家形象的权利，只能在国际上处于被动地位。国家要通过主动的国际传播塑造国家形象，从而有利于本国的国内建设和国际交往。“对外宣传是国际传播的一个重要方面，是国家主动向外界展示自己形象的一种最

---

① 数据来源：国家广播电影电视总局网站。

② 胡鞍钢、张晓群：《中国：一个迅速崛起的传媒大国——传媒实力实证分析与国际比较》，中华传媒网，2004年6月28日。

③ 段鹏著：《国家形象建构中的传播策略》，中国传媒大学出版社，2007年版，第41页。

④ 刘继南、何辉等著：《中国形象：中国国家形象的国际传播现状与对策》，中国传媒大学出版社，2006年版，第43页。

重要的手段。”① 加快中国国际传播事业的发展，成为中国提升软实力的重要途径。而纵观国际传播领域，行业领先者无不具有一套明确的发展战略。发展战略研究已经成为国际传播媒体核心竞争力的关键性因素。中国要加强国际传播，清晰明确的战略规划必不可少。在此背景下，构建现代国际广播发展体系的国际传播发展战略应运而生，它为国际传播事业的发展提供了远景规划，必将促进国际传播事业更上新台阶。

第三节　全力打造国际传播的旗舰

2003 年 12 月 7 日，胡锦涛总书记在全国宣传思想工作会议上强调，要紧紧围绕党和国家的工作大局，认真贯彻中央的对外工作方针，全面客观地向世界介绍我国社会主义物质文明、政治文明和精神文明不断发展的情况，及时准确地宣传我国对国际事务的主张，着力维护国家利益和形象，不断增进我国人民同各国人民的相互了解和友谊，逐步形成同我国国际地位相适应的对外宣传舆论力量，为全面建设小康社会营造良好的国际舆论环境。

2008 年 10 月，在党的十七届三中全会上，胡锦涛总书记更进一步明确指出：“要抓紧研究制定提高我国国际传播能力的总体战略和实施方案，加大投入和支持力度，着力建设语种多、受众广、信息量大、影响力强、覆盖全球的国际一流媒体，使我们的图像、声音、文字、信息更广泛地传播到世界各地，进入千家万户。”

温家宝总理在《人民日报》发表文章《关于社会主义初级阶段的历史任务和我国对外政策的几个问题》对我国外宣工作的方式方法给予了宏观指导：“要加强和改进对外宣传工作。全面、准确、及时地向外界介绍我国改革开放和现代化建设取得的成就，也不回避

① 刘继南、何辉等著：《中国形象：中国国家形象的国际传播现状与对策》，中国传媒大学出版社，2006 年版，第 44 页。

我国存在的问题。善于运用灵活多样的对外宣传和交往方式，尽量使用国际社会听得懂、易理解的语言和喜闻乐见的方式进行交流，增强宣传的有效性，努力引导各方面客观理性地看待中国的发展和国际作用，营造友善的国际舆论环境。”

新时期赋予我国对外宣传工作新的宗旨和目标，为我国外宣事业的发展提出了新的要求。中央十分重视这项工作的发展，党的十七大做出的“推进社会主义文化大发展大繁荣”的战略决策给中国国际传播事业的发展提供了强大的政策支持。中国国际传播媒体应当抓住机遇，努力打造自身的核心竞争力，在推进国家文化软实力建设中，有更大的作为。

同全世界任何国家相比，中国的媒体数量都可名列前茅，但就其实力和影响力而言，却远不能与国家地位的提升相适应。这里正应了一句常说的话：“兵不在多而在精”。就对外宣传领域来看，各级各地都有从事外宣的机构、人员，但多数不成规模、没有品牌，当然也形不成影响力。如何增强我国的国际传播能力，国际著名媒体的经验就是国际化、现代化、综合化、本土化。这是成功的经验，是需要借鉴的。正如胡锦涛总书记 2008 年 6 月 20 日视察《人民日报》时指出的：“要把发展主流媒体作为战略重点，加大支持力度，扩大覆盖面和影响力。”中国国际广播电台是唯一专职从事国际传播的国家级广电媒体，已经具有 53 种语言的传播规模，应加快发展，全力打造成国际传播的旗舰。

提高国家文化软实力，是中国国际传播事业的根本目标。构建现代国际广播体系，是提升中国国际传播能力的重要途径。中国国际广播电台作为构建现代国际广播体系的主体，肩负着重要的历史使命。中国国际广播电台以“向世界介绍中国，向中国介绍世界，向世界报道世界”为宗旨，在 60 多年的风雨历程中取得了辉煌成绩。但是，随着中国改革开放的不断深入和中国地位的日益提高，新的历史条件让“向世界介绍中国”显得尤其重要。中国的国际传播媒体要打破西方国际传播强势媒体的话语主导权地位，在国际上发出更为响亮的声音，让中国的国际传播在全球受众市场上占有一席之地。中国的国际传播媒体要加强世界对中国的了解，努力展现出中国正一步步走向自信、成熟和开放的态度，以及中国人积极向上、乐观豁达的生活方式，展现出中国悠久灿烂的古代文明和朝气蓬勃的现代文明，为外国人民了解中国提供信息丰富的全景式形象。中国的国际传播媒体要从根本上改变国际社会对中国存在的诸多误解，在国际社会中树立一个充满感召力、亲和力的良好国家形象，让世界各国人民消除对中国崛起的忧虑，增加对中国发展的认同和信赖，为中国进一步发展创造良好的国际环境。要完成如此艰巨的任务，中国就必须拥有在世界范围内具有影响力的对外传播主流传媒，这也成为提出构建现代国际广播体系的发展战略的初衷所在。

近几年的实践表明，构建现代国际广播体系这个发展理念体现了战略性、宏观性和可操作性，符合媒体发展的潮流，抓住了媒体发展的基本规律，是中国国际广播做大做强的必由之路。为了更好地完成党中央交给中国国际广播电台的这项政治任务，依据《中华人民共和国国民经济和社会发展第十一个五年规划纲要》和《国家“十一五”时期文化发展规划纲要》的精神，中国国际广播电台编制了《中国国际广播电台十一五规划发展纲要》，以邓小平理论和“三个代表”重要思想为指导，以科学发展观为引领，以构建社会主义和谐社会、推动和谐世界建设为方向，以中央文化体制改革精神为指针，以构建现代国际广播体系战略为目标，争取早日把中国国际广播电台建设成集无线广播、在线广播和多媒体传播于一体的，具有国际竞争力的综合性现代新型媒体。

一、加快构建现代国际广播体系，打造国际一流媒体

构建现代国际广播体系，是中央交付的重大战略任务，是我们履行外宣使命的着力所在，也是我国外宣媒体提升自身国际传播力和影响力、打造国际一流媒体的根本依托。

本世纪初期是我国改革发展、实现全面建设小康社会的关键战略机遇期，良好的外部环境对于我国的和平发展至关重要。但我国的国际传播还不能充分满足中国在走向世界过程中对外部信息的需要，还不能充分满足国外民众了解中国新面貌、新发展的需要。在中国人民和国外人民的相互认知图上依然分布着大片的理解空白，信息和友谊在中外人民的传递过程中，还要翻越由定见、偏见、疑虑、敌意等因素造成的层峦叠嶂。

未来几年，中国的开放进程将逐步涉入到国际政治经济的“深水区”。中国的“走出去”不仅表现在地域上，更表现在对各种国际组织、国际制度的参与上，表现在各种国际议题的设置和国际问题的解决过程中，中外交往不仅在政府层面，更在民间层面。接触的增多有利于增进了解，同时，长期的信息隔绝、文化差异也可能因为接触而导致新的摩擦。向世界传递中国信息、中国智慧、中国意图，尽量减少中国在走向世界过程中遭到的偏见和误解，为中国在战略机遇期内的发展建设构造相对友好的外部环境，是中国的国际传播事业所要承担的时代使命。时代的紧迫性和使命的艰巨性要求我们必须加快发展步伐，围绕构建现代国际广播体系的战略目标毫不动摇，同心协力，戮力攻坚，打造国际一流媒体，以不负重托，不辱使命。

从媒体自身发展的角度上看，未来几年也是我们打造国际一流媒体的关键机遇期。中国走向世界，需要了解外部信息；中国国际影响力增强，国际社会渴望了解中国，内外两方面都为我们国际传播提供了发展机遇和外部环境，用经济学的语言描述就是为我们的信息产品提供了广阔的市场需求。国际社会关于中国信息的缺乏提升了我国媒体产品的市场价值，对中国的信息需求为我们的媒体产品提供了广阔的消费市场；中国社会的快速变革和新生事物的不断涌现为我们提供了源源不断的信息“原料”，中国综合国力和国际影响力的增强为我们打造国际一流媒体提供了坚实的发展平台。

二、大力发展新兴媒体，推动传统业务格局转变

新媒体的出现给国际传播领域带来了革命性的变化。以互联网为代表的新兴媒体具有全球性、互动性、多媒体性等特点，拥有中高端受众人群、落地无商量，成为世界各国争相发展的对外传播的重要手段。在高新技术日新月异的情况下，谁掌握了最新的传媒手段，谁的信息就传播得最快最广，谁的影响力、控制力就最强。加快推进新兴媒体建设，实现突破性发展，尽快形成与我国的国际地位和经济实力相称的国际话语权和舆论影响力，是增强中国国际传播力的重要内容。

因此，要对现有的业务结构和运作机制作出调整，加快新老媒体的融合，实现传统媒体业务向新媒体传播平台的转移，构建科学、合理、有效的新媒体传播业务新格局。同时，要创新新媒体发展的管理体制和运营机制，在大力发展媒体业务的同时，积极探索通过贯通事业和产业两个机制，实现国际传播新媒体业务的可持续发展。

未来几年，要积极发展手机广播电视、网络广播电视、数字多媒体广播（DMB）、移动多媒体广播（CMMB）等新兴媒体业态，加快发展面向手机、个人数字设备（PDA）、MP4 流媒体播放器和 iPOD 播放器等手持终端的移动互联网业务。通过开设网络直播台、点播台、下载台、搜索台、博客等，提供多样化的个性服务，最大限度地满足受众的收听、收看需求。

三、发挥多语种优势，尽快建成中国在线传播中心

互联网以其强渗透性和跨国界性为国际传播提供了空前便捷的技术途径和更为广阔的传播空间，在线传播已经成为各国国际传播媒体的优先和重点发展领域。但是，在当今由民族国家构成的国际体系中，语言差异依然横亘在各国民众的交流过程中。在国际传播

中，只有把在线传播与对象国母语传播结合起来，才能充分实现和发挥互联网的技术优势。

在当今媒体竞争中，构建和拥有自己的核心竞争力是一个媒体应对挑战、生存发展的根本。纵观国际国内各知名媒体，或以信息量大、时效性强取胜，或以媒体气质、传播理念先进取胜，或以精深客观的评论取胜……我们要在激烈的媒体竞争中立于不败，就要深度挖掘自身的独特禀赋，形成自己的比较优势。相对于国内内宣媒体，国际性就是我们的独特气质和特色，多语种与在线传播相结合、传播空间和受众范围无限广阔就是我们的比较优势。相对于外国的国际传播媒体，立足中国、传递中国的声音就是我们的独特禀赋，浩瀚的历史文化资源和改革开放这个人类历史上最壮阔、最动人的"故事"为我们提供了在各国国际传播媒体中绝无仅有的比较优势。

国际在线网站目前已经拥有 53 种语言的子网站，语种数量在世界各主要传播媒体中位居前茅。未来几年，我们将牢牢把握多语种和在线传播这两大法宝，在适度、有针对性地增加语种数量的同时，把重点放在对现有语种网站的开发、建设上，力争在最短的时间内，把国际在线建设成为立足中国、辐射全球的网站传播集群，拥有广泛的新闻采集和强大的信息传输能力，成为中国在线传播的中心。

四、加快"走出去"步伐，形成在对象国本土化制作发布规模

"走出去"是我们打造国际一流媒体、切实增强国际传播力和影响力的重要举措，是构建现代国际广播体系的重要一环。我们将借鉴国际媒体机构的经验，积极探索"走出去"的新思路、新举措，通过在境外开辟镜像站、发布点、工作站、制作室等多种方式，实现在内容策划、节目制作、信息发布、运营管理、人才队伍等领域的本地化，最大限度地提高中国国际传播的影响力和竞争力。积极采用互联网等现代传播手段扩大境外落地，探索实施境外发布本土化战略，大力发展境外节目本土制作基地、境外节目本土发布基地，

加快境外合作建站建设，在国外有条件地区积极发展新媒体技术“走出去”工程。力争到2012年在欧美发达地区和其他主要外宣对象地区建立起二十个左右制作发布基地，至2020年建成100个左右境外制作发布基地。

五、强化技术装备水平，建立先进、完善的技术保障体系

技术装备是媒体行业赖以生存的基础，技术装备水平的高低直接影响并决定着媒体的国际传播能力。加快提高新技术、新设备的应用，是提高国际传播能力的重要手段。未来几年，我们将紧密跟踪世界媒体技术的开发应用趋势，迅速启动建设在线传播技术工程，加快推进新媒体技术“走出去”工程等，为我国的国际传播工作提供可靠的技术保障。鼓励研发具有自主知识产权、达到国际先进水平的传输、覆盖技术；统筹兼顾国际、国内技术标准，积极支持自主技术标准的制定；继续推进媒体行业的数字化、网络化进程。力争到2015年实现技术系统的较大提升，达到国际同等水平。

在技术建设上，要完善境外信息采集设备配置及独立传输系统，利用现代有线、无线、互联网通讯技术，因地制宜，合理配备境外记者采访技术设施。积极与境外媒体机构进行媒体行业工程技术设备领域合作，在各大洲建立多媒体信息采集制作技术中心。基于现有技术传输手段，建设境外制作中心与本部进行信息交换的传输技术系统。

六、坚持“三贴近”原则，提升对外传播的实效

“内容为王”是媒体安身立命的根本，这一点不会由于传播技术或传播工具的改变而改变。在技术进步和工具更新推动传输过程便捷化、娱乐化、审美化的同时，信息的取舍观、观点的新颖度、传播价值的先进性等依然是一个媒体形象气质和社会影响力的决定因素。

我国的国际传播媒体要切实提升对外传播的实效，一方面要在

语种建设和网络在线等传播渠道的工具层面上下工夫，另一方面仍然要抓住传播内容建设不放松，坚持对外宣传的“三贴近”原则。坚持贴近中国发展的实际，是我国国际传播事业的根本要求，“中国发展的实际”也是我们制作、播出节目的源头活水；坚持贴近国外受众对中国信息的需求，才能实现并提高我国媒体“产品”的“市场价值”；坚持贴近国外受众的思维习惯，是我们达到并增强传播效果的必要条件。

当然，构建现代国际广播体系也面临着来自内、外两方面的困难。外部，西方发达国家具有中国难以比拟的各种资源优势，成为国际传播的主导者。中国国际广播电台虽然在规模上已经跻身于国际广播电台前列，但是在一些重要指标方面，仍然存在很大差距。要想实现赶超和跨越式发展，必然需要付出更多的努力。内部，中国国际广播电台的事业发展，还面临着不少矛盾和问题，突出地表现在：发展速度显著提升，发展效果有待提高；发展需求日益增强，事业基础相对薄弱；业务范围迅速扩大，人才存量明显不足；新的事业蓬勃发展，旧的机制活力不足。导致这些问题的原因，主要有：思想观念滞后、大局意识不强、执行能力较弱、资源相对匮乏、品牌不够响亮、管理时有缺位。这些内部因素，也制约了国际传播事业的发展，需要大力革新，用发展的思路，来解决发展中的问题，用改革的办法，来消除改革中的矛盾。

提高国家软实力任重道远。构建现代国际广播体系的发展战略，已经为中国国际传播事业的发展，指明了道路。只要不懈努力，不断创新，五千年光辉灿烂的中华文明，必将伴随着中国国际传播事业的发展和中华民族的复兴，在全球范围内繁荣兴盛！

参 考 书 目

1. 关世杰著：《国际传播学》，北京大学出版社，2004 年版

2. 郭庆光著：《传播学教程》，中国人民大学出版社，1999 年版

3. 郭可著：《国际传播学导论》，复旦大学出版社，2004 年版

4. 程曼丽著：《国际传播学教程》，北京大学出版社，2006 年版

5. 刘继南、何辉等著：《中国形象：中国国家形象的国际传播现状与对策》，中国传媒大学出版社，2006 年版

6. 蔡帼芬主编：《国际传播与对外宣传》，北京广播学院出版社，2000 年版

7. 胡耀亭主编：《世界广播电视》，复旦大学出版社，1999 年版

8. 张彩：《世界广播发展研究》，中国传媒大学出版社，2007 年版

9. 张勉之《世界广播趋势》，中国广播电视出版社，2005 年版

10. ［美］罗伯特·福特纳著：《国际传播：全球都市的历史、冲突及控制》，华夏出版社，2000 年版

11. ［英］达雅·屠苏著：《国际传播：延续与变革》，新华出版社，2004 年版

12. ［英］露西·金－尚克尔曼著，彭泰权译：《透视 BBC 与 CNN：媒介组织管理》，清华大学出版社，2004 年版

13. 段鹏著：《国家形象建构中的传播策略》，中国传媒大学出版社，2007 年版

14. 刘继南主编：《国际传播与国家形象》，北京广播学院出版社，2002 年版

15. 李良荣等著：《当代西方新闻媒体》，复旦大学出版社，2003 年版

16. 张彩：《新闻传播学前沿 2004》，北京广播学院出版社，2004 年版

17. 童之侠著：《中国国际新闻传播史》，中国传媒大学出版社，2007 年版

18. 李智：《国际政治传播：控制与效果》，北京大学出版社，2007 年版

19. 胡锦涛：《高举中国特色社会主义伟大旗帜，为夺取全面建设小康社会新胜利而奋斗——在中国共产党第十七次全国代表大会上的报告》，人民出版社，2007 年版

20. 中央电视台电视学会编：《电视研究资料》（四）下册

21. 金初高著：《当代世界传播研究》，中国国际广播出版社，1996 年版

22. 邹建华著：《外交部发言人揭秘》，世界知识出版社，2005 年版

23. 胡鞍钢、张晓群：《中国：一个迅速崛起的传媒大国——传媒实力实证分析与国际比较》，中华传媒网，2004 年 6 月 28 日

24. 刘继南主编：《国际传播——现代传播论文集》，北京广播学院出版社，2000 年版

25. 郭可著：《当代对外传播》，复旦大学出版社，2003 年版

26. 张桂珍主编：《国际关系中的传媒透视》，北京广播学院出版社，2000 年版

27. 沈苏儒著：《对外传播的理论与实践》，五洲传播出版社，2004 年版

28. 陈兵著：《媒介品牌论：基于文化与商业契合的核心竞争力培育》，中国传媒大学出版社，2008 年版

29. 章平著：《战略传媒：分析框架与经典案例》，复旦大学出版社，2004 年版

30. 林良旗主编，王众一、朴光海著：《日本韩国国家形象的塑造与形成》，外文出版社，2007 年版。

31. 国家广播电影电视总局发展研究中心编《中国广播电影电视发展报告》2006 年、2007 年、2008 年版，新华出版社

32. 周小普著：《全球化媒介的奇观》，中国社会科学出版社，2006 年版

33. 郭可著：《当代对外传播》，复旦大学出版社，2003 年版

34. ［英］达雅·屠苏著：《国际传播：延续与变革》，新华出版社，2004 年版

35. 中国国际广播电台主办：《世界广播电视参考》，2005 年 1－12 期，2006 年 1－12 期，2007 年 1－12 期，2008 年 1－5 期。

36. 潘力、董晓平编著：《现代传播新技术与广播发展》，中国传媒大学出版社，2006 年版

37. 王庚年主编：《国际传播发展战略研究》，中国国际广播出版社，2006 年版

38. 陈卫平主编：《中外广播电视简史》，上海外语教育出版社，2006 年版

39. 李良荣等著：《当代西方新闻媒体》，复旦大学出版社，2003 年版

40. 王宇：《媒介集团经营与管理》，内蒙古大学出版社，2003 年版

41. 张金海、梅明丽编著：《世界十大传媒集团产业发展报告》，武汉大学出版社，2007 年版

42. 唐润华主编：《解密国际传媒集团》，南方日报出版社，2003 年版

43. ［美］阿尔温·托夫勒著，周敦仁等译：《权力的变移》，四川人民出版社，1991

年版

44. 蔡拓主编：《和谐世界与中国对外战略》，黑龙江人民出版社，2006 年版

45. 秦治来：《和平·发展·合作》，人民出版社，2008 年版

46. 尹鸿、李彬《全球化与大众传播》，清华大学出版社，2002 年版

47. 李希光、赵心树：《媒体的力量》，南方日报出版社，2002 年版

48. 杨伟芬主编：《渗透与互动：广播电视与国际关系》，北京广播学院出版社，2000 年版

49. 陈卫星主编：《大众传播和国际关系》，北京广播学院出版社，2003 年版

50. 黎斌、李怀亮主编《中国电视媒体运营管理实务》，中国国际广播出版社，2007 年版

51. 童之侠著：《中国国际新闻传播史》，中国传媒大学出版社，2007 年版

52. 周三多、陈传明、鲁明泓编著：《管理学—原理与方法》，复旦大学出版社，1999 年版

53. 李希光、周庆安主编：《软实力与全球传播》，2005 年版；中华传媒网学术网 http：//academic. mediachina. net

参 考 期 刊

1. 陈正良：《增强中国“软实力”与国家形象塑造》，载《江汉论坛》，2008 年第 2 期

2. 余意、李培广：《国家形象视角下的我国国际宣传》，载《理论探索》，2008 年第 2 期

3. 张超、王悦之：《全球化视野下的国际广播发展趋势》，载《广电视听》，2007 年 8 月下期

4. 程雪峰、张斌：《论媒介全球化和国际传播的“软切入”》，载《长春师范学院学报》，2006 年第 3 期

5. 张君昌：《国际传播：在全球化语境下报道世界》，载《中国广播电视学刊》，2004 年第 7 期

6. 赵达、王娜：《构建国家形象的传播策略》，载《新闻爱好者》，2007 年第 7 期

7. 刘行芳：《论和平崛起理念下的国际传播》，载《新闻知识》，2007 年第 1 期

8. 邓超：《试论国际传播在国家形象塑造中的局限性》，载《现代传播》，2006 年第 2 期

9. 房宏婷：《中国国际威望的国际传播因素分析》，载《黑龙江社会科学》，2006 年第 6 期

10. 王晨燕：《网络对外传播的策略：网上重塑中国国家形象》，载《现代传播》，2007 年第 5 期

11. 赵雅文：《国际传播失衡与平衡的哲学思考》，载《新闻大学》，2007 年第 2 期

12. 汤光鸿：《论“和”文化的发展与国际传播》，载《南京政治学院学报》，2007 年第 2 期

13. 孙英春：《跨文化传播研究面临的“知识整合”》，载《浙江学刊》，2007 年第 3 期

14. 张振华：《对外宣传——用什么说话》，载《电视研究》，2005 年第 2 期

15. 徐光春：《坚持导向，强化管理，推进广播影视事业发展迈上新台阶》，载《中国广播电视学刊》，2002 年第 9 期

16. 徐光春：《建设有中国特色的社会主义现代化国际广播体系》，载《中国广播电视学刊》，2004 年第 9 期

17. 张海涛：《切实推进有线数字广播影视的试点工作》，载《中国广播电视学刊》，2003 年第 6 期

18. 刘习良：《我国国际广播的十大转变及发展前景》，载《国际广播》，2001 年第 7 期

19. 胡智锋：《国际化视野中的国际广播》，载《国际广播影视》，2005 年 1/2 期

20. 黄慎：《本土性 · 开放性 · 服务性：谈新世纪非通用语国际广播的定位》，载《新闻与写作》，2001 年第 3 期

21. 程曼丽：《信息全球化时代的国际广播》，载《国际新闻界》，2000 年第 4 期

22. 孟锦：《中国对外传播的全球本土化策略初探》，载《中国广播电视学刊》，2004 年第 7 期

23. 姜鹏：《全球化时代中国对外传播之策略思考》，载《新闻知识》，2006 年第 1 期

24. 沈苏儒：《开展“软实力”与对外传播的研究》，载《对外大传播》，2006 年第 7 期

25. 张文锋：《我国对外传播事业的现状与思考》，载《新疆社科论坛》，2006 年第 2 期

26. 吴志成：《论对外广播电视的战略意识》，载《中国广播电视学刊》，2000 年第 9 期

27. 简艺：《全球环境中的中国对外传播》，载《现代传播》《北京广播学院学报》，2000 年第 2 期

28. 陆地、高菲：《如何从对外宣传走向国际传播》，载《杭州师范学院学报》（社科版），2005 年第 2 期

29. 张桂珍：《全球化视野中的国际传播与中国对外宣传》，载《中共天津市委党校学报》，2003 年第 1 期

30. 陈嫵如、陈安全：《全球化背景下中国传媒跨文化传播策略》，载《中国记者》，2002 年第 3 期

31. 北京奥运会对外宣传研究课题组：《西方媒体对外广播传播策略的新变化》，载《中国广播电视学刊》，2005 年第 10 期

32. 戴益民：《从国际视野看中国广播业的发展空间：西方等发达国家广播业对我们的启示》，载《声屏世界》，2005 年第 9 期

33. 洪沫：《西方对外广播规模、实力、部署情况调查》，载《国际广播》，1999 年 8、9、10 月

34. 徐峰、高俊义、马云宵：《国外媒体经营之道的启示》，载《新闻传播》，2000 年第 1 期

35. 张志：《论广播电视外宣产品的有效供给》，载《现代传播》《北京广播学院学报》，2001 年第 5 期

36. 刘小燕：《关于传媒塑造国家形象的思考》，载《国际新闻界》，2002 年第 2 期

37. 默多克：《默多克在中央党校谈传媒产业》，载 2003 年 10 月 21 日《学习时报》

38. 黄牧怡：《关于“软实力”的哲学思考》，载《唯实》，2004 年第 12 期

后　记

2004年底，我从中央电视台任上奉调回到曾经工作过十三年的中国国际广播电台。

同是国家级媒体，但其境遇却大相径庭：一边是如日中天的强势媒体；一边仍以短波手段为主，深陷生存与发展的困境。

幸运的是，这个有着六十七年历史的广播机构，此时正面临着一个重大的转机！当年初，中央领导视察中国国际广播电台时明确提出：要改变单一无线传播模式，要“两条腿”走路，积极发展在线传播，“构建现代国际广播体系”。

这个战略构想，让习惯了单一业务模式的国际广播人既兴奋又茫然。怎样到达这个光辉的彼岸呢？

孔子曰：“必也正名乎。名不正则言不顺。言不顺则事不成。”名就是目标，就是方向。方向有了，余下的就是行动。荀子《劝学》中说：“不积跬步，无以至千里；不积小流，无以成江海”。

一次次解放思想的讨论、多达十二个专题的调研、长达四年扎实实践的检验……这些功课使我们清晰地看到国际传媒的发展趋势，深刻地探索了国际传播的规律，进而形成了“围绕一个目标，贯通两个机制，实现三个转变，坚持四个并重，创新五个系统”的战略发展思路。对这一思路实践的结果，就是今天的中国国际广播电台转变了单一媒体的状况，初步形成了集无线广播、在线广播和多媒体传播为一体的现代传媒结构。传播能力和影响力都不断增强。

因此，本书与其说是写出来的，不如说是干出来的；与其说是个人的心得，不如说是中国国际广播电台全体同事共同实践的成果和共同心血的结晶！我衷心地感谢四年中并肩探索、结伴而行的每一位同事！

特别要强调的是，到目前为止，我们的探索仍是初步的，认识不仅有限，也许还有错。敬希专家和同行指正。屈原《离骚》有让人振聋发聩的名句："路漫漫其修远兮，吾将上下而求索。"人生永远应有这种清醒。

王庚年

二〇〇九年一月

图书在版编目（CIP）数据

国际传播：探索与构建／王庚年著．—北京：中国国际广播出版社，2009.1
ISBN 978－7－5078－2987－7

Ⅰ．国…　Ⅱ．王…　Ⅲ．传播学　Ⅳ．G206

中国版本图书馆CIP数据核字（2008）第195936号

国际传播：探索与构建

著　　者	王庚年
责任编辑	祝　晔
版式设计	国广设计室
责任校对	徐秀英
出版发行	中国国际广播出版社（83139469　83139489［传真］）
社　　址	北京复兴门外大街2号（国家广电总局内）　邮编：100866
网　　址	www.chirp.com.cn
经　　销	新华书店
印　　刷	海军政治部印刷厂
开　　本	787×1092　1/16
字　　数	300千字
印　　张	22.25
印　　数	3000册
版　　次	2009年1月　北京第一版
印　　次	2009年1月　第一次印刷
书　　号	ISBN 978－7－5078－2987－7/G·1264
定　　价	58.00元